# 城市旅游

## ——解读城市性格与旅游

杨力民 著

城市旅游，以文化为魂，用生活之美诠释旅游的最深刻含义。我们倡导这样一种旅游：以一种唯美和快乐的方式，让旅游者亲身去发现和解读这座城市的独特魅力，感受城市最精华之美，通过与城市的对话，从中得到心灵的感悟和精神的升华。

中国旅游出版社

CITY TOURISM

城市旅游

# 目 录

和为贵 / 杨力民画作

序

前言

  城市是现代世界的象征，现代人们的生活甚至世界观都深受城市化进程的影响。对新生活的体验追求，使人们渴望到陌生的城市游玩，短短几天与陌生城市的邂逅也会给他们的生活带来变化，或者有可能促成他们人生的转折。中国旅游的发展趋势也正慢慢地从景区旅游走向城市旅游，可以想见，未来的旅游市场不只是单纯的景区之间的竞争，更是城市整合各方优势资源的全面博弈。总之，提到旅游，城市是无法回避的存在。

  从旅游策划者的独特视野出发，杨力民先生的《城市旅游》囊括中国性格分明的十八个城市，其中既有传统意义的古典城市，也有多元化的现代都市。全书以每个城市丰润的生活光泽为背景，从当地历史文化、名人逸事、特色旅游、建筑标记、地方美食等多种素材中撷取资料探寻其独特的城市性格，给予这些城市做旅游策划时最重要的身份认同，进而论述一个城市的性格该如何指导城市的旅游策划。书中的一个核心观点是，现代旅游策划学应该把城市性格作为一项新兴课题来讨论。每个城市都有自己在悠久的岁月中积淀而成的独特性格，一点一滴地渗透在城市各个构成元素中。对城市管理者而言，找准城市性格将大幅度提升城市形象；对都市规划者来讲，城市性格是梳理城市格局的重要依据；而对普通市民来说，城市性格在提升他们的城市自豪感的同时，更可以避免城市化带来的同质化倾向问题，分享旅游经济带来的惊喜。

  从杨力民先生对中国城市性格的整合和描绘可以看出他丰富的文化底蕴和深厚的旅游策划功底。书中很多实际策划案例都是他从城市性格出发完成的，从这一层面上来说，杨力民先生的著作确实有着值得我们关注和阅读之处，从事旅游策划行业的同仁也会从中受益。

  希望《城市旅游》这本书的面世有助于我们把有关"城市性格"的探讨引向深入。


国家旅游局副局长：

# 前　言

## 城市旅游——城市性格决定旅游特色

随着中国城市化进程的飞速发展，中国旅游市场的大格局也随之发生转变，未来的旅游市场不仅是景区之间的竞争，更是城市综合实力的竞争。

自从中国第一个王朝夏朝建立，定都阳城，"城市"就成为历史发展的重要见证。"城市"最重要的两种功能一是满足安居自守的使命感；二是满足对物质经济的渴望。"城市"不可避免地被这两样功能驱策前行着。"城市"是一个复杂而抽象的概念，过去时代沉淀下来的社会文化、民俗世态、风物人情等都潜伏在城市日常生活的底层，细微而持续地融合。一言以蔽之，"城市"作为中国文化发展的前后相续的见证，记录下了中华五千年历史从战国以前的奴隶制国家形态发展到今天大一统国家的过程，一个完整的城市阶层历经数千年孕育最终成型。可以想见，未来社会随着城乡一体化的迅速发展，城市经济时代的全面到来，城市必将成为市场竞争的主体。竞争需要的是特有的冷静、克制和精确，这打破了学术与通俗的分界，旅游作为城市发展的新兴引擎，通过对城市的社会风貌深刻、新颖的剖析和解释，做出见微知著、融会贯通的整合，有着指导城市发展的巨大作用。新时代旅游要融入城市，要为城市经济大局服务，要为塑造城市整体形象服务，要为城市经济做出贡献，要作城市大旅游。

在越来越多的城市呈现出高度近似气息的情况下，城市发展要开辟一块新天地就必须有超然独到的眼光，这就是要抓准每一座城市自己的性格。旅游对城市的研究，特别是城市性格的把握，是至关重要的；从城市的性格角度看旅游，而不是从技术层面的角度出发，这一点迥异于以观光开发为中心的价值观。而重新归纳、综合，试图从城市发展的角度看旅游策划的研究风格也不同于一般主流的眼光。如何利用文字把休闲的旅游和博通的城市性格熔于一炉，是我们要解决的问题。

本书是麟德作为一家独立的策划和规划机构多年积累下来的经验之谈，本来只作为内部参考之用，现拿出来共享，谨希望能为中国的旅游策划和规划行业建设尽微薄之力，抛砖引玉，即通过看似平静的海面，探究某个城市传统文化的大陆架如何突降为海床，从而辨析城市旅游策划如何起于青萍之末。

第一章

城市旅游

黄山——『徽』之不去的醉梦情怀

黄山

紫气盈堂

杨力民画作

在美如水墨画的西递宏村闲庭信步，粉墙黛瓦默默诉说着历史，精美的木雕讲述着缠绵千年的故事，古老的青石板路细雨微染，潺潺清流淌过门前小巷……醉梦徽州，醉的是一种默默坚守的徽韵情怀，梦的是萦绕心间的故土和家园。

　　说起黄山，很多人首先想到的一定是那座"五岳归来不看山，黄山归来不看岳"的名山。黄山市地处经济繁华，大城市林立的长三角地区，在上海、杭州、南京等声名显赫的大城市的映衬下，黄山市犹如小户人家的女儿，犹抱琵琶半遮面。如果不是有黄山这座名山在，真真是养在深闺人未识了。不过也有人说，酒香不怕巷子深，黄山市除却黄山这座名山外，西递宏村、歙县古城、屯溪老街、齐云山等这些或如世外桃源，或古意盎然，或风景秀美的地方也以它们独特的魅力吸引着八方来客。黄山市古称徽州，有着一种穿越重重历史远道而来的味道。感受徽州，最好是在雨天。在美如水墨画的西递宏村闲庭信步，粉墙黛瓦默默诉说着历史，精美的木雕讲述着缠绵千年的故事，古老的青石板路细雨微染，潺潺清流淌过门前小巷……醉梦徽州，醉的是一种默默坚守的徽韵情怀，梦的是萦绕心间的故土和家园。黄山秀美纯洁、温柔娴静，独具一段风情。唯有深入其间，亲身感受它的生活气息，亲手触摸它的断垣石桥，亲耳聆听它的潺潺水流，方可体会其宁静以致远之境。

　　黄山是黄山市一张最耀眼的名片，但在很多黄山人的心目中，徽州这个名字似乎更能代表他们所挚爱的这个地方。徽文化是这个地方绕不过去的话题，这片土地上所有的底蕴都来自那广博、深邃，代表着中国封建社会思想的文化内涵；徽商是这个地方抹不去的历史，徽商所代表的徽骆驼精神是这片土地上的人们开拓进取的精神来源；徽派建筑是这个地方存在的标志，没有粉墙黛瓦马头墙和精致的木雕、砖雕、石雕，就没有所谓的徽州。在这片位于神奇的北纬30°纬线上的9000多平方公里的土地上，"徽"的印迹根深蒂固，"徽"的思想深入人心。

　　历史沧桑，在几经变革之后，"徽州"变成了黄山市一个管辖区的名称，但若要向这9000多平方公里的土地去寻根问源，非"徽州"二字不能概括。先来说说"徽"这个字。在《尔雅·释诂》中这样解释徽："徽，善也。"善即美好、善良、善美的意思，就是说徽州是个美好的地方，有着善良淳朴的人们。再将"徽"字拆开来看，徽州之形象便更清晰明了："徽"由四部分组成，一"人"、一"山"、一"系"、一"文"。也可以说，徽州的一"人"、一"山"、一"系"、一"文"皆独成体系。

　　"人"既指名震一时的徽商，也指现在生活在黄山的人；"山"是以黄山为首的徽州山水；"系"是徽州封建社会遗留的宗系观念；"文"是历史和文化的沉淀。这"人"、"山"、"系"、"文"包含黄山丰富的历史、自然、社会、思想上的文化内涵，黄山的史册，断断少不了"徽"这个字。旅游是一种文化的延展，旅游规划要做到有"文"有"化"，才能打造具有持久魅力和吸引力的旅游胜地。黄山寻根必向"徽"中寻，黄山旅游的未来也需向"徽"中取，即向"人"、"山"、"系"、"文"中取，打造一个有美景、有故事、有文化的旅游度假胜地。这就是要将徽州的"人"、"山"、"系"、"文"转化为可盈利的旅游产品。

# 山

在中国文化里，山都是有个性的，比如代表皇家的泰山，代表佛教的五台山，代表道教的青城山……黄山代表的是文人山，是画山。

黄山市是个灵山秀水之地，即俗话说的"八山半水半分地，一分道路和庄园"。十分土地，山竟然占了八分之多，而水也与田地平分秋色，各占半分。这句民间俗语虽有夸张之嫌，但也形象地道出了黄山市与山为邻的山区地貌。山为城之障，水枕城而过，山环水绕，田园阡陌间，处处似陶渊明笔下的桃花源，处处给人以归园田居之感。每到春季油菜花盛开之时，新安江两岸一片金色花海，神游其间，令人忘乎所以，偶尔抬头，一道青障在云雾缭绕间恍若仙境，"悠然见南山"在这里随处可拾。

高山是庞然大物，而且与天地相交接，"盖名山大川，两者物形之最巨者，巨则气之所钟也巨，而神必依之"。对山的崇拜，也就是对天地之间大物的崇拜。自然崇拜是最原始的宗教形式，在古代盛极一时，对大山崇拜是自然崇拜的一项重要内容。古代高山对于凡人来讲是如此高不可攀，甚至山的顶端似乎就是连接天的出入口，登上高山就是吞吐天地之气，山是连接天地的媒介，也就是凡人登仙的路径，所以山中修炼才会产生仙人。我国对山岳的崇拜，可追溯到远古时代，《山海经·五藏山经》就记载了很多关于山的传说。巍峨的特征，使得山经常与皇权相联系，中国皇帝喜欢封禅登泰山，因为泰山是中国最东方的山脉，与大海相连，泰山信仰的形成和发展，尽管较为复杂，但信仰首先源于人们对大山的崇拜。《礼记·祭法》概括："山林川谷丘陵，能出云，为风雨，见怪物，皆曰神。"

与西方海洋崇拜的心理不同，中国因为地势变化多端，高山众多，所以自从远古时期华夏先民就已形成了大山崇拜心理，并作为民族性格特征传承至今。举个例子，中国最早的神话系统就是昆仑神话系统，这与昆仑山的神秘巍峨密不可分，中国古文化中的大山崇拜心理是以昆仑神山崇拜为基点的，秦汉以后尤其是汉武帝嵩山封禅之后，逐渐演变并定型为五岳封禅文化，并在两千多年的时间里绵延不绝，深刻影响了中央集权制的形成和发展，中国历史上只有封禅五岳的皇帝才算得上真正的明君，对大山的崇拜塑造了国人平和沉稳、坚韧尚实、极具凝聚力和向心力的民族心理特质。

作为一个多山的国家，华夏先民很早就形成了以大山崇拜为中心的自然崇拜文化，可能是由于中华文明是大山、大河文明的代表形态，受"万物有灵论"的原始神话思维和上古巫觋风气影响，同时，山林中丰富的物产也是人类赖以生存的生活资料的来源，所以在古代万物有灵的时代，山被赋予了极高的地位，郁郁葱葱的高山被视为万物之源。在先民看来，山高作为生命的母体和基石，具有代表着神格的重大意义，山石作为创生本原和生命始基，具有天人之间神格与人格叠合的寓意，这也正是大山崇拜心理的表现，同时也是天人合一理念的渊源。高山峻极于天，所以中国人喜欢用山来形容伟大的事物和人，正所谓"高山仰止、景行行止"。黄山凭借自己独特的资源成为中国高山文化中的佼佼者，黄山的性格和精神也是黄山最难能可贵的旅游资源。

山，在中国文化中是一种信心，稳重沉着的表现。《孙子兵法》中用"不动如山，难知如阴"来形容战场上的将领应该像山峰一样稳重，沉着。泰山崩于前而色不变，麋鹿兴于左而目不瞬。举一个著名的例子，西汉著名的军事家周亚夫在平定吴楚七国之乱的时候有一次遇险，睡到半夜军中无故惊扰，人心惶惶，自相践踏，手下前来禀报周亚夫，想保护着他弃军而逃，这时候周亚夫却安然自若，仍然稳坐军营之中，众人见将军如此稳重，自然心中安稳，骚乱很快就平息了，最终周亚夫就是依靠严谨的治军和充满自信的雄心击败了吴楚的叛乱，夺得了胜利，试想如果不是有着"不动如山"的气势，那么将军一动而千军动，后果就不可想象。

不动如山在这里是一种理念和气场，说的就是要有信心，要有底气，黄山拥有一流的旅游资源，现在需要的就是不动如山的气势和雄心，要做到真正在中国旅游市场上占有一席之地，就要坚持理念，安稳如山。其次，不动如山也应该表现在城市旅游的定位上，城市旅游的定位要精、准、稳，要从宏观角度来确定城市主题，要像山一样大气。定位还需要稳，就是要像山一样坚持不动摇，这就要求我们要确保精和准的定位，只有坚持正确的定位，才是有意义的。

山水画廊新安江源于黄山休宁县六股尖，有着"清凉世界"的美誉，唐孟浩然诗云：

"湖经洞庭阔，江入新安清。"清代黄仲则亦作诗云："一滩复一滩，一滩高十丈。三百六十滩，新安在天上。"游新安江，宛若游于画中。黄山人对新安江感情颇深。在表现徽州景色的画中，总少不了这样的一幅画面：一道青障下，金色的油菜花延绵铺展数里，春意盎然，粉墙黛瓦的徽派民宅零星点缀其间，一江清水宛若飘带，蜿蜒而过。这一江清水，一定画的是新安江。新安江以水清见长。李白当年游览新安江后描绘道："清溪清我心，水色异诸水。借问新安江，见底何如此。人行明镜中，鸟度屏风里。"南宋学者沈约曾以《新安江水至清见底》为题，赋诗纪胜："洞澈随深浅，皎镜无冬春。千仞写乔树，百丈见游鳞。"

新安江的清，清得人和鸟的倒影都栩栩如生，清得千百丈深的地方也能清晰地看到树的倒影，看到水底的游鱼。清，是新安江的特点，也是水一贯的品性。清，在中国文学里一直是一种美好的、代表着高尚品德的意象。宋代林逋的"疏影横斜水清浅，暗香浮动月黄昏"，于清水中，营造了一个清尘离世的迷人意境。屈原在《楚辞》中高唱"举世皆浊我独清，众人皆醉我独醒"，表现了诗人不与世俗同流合污的清白和看透世间诱惑的清醒；周敦颐在《爱莲说》中赞美莲花"出淤泥而不染，濯清涟而不妖"，也是在赞美它冰清玉洁，品格高尚的品性。在黄山游览山水，时时处处可感受到这种像水一样的清静无为，清风高节的情操。在黄山，水既出世，又入世，有时高洁如在天上不可触碰，有时又随和蜿蜒于人家门前满身市井气息。黄山的旅游也要像水一样，既要精神化，也要市井化，把山水旅游做到雅俗共赏，老少皆宜。

中国人尊崇自然，向往天人合一，对生命抱有一种复归自然的超然态度，希望在现世中获得生存的快乐。天下最富灵气之物莫过于水。黄山是个以水为血液的城市。屯溪是黄山市中心区，位于黄山市最南部，土地面积不足 250 平方公里，在这片小小之地，竟汇聚了三条河流横贯而过。横江与率水河分别从东南和西南两侧蜿蜒进入屯溪，相会后汇聚成新安江东流入杭州千岛湖，再经钱塘江注入太平洋。三江汇流，使得屯溪灵气十足。如水墨风景画般的宏村，青砖小路，幽幽雨巷，家家门前流清泉，滋养得宏村财丁兴旺。水秀美、柔软，滋养万物，又包容万物。黄山的品格也正是如此。它不急不躁，不争不抢，恬静温婉，魅力由内而外散发。它包容山的巍峨雄壮，也包容水的蜿蜒不息。正是它的包容，才使得新安理学、新安画派、新安医学等文化能在这里交相辉映。我们在做旅游规划时就要充分考虑人与自然的和谐，让游客在景区充分融入自然，感受自然之美。

# 人

如果要用一句话概括黄山的山水，则非"宁静以致远"不能道尽其意境；如果要用一句话来概括黄山的人，则莫若"人才辈出"。徽州的名人，可谓个个都是人中龙凤。如今，从政之人莫不知道一个名字——胡锦涛，从商之人莫不知道一个名字——胡雪岩，从文之人莫不知道一个名字——胡适之。这三个声名显赫的人，都出自古徽州胡氏一支。因此黄山之旅，也是探寻名人足迹，了解名人故事的文化之旅。在黄山旅游的营销中，要充分发挥徽州的名人效应，以名人的号召力来达到更好的营销效果。

黄山是典型的山区地貌，山脉连绵不绝，横亘在这片土地与外面的世界之间。山深不偏远，地少士商多，正是土地的贫乏迫使徽州人走出大山，成就一代传奇。新安江是当时徽州唯一通往外界的一条水路。从唐宋时期开始，徽州人便深受新安江之恩惠。多少人借着这条河流，走出深闭贫困的山区，到苏杭等繁华之地谋求生路。正是这条河流，催生了明清时期最具影响力的商帮——徽商，成就了长达三百余年的徽商盛世。

说到商，就要提到中国最早的商人王亥，他本是契之后，冥之长子，阏伯的六世孙，商族首领，商族先公之一，华商始祖，华夏商人之缔造者。王亥不仅帮助父亲冥在治水中立了大功，而且发明了牛车，开始驯牛，促使农牧业迅速发展，使商部落得以强大。王亥在商丘服牛驯马发展生产，用牛车拉着货物，到外部落去搞交易，开了华夏商业贸易的先河，农业和畜牧业的发展，使商部落很快强大起来，他们生产的东西有了过剩，于是王亥和同部落的人就用牛车拉着货物，赶着牛羊到外部落去搞交易，外部落的人就称他们为"商人"。"商人"这一名词便源于此，把用于交换的物品叫"商品"，把商人从事的职业叫"商业"。一直沿袭至今。所以，王亥就成为经商做买卖的华夏"商祖"，数千年来一直被商人奉若神明。

受王亥的影响，商族都善于经商，随着商族势力的强大，便渐有问鼎之心。到了公元前17世纪，终于灭掉夏朝，建立商朝。王亥在商朝人的心目中具有极大的神威。商朝人有时甚至用祭天的礼节来祭祀王亥。人们在祈祷风调雨顺时，也往往祭祀王亥，希望得到王亥的保佑。在商先公中，只有亥称王。在商人的心目中有着王者风范、王者之尊的地位。王亥的亥字从亥从鸟。这一方面说明了早期商人以鸟为图腾的遗迹，另一方面也说明王亥在后代心目中达到了图腾的地位。这就是中国商王朝的起源。

中国的商人文化与众不同之处在于商与其他哲学的结合，除了传统意义上的经商挣钱之外，不同思想家的气质在中国的商人身上总是能够显现出来。中国古代的商人角色不仅仅是买卖货物，有时更会纵横在朝堂之上。战国著名的商人吕不韦在赵都邯郸经商，看见秦国在赵国做人质的公子异人觉得奇货可居，回家后便问他的父亲："耕田可获利几倍呢？"父亲说："十倍。"又问："贩卖珠玉，或获利几倍呢？"父亲说："百倍。"又问："立一个国家的君主，可获利几倍呢？"父亲说："那不可以数计。"吕不韦说："现在农民努力从事耕田劳动，还不能做到丰衣足食；若是建国家，立一个君主，恩惠就可以传至后世，我愿去为他效力。"从田产买卖到珠宝买卖直到确立一国之君的买卖，吕不韦凭借过人的胆识和智慧最终成为名垂千古的人物。这个故事给我们的启示就是如果想要黄山的旅游产品给人深刻的印象，就要另辟蹊径，走不同寻常的道路，吕不韦的商道可以给黄山的旅游策划很多的启示。

徽商是徽州历史中最为浓墨重彩的一笔，而胡雪岩正是徽商中的佼佼者，也是一个典型的代表人物。胡雪岩不仅富，更兼以贵。富，富可敌国。他的从商行业遍及各大领域，私有财产堪比国库；贵，他被世人称为红顶商人，受皇帝赏赐，头戴二品顶戴，身披黄马褂。"为官须看曾国藩，为商必读胡雪岩"，可见民间对胡雪岩从商之道的推崇备至。胡雪岩行商，讲究"天"、"地"、"人"三者的相辅相成，意思是：天为先天之智，经商之本；地为后天修为，靠诚信立身；人为仁义，懂取舍，讲究"君子爱财，取之有道"。旅游策划也要如此，靠先天资源吸引游人，靠后天打造欢悦游人，靠诚信让游人来了以后还想来。

胡雪岩是个天生的商人。他出身贫寒，少年时靠给人做学徒为生。后来一次偶然的机会，他开始白手起家，靠着自己天生的商业头脑和聪明才智，从一个小钱庄的老板，一直做到全国首富。这个偶然的机会，与其说是运气，不如说是胡雪岩的敏锐的商业眼光和过人的聪明才智帮了他自己。王有龄原本是个落魄书生，想考取功名却苦于无盘缠进京。此时他偶识得还在钱庄打工的胡雪岩，胡雪岩慧眼识金，一眼看中王有龄是个可成大事之人，不惜冒着被老板责骂甚至开除的风险，把刚刚帮老板讨债得回来的五百两银子借给王，资助其上京赶考。这笔投资，风险很大，收成也很丰厚。王有龄金榜题名之时，也正是胡雪岩行商之路的开始。胡雪岩一路走来，直至操纵江浙商业，横跨多个商业领域，官商通吃，都跟王有龄的帮助分不开。胡雪岩认为，先天之智，也就是商业头脑，是经商的根本。无本则不立，没有商业头脑的人是做不来生意的，强行去做，不亏则损，顶多只能捞到点蝇头小利。

胡雪岩的经商之道也是所谓"骏马能历险，犁田不如牛。坚车能载重，渡河不如舟"，要懂得取自己所长，避自己所短。做旅游也是一样，要根据地方特色、本地特点来考虑旅游产品的开发、定位、路线。比如西南地区可开展探险之旅、宗教之旅，北方地区则应致力于文化之旅，港澳台是开展购物之旅的胜地，而如黄山这种江南地区更适宜于开展山水之旅、休闲度假之旅、养生之旅，各个城市要根据自己的优势和劣势来明确适合自己的旅游发展之路。

"戒欺"和"真不二价"是胡雪岩商业获得成功的法宝，也就是上面所说的"地"。"地"为后天修为，靠诚信立身。杭州胡庆余堂药店，是胡雪岩 1874 年创建的，当时有着"江南药王"的美誉。胡雪岩家族没落后，几乎所有家族产业都随之走向破产倒闭，唯有胡庆余堂药店至今仍在经营，成为一家蜚声于海内外的百年老店。它成功的秘诀何在？就在于"戒欺"二字。在胡庆余堂药店中，向内挂了一块"戒欺"的牌匾，为胡雪岩手书。他在跋文中写道："凡百贸易均着不得欺字，药业关系性命尤为万不可欺，余存心济世誓不以劣品弋取厚利，惟愿诸君心余之心。采办务真，修制务精。"

诚信，就是不弄虚作假，从商如此，做旅游也如此。在做旅游规划之前，要认真研究景区的背景资料和区域文化，深入思考，挖掘其真正的文化内涵，设计出来的产品才能做到准确、直接，不流于表面。真正像胡雪岩一样想的不只是赚钱，而是要把事业做好，要把品牌做强，就一定要讲求诚信。

胡雪岩做生意讲求先义后利，就是要先做"人"，"人"是仁义，就是在义和利面前要懂得取舍。1866 年，左宗棠奉命出关西征，却出现了经费问题，左宗棠只好奏请借洋款救急。这不是一件好差事，当时各方相互推诿，胡雪岩挺身而出，不辞劳苦担负起筹借洋款的重任，协助左宗棠西征保住新疆，表现了他的爱国之情。他还为杭州百姓做了许多义举。开设钱塘江义渡，方便了上八府与下三府的联系，并设船，为候渡乘客提供方便。他还极其热心于慈善事业，乐善好施，多次向直隶、陕西、河南、山西等涝旱地区捐款赈灾。杭州城曾在经历了战乱后满目疮痍，百废待兴，这一切对于一个商人来说，正是发财的好时机，而胡雪岩却自掏腰包，为所有在战乱中死亡的人义葬，为全城百姓施米施粥赈灾，大搞祭祀活动，安息亡灵。杭州城的百姓感激地称胡雪岩为"胡大先生"、"胡大善人"。胡雪岩亲力亲为，践行着"为富要仁"四个字。他的"仁"不仅为他带来了美名，也为他辉煌的商道铺平了道路。胡雪岩在商道上是出了名的黑白通吃，也有人说他亦官亦商。在当时，商人一直是有财无地位，为社会所看低，但胡雪岩却因为帮助政府做了很多善事受到皇帝嘉奖，成为历史上唯一的红顶商人。政府和民间的支持使得他的生意做得更大、更顺利。

旅游是一个追求经济利益的产业，它最直接的目的就是为旅游目的地带来经济效益，也就是为当地人带来收入，做旅游规划时一定要坚持以经济利益为目的。既要获得政府的支持，也要顾及老百姓的感受，尊重当地人的生活习俗，只有上合政策，下得民心，才能更好地带来经济效益。

商文化历史悠久，怎么将其与旅游结合起来，需要对商文化有着深刻的见识和理解，根植于商文化的来源和发展历程，商文化的利用才能更有说服力。我们在以往的旅游规划中也曾经利用商文化打造过知名的旅游景区，比如河南商丘的古城主题就定位为"商祖圣地·魅力钱城"。

"商祖圣地"——标示了商丘古城的历史地位，商丘见证了创始于华商始祖王亥的中华商业文明和商族文明；"魅力钱城"——"钱城"明确地表达了商丘古城天圆地方的古钱币造型，"钱城"又谐音"前程"，寓意四方旅游者来到商丘古城拜商祖、求商运、转财运、祈福求祥，将有魅力无限的好前程。

商神之光的洗礼，古城之韵的畅想。度假与商情在这里相遇，财富与商德在这里共舞。游客的感受和延伸是"独步商城，成就自我"。

规划保护古城珍惜历史文物资源，保留古城居民原生态的生活方式，恢复"古城，古街，古风"的古城风貌。同时，将旅游概念融入古城保护和开发当中，不断完善旅游设施，改善旅游环境，整合旅游资源，创新旅游产品。以商文化为主题，结合古城文化内涵，将商丘古城打造成一座"活着"的情景体验式商文化博物馆，融古迹游览、科教娱乐、购物餐饮、休闲度假及人居等功能为一体的"商都水城"。与燧皇陵景区携手打造商丘文化旅游品牌，满足游客游商丘、拜商祖、访古城、求商运、转财运、祈福求祥的旅游心理需求。

# 系

　　系，从体系上讲，儒家的道德体系，系统地继承了儒家的思想，成为一种独特的体系，其中体现最明显的就是徽商系统的社会制度，这是儒家思想和当地文化融合的体现，也是封建社会的缩影。

　　古徽州流传着这样一首歌谣：前世不修，生在徽州；十三四岁，往外一丢。这描写的是古徽州活生生的事实。那时的男孩子，稍懂事的年纪就要跟随父辈、叔辈到苏杭等地去闯荡世界，从做学徒起步，一步一步打拼，没有闯出一番事业来，是没有脸回家的。在徽州，苦的不仅是这些在外打拼的男人，苦守在家的女人同样受着煎熬。在封建思想统治的社会，媒妁之言，父母之命，就是决定婚姻的大权，女人在这场婚姻中就像一个观众，最后却被贴上主演的标签。婚后丈夫外出，多年不归，甚至在外另娶妻生子，这样的家庭在古徽州随处可见。徽州女人忍受着"一世夫妻三年半，十年夫妻九年空"的悲凉，空床一张、铜钱一吊、空匣一只就是她们的夫君，她们还要遵从三纲五常，从一而终，否则就是天理不容，这就是徽州女人的命运。在徽州大致转上一圈，各种入目的贞节牌坊会让你感觉到封建社会在这片土地上刻下的深厚印迹。

　　封建社会给这里留下的另一个印证就是徽派建筑。西递和宏村是安徽南部民居中最具有代表性的两座古村落，它们以世外桃源般的田园风光、保存完好的村落形态、工艺精湛的徽派民居和丰富多彩的历史文化内涵闻名天下。儒教思想牢固的体系，家庭，社会，君君臣臣，父父子子的观念在西递宏村所代表的徽派建筑文化中得到体现。"桃源人家"西递是其中的代表。还没进村就见一座高大的牌坊立在村口：胡文光刺史牌坊，建于明万历年间，至今已有四百多年历史，皖南古村落中有几多，牌坊多即是其中之一。牌坊，是封建社会为表彰功勋、科第、德政以及忠孝节义所立的建筑物，正是封建礼教系统的一种直观体现。西递是徽派文化的发源地之一，徽派文化的核心还是儒家思想，程颐、朱熹的祖籍地也是徽州。徽派文化表现在西递的村落建设上，可以感觉到以下几个特点：一、天人合一，讲究风水阴阳，村落的选址和建设尊重自然，西递村里有前边溪和后边溪流经村中，民居皆临溪而建；二、建筑精美实用，极富人本思想。村中各家各户的富丽宅院、精巧的花园、砖雕的楼台亭阁等都体现了中国古代艺术之精华，同时说明了亦商亦儒的徽商财力。三、儒家思想的痕迹无所不在，比如建筑主次分明，尊卑有序，随处可见宗族祠堂和书院学堂，体现了西递人尊儒重教的思想意识。在西递，官宦人家、徽商门第和农家小院楼栋相接，以宗族血缘为纽带互相交融。

民间山乡里的西递宏村保留下来的明清建筑文化和精神，乃历经数百年才得以形成和成型。可以说是社会的发展，文明的积淀，历史的机缘，成就了厚重的西递宏村。那些在外经商者不管发大财还是发小财，想到的都是"荣宗耀祖"、"光耀门楣"。他们将赚得和积累的资产一部分投资家乡，或建造祠堂、牌坊，或建筑精美豪华的住宅，留诸子孙，并一代一代接力式实现家业的丰腴。处在徽州中心的西递、宏村，祖祖辈辈奉行程朱理学，恪守儒家伦理道德观念，亦儒亦商，忠、孝、节、义四位一体，相得益彰。因此，自古以来，在那片土地上，不管大事件，还是小传说，也无论声名显赫的达官贵人，还是命运坎坷的贩夫走卒，都无一例外地折射着程朱理学的光芒。从西递、宏村到整个黟县，再扩大到广泛的徽州地域，实际上就是西递、宏村的不断放大。这片真、善、美的土地，是一个涵养儒雅、修身养性、升华人格的好地方。

徽派的宗族体系一直延续至今，在旅游业发达的今天，这种宗族体系也成为黄山市一个独有的旅游资源。徽州的宗系之所以珍贵，就在它自成一个完整的体系，从思想到文化、建筑、习俗，都深受徽派文化和儒家思想的影响，游在徽州，处处可见封建社会的烙印，让人仿佛回到了那个鼎盛时期，这也正是它作为旅游产品所拥有的独一无二的卖点。从中我们可以得到旅游策划上的启示，用旅游策划的概念来说，就是主题的概念。一个明确的、清晰的主题可以使旅游产品得到鲜明的特色，从而独具魅力。确定好了主题之后，要在所有的景观设计、活动策划中体现主题的内涵，使得整个景区风格统一，线路连贯，达到烘托主题的效果。

在古徽州，男人们外出经商，积累大量财富之后往往回家购置田地、建造豪宅，这就是徽派建筑的由来。徽派建筑大量运用对称的手法，从里到外都透出端庄、大气，大量技艺精湛的精美雕刻装饰又让其稳重中不失变化。在徽派建筑中，以祠堂和书院的建筑艺术最为突出，建造最为隆重，这反映了徽州人重宗族观念、重文的思想。

徽派建筑是江南建筑的典型代表，青砖白瓦，显露的是徽州人的儒雅性格。在徽派建筑的厅堂中，常能看到这样的对联：几百年人家无非积善，第一等好事只是读书；敦孝悌此乐何极，嚼诗书其味无穷；世事洞明皆学问，人情练达即文章；欲高门第须为善，要好儿孙必读书……徽州人非常重视读书，有句古话叫"富不过三代"，徽州人认为为子孙留下丰富的知识和优秀的道德品质比给他们留下金银财宝要重要得多。家道要兴旺，基业要长久必须行善积德，饱读诗书。没有德和识，儿孙们对那些轻而易举得到的遗产会毫不珍惜，很快便会挥霍一空，穷困潦倒。因此，徽州人非常注重教育，有钱人家都会让孩子从小到学堂里学习四书五经，练习书法绘画。所以徽州文风鼎盛、文人辈出，历代出过二十多个状元，是有名的状元之乡。在齐云山上，有一棵有名的状元树，据说当年一个书生从树下走过，见树形奇异，便以为神树，拜求保佑其赶考高中，后来果然应验。如今，很多游客路过这棵树都会停下来摸一摸它的树干，希望保佑自己或家人在考试中能取得好成绩。状元文化是黄山旅游的一大特色，在开发状元文化旅游的时候，要注意旅游者对其所寄予的期望，巧妙设置让游客许愿、还愿的旅游环节，一定可以把状元文化变成黄山旅游的一大卖点。

黄山人离不开水，在与水千百年的相处中，深解水之习性，用水的技艺也炉火纯青。天井是徽派建筑的一个特色，天井讲究的是“四水归堂”与“肥水不外流”，它是在坡形瓦檐下边围有长方形环形水瀽，承接屋顶坡面留下的雨水，然后导入水管流入天井下明堂的明沟或暗沟中。水是财源的象征，水流入堂中就像财源聚于家中。

“四水归堂”与“肥水不外流”也是黄山旅游营销很好的理念，做旅游规划也是这样，“四水”是旅游目的地所有的旅游资源，包括自然风光、文化、民俗、美食等，“归堂”就是要将这些旅游资源整合到一个统一的主题中。只有“四水归堂”，才能主题突出，主线鲜明，给旅游者以深刻的印象。“四水归堂”又包含《周易》中天人合一的思想。水自天上来，堂是人间住所，水归于堂中，是一种人与自然和谐相处的表现。要利用本地的旅游带动地区的发展，使得整个地区的经济跟着旅游一起起步，这样的好处自然是由黄山人来分享，这就是肥水不外流的第二个含义。如果缺少相关配套的设施，食、住、行、游、购、娱跟不上旅游开发的脚步，那么黄山旅游带来的“肥水”就会“无私”地流入“外人田”，面对这样的窘境，黄山该如何阻止“肥水”外流也由此成为一个新课题。

## 文

无论已默默矗立千年的牌坊，还是随处可见的新生仿古建筑，抑或是蜿蜒流淌的新安江，无不浸染着徽州那种特有的安宁、静逸，这是一种浓重的故土气息。“一生痴绝处，无梦到徽州。"吾心安处是故乡，深邃悠远的徽州大地，她含笑不语的身影总是在不经意中闯入游子的梦中，安抚他们的心灵，给他们以慰藉。

来到黄山总给人一种回家的感觉。叶落归根，回归故里是中国人一种根深蒂固的传统心理。中华民族是一个有着浓郁故乡情结的民族，汉高祖刘邦"大风起兮云飞扬，威加海内兮归故乡"，衣锦了要还乡；李白"举头望明月，低头思故乡"，远游在外的人无时无刻不在思念故乡；"独在异乡为异客，每逢佳节倍思亲"，过节时节更加思念故乡。古代中国是一个传统的农业国，因而山水田园也成为中国人心中故土的一个重要意象。吾心安处是故乡，回归故乡，求的就是一个安宁的心境。这种心境，是精神上的需求，是一种无形的需求。这种无形的需求，寄托在有形的山水之上。旅游也是一种无形的商品，它不能带走，也不能保存，它所售卖的就是旅游过程中给予旅游者的或愉悦，或刺激，或感动的心理感受。这种感受是无形的，却需要靠有形的旅游产品带来。因而能否满足旅游者的这种精神需求，是一个旅游产品成功与否的标准。

徽文化概括起来是一种黑白之间的文化，比如宣纸、徽墨、徽派建筑，都是黑白之间的艺术。黑白是色彩的两个极点，极点之间通过变化延伸出无数的色彩，正如中国的太极思想，看似简单的黑白两色，却幻化出无穷无尽的世界，包罗世间万千。太极思想的精髓，正在于变化之妙。而变化，正是黄山旅游可以从徽文化中借鉴的要点。黄山发展旅游，不能只靠黄山一座山，而是要包容大千，做多样化的产品，不仅要有名山胜水，也要有文化韵味，要有休闲娱乐，要有高端度假，要有大众游乐，要懂得如何把黄山的观光游客转变为度假游客。

俗话说，靠山吃山，靠水吃水，黄山人真是为这句话做了最好的诠释。仰仗旅游业的蓬勃发展，黄山人得以享受优质的生活环境和悠闲的生活方式。每到夏暑难耐的傍晚时分，依偎骆驼广场而过的横江一段总有市民带着爱犬来游泳。孩童在浅水处嬉戏，年轻人游到水流湍急的堤坝处享受河水冲击的快乐，偶有附近学校的学生三三两两坐在河边石头上，将脚浸入温润的水中，抱着西瓜边吃边聊，不亦乐乎。及至月挂东南、华灯初上之时，新安江两岸柳影荧荧，霓虹灯勾勒出江水的婀娜曲线，流光溢彩，江边随处可见优哉游哉散步之人。而晚十点不到，原本热闹的街道又已早早空空落落，天空一片晴朗，人们傍着沉寂的夜幕和流淌不息的江水，早早入睡。

徽州之所以形成这样的民俗文化，究其根源是受新安理学的影响。新安理学由程颢、程颐创立，朱熹是其集大成者。理学存在的社会基础是宗法伦理关系，而聚族而居是徽州特别普遍的风俗。"千年之家，不动一坏"，"千丁之族，未尝散处；千载之谱系，丝毫不紊；主仆之严，虽数世而不改，宵小不敢肆焉"。这是康熙时《徽州府志》上记载的徽州。理学出自儒家，其精神最显之处就是"存天理，灭人欲"，对于这句话，学术界有着两种不同的理解。消极的理解是认为理学排斥一切人欲，认为人欲是恶的，要防范个人欲望的过度膨胀，把社会道德、政风和民风维系在封建宗法伦理道德之上，所以他们要求妇女守节，从至今仍矗立在徽州的众多烈女贞节牌坊中可窥一斑，这是其消极的一方面。但从另外一个角度来理解，也可以看到其积极的一面。朱熹在《朱子语类》中说："去其气质之偏，物欲之蔽，以复其性，以尽其伦。"朱熹主张的是明理见性，他认为人为自己的私欲所蒙蔽，所以看不到自己的真实面貌，所以不能体悟到天地之理，要想体验到、找到万事万物的共同之理，就要除去人的私欲。孟子提出了"尽心"、"存心"、"养心"之学，"尽心"就是要在认识上达到自我超越，"知性知天"；"存心"也便是"养心"，即是养性知天，所以孟子说："养心莫善于寡欲。"心，唯有摆脱欲望的困扰，才能获得解脱，才能达到快乐适意的心境。实际上，我们旅游也是一种心灵的解脱，追求的是快乐适意的心境，旅游的目的就是要达到身和心的愉悦、放松、升华。

# 拆分与组合——主题梳理法

黄山这座城市因黄山得名，因黄山而生，也要因黄山而兴，黄山脚下的历史遗迹和人文故事讲述着这座城市的操守，尽管经历了千年岁月变迁，但是这份执着不变，所以黄山在一山、一文、一系、一人的构建中形成了自己的一个完整系统，这里是古典中国的缩影，这体系是黄山的文化体系，也是黄山的旅游策划体系。黄山的旅游策划在呈现黄山秀丽风景的同时，要有人文的思考以及推古论今的情怀，要将黄山这盘棋下好才能不辜负黄山之名。

美，是整体的和谐。旅游景区的打造也是一个创造整体美、和谐美的过程。在这个过程中，一条清晰的文化线索是使整体得到和谐的关键。在这条文化线索上贯穿始终的是文化主题，因此主题的提炼就显得尤为重要。一个地方的文化总是表现在多方面，整理起来往往显得零散杂乱，这时我们可以采用拆分和组合的方法进行梳理。拆分是从文化的不同表现方式来进行细分，然后归类，其中包括思想、民俗、地理等方面，比如徽州文化的"人"、"山"、"系"、"文"；组合是对各个类别的文化表现形式进行归纳总结，并用简洁的语言进行概括，比如徽州的"徽"。拆分与组合有时可以单独运用，有时可以同时运用，这需要策划师进行灵活把握。

深入挖掘本土文化，在平凡的文化元素中寻找不平凡的亮点，这是我们在很多旅游策划中要面临的问题，通过对黄山文化的梳理，我们总结出黄山的文化体系是由"徽"即一人、一山、一系、一文组成的，而人、山、文又各自独成体系，这种关系是黄山所独有的。这种文化梳理方法可以被拿来运用到相似的城市旅游策划中，作为确定城市旅游主题的依据。

同样的文化梳理方法，我们在安徽六安寿县旅游策划中也曾经成功应用过。六安市旅游资源丰富，一直是安徽旅游发展的重要城市，国内重要旅游目的地。寿县是六安市旅游发展先进县，寿县旅游被称为六安旅游乃至安徽旅游的一张重要名片。寿县旅游资源丰富，却鲜为人知；寿县旅游业开发多年，却发展缓慢；寿县有高品级旅游产品（古城和八公山），却养在深闺人未识。

在对古城文物资源进行全面分析、调查的基础上梳理出古城最具文化内涵和旅游吸引力的文化体系——楚汉文化、道教文化、养生文化、红色文化等，充分发掘寿县多元文化类别的联系与过渡性，打造寿县旅游文化"产业"，将寿县建设成为以"楚风、楚情、楚景"为主导文化特色的旅游目的地。

寿县有山、有水、有古城，区内景点丰富且种类繁多，在打造古城品牌的基础上，根据各类资源的空间分布可为寿县设置四大主题形象。其中滨水休闲主要面向周边居民家庭休闲市场，包括湖滨水上项目、岸上表演、历史体验、休闲游憩场所及商业场所建设等；度假养生主要市场为省内外高端旅游度假游客，包含利用宁静的城市古韵、温泉等自然资源、人文环境打造的一系列产品；千年楚都包含八公山、养生、道教文化、炼丹等内容；古城古韵包含寿阳古城文化、历史博物馆、民风民俗、豆腐小吃等的具体展现及相关产品延伸。

第二章

福州——福佑天来之都

城市旅游

福州

事事如意

杨力民画作

福州是一种邂逅，读城千回亦不倦，念城百转也嫣然。福州是一种觉悟，在福山福水中，一念花开，一念花落；福州是一种怀念，让人乐于这一生与福州相伴，缠绵在福州的浅唱低吟中，捻一缕淡香，书一笔从容。

说一个人是否有福气，一般看他是否有福的相貌，就是常说的天庭饱满，地格方圆，浓眉大眼，凹凸明显，唇红齿白。虽说人不可貌相，但相貌给人的第一感觉是非常重要的，一个地方给人的初步印象也是同样重要的。所以说一个地方是否是福地，就要看这里是否水秀山灵，风水吉顺，上天庇佑，福州恰恰就满足这些条件。福州前临海，得开放之利，后依山，成防守之势，闽江穿城而过，贯穿东西，打通脉络，先就得了地势之先，风水之先。福州，因秀丽风景和独特文化成为外人的向往之地，这是一种福气；经济的快速发展和沿海的优势使得福州受到众多海内外投资商的青睐，这也是一种福气；良好的发展态势和巨大的发展潜力吸引了众多优秀人才集聚于此，这同样是一种福气。不得不说，福州真是一个福佑天来之都。

在福州，大概得以最接近幸福的含义。福州明山秀水，向西仰望可想象"相看两不厌，唯有敬亭山"，往东可尽看"春江潮水连海平，海上明月共潮生"。景色美得不可言说。福州美食美名远播，是多少美食家心目中的圣地，福州人自是口福不浅。功夫茶不仅在于味美，更有清香沁人，如佳人在前，其中闲情逸致，诗情画意自是不必说。福州的幸福，是一种从物质到精神的幸福感。福州的旅游，应该是一场从物质到精神的享受，从欣赏美景到品功夫茶，从泡温泉到感受闽中文化，从美食养胃到了解佛学，都是一种从物质到精神的升华，也是一种由物质到精神的幸福。

"山在城中，城在山中"的福州，受山间灵气和海上仙气的熏染，沉稳中不失灵动；江南般氤氲的江水蜿蜒环绕，又孕育得它千娇百媚，柔情似水；海的气象万千、吞吐万物表彰着福州博大的胸襟和开拓的气魄；悠远的古刹钟声似乎声声都在回应着人们许下的愿望。浓重的历史气息和民俗风情使得这个城市多了一份凝重和沉稳，而悠闲的生活方式和各式各样的美食又使它显得活泼、年轻、热情。福州就是这样一个个性多样、风格多变的城市，让人一靠近就难以抗拒。在福州旅游，处处能感受别样风景，时时能发现小惊喜，因而总是满怀期待。旅游是一种求新求异的活动，时下流行一句话，叫"旅行就是从一个自己待腻的地方去到一个别人待腻的地方"。虽是调侃，但也不无道理。满足旅游者的求新求异的心理，就是要让这个当地人"待腻的地方"，使旅游者感到"不腻"。这就涉及创意旅游的概念。创意旅游强调多维化整合当地资源，强调引领和塑造旅游在当地的消费潮流，使得此地有别于彼地。

福州又名榕城。福州很久以前就喜欢种榕树，植榕成风，以至于"满城绿荫，暑不张盖"。榕树树大如盖，可独木成林，一棵树就能自成一片小天地。从旅游概念来说，福州的文化和旅游资源都有着一种独木成林的气象。福州是闽文化的中心，闽文化内涵丰富，涉及风俗民情、饮食、建筑、信仰等，在中国地域文化中独放异彩，这是闽文化在中国文化中的独木成林；妈祖是来自福建民间的女子，从人变神，又被称为天后，是唯一一个专门保佑海上船只和渔民的神灵，福殷东南，庇佑一方。妈祖文化影响广泛，信徒遍布海峡两岸，在东南一带影响深远，这是在信仰文化中的独木成林；以福州菜为基础的闽菜以烹制山珍海味著称，其味清鲜、和醇、荤香、不腻，风格自成一家，名扬中国，成为中国八大菜系之一，这是饮食文化中的独木成林；喝茶本是一件平常普通的事，到了福州，就变成了一种艺术，在福州，喝茶不仅要有高质量的茶叶，还要有高质量的文化。功夫茶是一种泡茶的技法，从煮茶的功夫到饮茶的器具、程序，无不有着严格的讲究，并逐渐发展成了一种文化，这是在茶文化里的独木成林。福州有这么多独木成林的资源，只要好好挖掘，好好利用，发挥出自己的特色，必能在旅游业中走出一条蹊径，成独木成林之气象。

榕树遮天蔽日，又成为福州人的天然凉亭，透着点点斑驳日光的树荫下记载着这座城市生活的诸事种种。清晨或傍晚时分，茶余饭后，一杆水烟，一盘棋局，家长里短，寻常百姓的小日子也上演着自己的悲欢离合。榕树最奇特之美在它的气根垂地，盘根错节。或天缠地绕，老态龙钟，起伏不定，老茎生花，或如垂天之帘，景观奇特雄伟，当地人敬重地称其为神（龙）树和佛树。所以榕树也是福州的福树。榕树不仅外形独特，品性也独特。种榕树需要常修剪，剪掉一个枝丫，就会长出更多的枝丫，越修剪树形就长得越大，越好看，最后如一座小山般，铺天席地。福州人的个性中，也有着这种愈挫愈勇、积极向上的精神，这种执着的精神，来源于人们对于幸福生活的追求。

明山秀水的福州，海浪声声的福州；虔诚的福州，生动的福州；稳重的福州，活泼的福州……这个城市，像调皮的小孩，随情绪变换着自己的面孔。要读懂福州，首先要读懂一个"福"字。福是文化之源，福是追求，福是精神，福在生活中。

# 福　气

老子对于幸福的定义概括起来不过四个字：安居乐业。在他描绘的理想世界中，人们只要"甘其食，美其服，安其俗，乐其业"便觉十分幸福。这是一种近乎朴素的追求，然而它又是最为贴心贴肺的，它关心你吃得好不好，穿得好不好，生活得开不开心，工作顺不顺利。这种幸福，远离口号与概念，贴近生活中真实的一面，坦诚、真切，使人接近生活根本所在。比如福州人追求的幸福，似乎有些远离现代世俗标准，它只是简单地与心有关，与胃有关，与生活有关。福州的旅游，也是一场关乎心，关乎胃，关乎生活的旅行，它满足我们对心灵解脱的愿望，满足我们对味蕾刺激的愿望，满足我们感受别样生活的愿望。

在福州，满城都种着那种大得铺天席地的榕树，便于在树下摆上几张桌子，几把椅子，摇着蒲扇乘凉，看儿孙嬉笑打闹，或者搭桌打麻将消磨慢悠悠的时光，要不就搬来一大堆功夫茶的道具，三朋五友，泡上一壶好茶，喝上一下午，侃上一下午。他们用闽南语唱起自己的戏剧，"奴伤心泪，已由江上风吹干"，把寻常人家的故事唱得缠绵悱恻，感天动地。他们把大海馈赠的食物精烹慢煮，一个小小的鱼丸到了福建人的手里，便滋味百出，不同凡响。对于鲍鱼、鱼翅等高档食材，他们更是将烹饪的艺术发挥得淋漓尽致，做出来的菜据说连出家之人都垂涎欲滴，失去定力，闻香而来。本来平淡无常的市井生活，福州人把它过得有滋有味，乐在其中。不知道福州人是不是得了老子的真传，竟把他的理想阐述得如此生动。

福州的旅游，就是要让游客体验到这种平淡之中的幸福，体会到庄子所说的"夫恬淡寂寞，虚无无为，此天地之平"的幸福感。这种平淡中的幸福，是一种高境界的幸福，可谓大味必淡，大道无奇，大幸福就隐藏在最为平常的日子里。中国艺术追求的自然美、和谐美、平淡美也是一种大艺术的境界。中国水墨画不似西洋油画浓墨重彩，它色彩简单，黑白两色，寥寥几笔却能表现出高超的艺术。其流畅的线条，意境悠远的留白使得画面韵味无穷，这是中国的大艺术，也是中国水墨画非其他艺术所能企及之处。联系到旅游，我们也可以提出一种大旅游概念，大旅游就是旅游的最高境界，重点在于旅游者的心灵感受和精神升华，于朴实无华中达到宁静以致远的境界。做大旅游就是摒除一切华而不实的东西，回归当地历史文化根源，表现当地风景的自然美、和谐美、平淡美，使旅游者可以全身心、全方位地感受、体验当地存在于平常生活中的文化、风俗、风景和生活。我们在景区规划中如何表现一种平淡美，用一种平常心给游客传达一种自然美、和谐美，是我们旅游规划工作者要修炼的真功夫。

当然只是食足，并不是福的真谛，福，是精神上的追求，"福"文化是植根于中国本土的民俗观念，是吉祥文化的核心内容。自古以来，祈福避祸就是人们的最大愿望，传统的古代吉祥文化包括福、禄、寿、喜、财、吉六大方面，福既是六大主题之首，又是各种吉祥文化现象的概括和代表。福是一种上天给人的启示，所以在《说文解字》一书中列为"示"部，"示，天众象。见吉凶，所以示人也。观乎天文以察时变，示神事也"。从对"福"字的解释来看，"福"在中国文化中的含义不是物质满足，主要是精神层面上的满足和对美好生活的追求。所以"福"字的左边不是衣补旁，有人不理解这一点，民谣中说"一口田，衣禄全"，就是把福的"示"部首写成"衤"（衣）字，认为衣食足了就是福，其实并不是这么简单，丰衣足食只是福气的一部分，真正的福意义很多。

首先，福气是趋利避害。福祸相倚，化祸为福是东方式的辩证法。"祸兮福所倚，福兮祸所伏"——老子很早就将这种关系总结了出来。在辩证的关系下，好与坏在一定条件下会相互转换，而人所能做的，就是用一颗平常心来看待祸福。由祸转福为吉，由福转祸为凶，因此有福要会享，不要忘乎所以，才能逢凶化吉，否则就会乐极生悲。由此可见福气不是一种固定的状态，而是一种安然面对世间万物，宠辱不惊的心理。人是物质的生产者，当然也是消费者，种瓜得瓜，种豆得豆，这种丰收的喜悦就是幸福。但是，"福、禄、寿、喜、财、吉"，在中国的吉祥文化里，财的位置比较靠后，这也代表了在中国人心目中，金钱并不是万能的。中国人讲和合文化，就是追求人际之间的和平、和睦、和谐，这是对生命的尊重。人只有精、气、神三者合一，才是完整的生命形态。

中国人讲平安是福。"马上相逢无纸笔，凭君传语报平安。"——诗人岑参在路上遇到故人回乡，想请故人帮忙带口信回家。他一不报战功，二不报官爵，单单惦记着要故人带回"平安"二字。在中国人眼里，这两个字对于家人来说，实在是堪比千金。在福州，每到逢年过节，婚丧喜庆，亲友聚别之时，宴席上必有一道"大菜"，这道菜是福州风俗中有名的喜庆菜。此菜食材和做法都稀松平常，不过是将猪肉和虾仁剁成肉泥，摊成片状，再加以上汤、作料，说它是"大菜"，大就大在它的菜名。此菜名曰"太平燕"，取"太平"、"平安"之吉利，寄予了福州人民对于平安的殷切愿望，而燕子是民间吉祥的象征，代表了人们对于福的渴望，故"无燕不成宴，无燕不成年"。中国人对福的愿望总是稍显务实，对于平安和安定的渴望，一直贯穿于中国的历史文化之中。比如《弟子规》中说：不一定惟喜是报，不一定衣锦方还。平平安安，柴米油盐，即是生活之福。《礼记》上说：福者，百顺之名也。平安、安定、诸事顺利就是中国人心目中的幸福了。庄子说"平则福",平,就是没有起伏,波澜不惊。庄子认为,福就隐藏在平平淡淡之中,隐藏在平常人中,隐藏在平常生活中。大起大落的人生必定是充满危险的,而想要获得长寿,就是要过顺顺利利、平平常常的日子。所以说,平安是"福"的基础保障。

中国人又讲和谐是福。孟子说:"天时不如地利,地利不如人和。""和"是幸福的定义中最重要的一个要素,所以中国人又说家和万事兴,和气生财。和是和美、和顺、和睦、和谐,在中国人的春联中,"和顺一门有百福,平安二字值千金","天地和顺家添财,平安如意人多福"之类的对子随处可见。在旅游规划中,也讲究"和"。良好的旅游资源和便利的交通是天时和地利,成功的规划则是人和。天时和地利是基础,人和则要靠后天之力。旅游规划的"人和"是要以"人"之力达到"和":人造景观与自然景观要达到和谐,旅游主线要和顺,景观设计要和美协调,整体要达到和谐统一。"和"的规划是有福气的规划,能招福,也能生财。

福,在福州得到极大的尊崇。福州人喜欢供奉神仙,正是他们对福的信仰的最生动体现。福州人的福神信仰又有着自己的特点,在这里,可以明显地感受到闽人的爱憎分明,疾恶如仇,他们毫不掩饰对品德高尚、爱国爱民的英雄的崇拜。他们对抵御外辱的民族英雄林则徐至今仍崇拜有加,为渔民保驾护航的妈祖受到福州人至为诚挚的膜拜,妈祖庙的香火从来都是最为鼎盛的。而为国建功立业的关公和为官清廉正直、体恤百姓疾苦的土地公更是随处可见受到供奉。旅游活动也是一种高级的精神享受,旅游过程也是一种精神升华。福州的旅游,不仅要在物质上给游客以享受,同时要在精神上给游客以启发。福州的精神,是一种正能量的精神,引人向善和向上。旅游活动,也应该是一种传递正能量的活动,它是阳光的,积极向上的,绝不是消极避世。我们做旅游规划,必须坚持"旅游让生活更美好"的理念。


# 福 食


用食物来表达对福的向往和追求是中国人的传统。且不说祭祀时的杀鸡宰羊,单是逢年过节,婚丧喜宴上的各种吉祥食物就已经成为一道文化大观。衣食是福,而且是福的首要条件，是福的物质层面的追求。寿桃、寿面寓意长寿，年糕寓意步步高升，芝麻则表示节节攀升，鸡的装盘要讲究红运当头，过年吃鱼寄寓年年有余，八仙桌上供奉甜菜寓意日子甜甜蜜蜜，过年送人的饼叫作福饼等，不胜枚举。依我看，中国人吃的不是菜，是福，要把福气吃进去。同样道理，中国人旅游，游的不是景，是福，要把福气招过来。福，是福建旅游的商机所在，福中有文化，福中有故事，福中隐藏着旅游卖点，抓住了福，就是抓住了福建旅游的命脉。

人间万物都有个性，各个地方的人，因地理环境、饮食习惯、历史因素等的不同，会产生不同的性格。比如山东人豪爽，苏杭人文雅等。那么福州人的性格如何说？即大度包容、亲善合群、重情感恩。这点或许与福州人爱喝汤有关。

氽，为福州汤菜的主要做法，氽就是将新鲜的材料用沸水烫熟后捞出放在上汤中即成。氽法一般也称"汤泡"或"水泡"。任何字眼似乎都不如用"氽"字形容福州合适，可能福州被大海包围，所以福州菜大多是汤汤水水，进而演化的福州人性格清清白白也似水氽一样，为什么福州人会透出对极致追求的那般风雅？福州人为何如此多情？被水氽出来的地道福州人会回答你：因为喜欢喝汤的人多情。

汤，是大量的水和各种煮熟蔬菜、肉类以及一些其他的食材经长时间的文火慢炖，从而大部分的营养、味道外泄，和水混合在一起，便形成了美味的汤。汤容易烹制，只需水煮，无须其他烹调方式，简单易行，汤又能将各种不同的食物材质融合在一起，使得各种食物在沸腾的液体里交融，将各自的精华释放出来，展现出不同的味道，喝汤往往能让人喝出一身透汗，好消化又美味，所以汤这种烹调方式是最简单也最复杂的工艺。旅游也是如此，看似只是走马观花地看景色，其实不然，好的旅游策划会将本地的各种文化元素融汇在一起，将各种精华慢火细炖熬制出一锅鲜美无比的佳肴，让来到这里的游人感到无比鲜美。好的旅游策划就是一锅好汤，有营养，有内涵，有内容，丰富多彩。

因为喜欢喝汤，懂得大融合大道理，所以福州人心胸非常开阔。在历史上多次大规模的北方人大迁徙中，只听到福州人与客居福州的外地人大团结、大融合的赞歌，并无见半字福州人排外心理和行为的记载。福州人宽厚和大度包容的性格由此可见一斑。明代郑和七下西洋，很多福州人就随着郑和亲善的船队出洋，一部分在马六甲驻留。后来又有更多的福州人漂洋过海，到南洋一带谋生。世界各地都有华人，有华人的地方都有福州人。正因为福州人亲善合群的性格，所以数以千万计的福州人才能散居在世界各地，与当地人民融为一体，为当地的发展、建设做出贡献，并把福州的传统文化带到所在的国家和地区。福州人这碗汤也被带到了全世界各个地区。广东人也喜欢喝汤，无汤不欢的广东人喝汤也仅是饭前一碗，饭后再添一碗。但在福州餐桌上，上的第一道菜是汤，最后一道也是甜汤，中间还有许多含汤的菜，吃得人满肚子是水。因为福州人认为爱喝汤的人重情义善感恩，所以特别爱喝汤，以至于外地人到福州吃饭会觉得奇怪，为什么吃一顿饭要喝那么多汤。

鱼丸汤在众多的福州汤菜中，是最有名也最能体现福州特色的。福州人过年过节或在宴席上，总少不了鱼丸这道菜。福州鱼丸以包心有馅为特色，与实心无馅的闽南鱼丸各具风味。制作以鱼肉和精粉为原料加工成富有弹性的皮，再包上猪肉馅，挤捏成丸，味道鲜美，清脆爽口。传说鱼丸最早出现于秦朝的江浙一带。统一中国后，秦始皇云游江南到了湖州，喜爱鱼米之乡的鲜鱼，但鱼肉刺多，吃起来极为不便，便下一道谕旨，要求随行厨子送上的鱼必须将鱼刺剔净，否则斩首。厨子前思后想不得要领，气急之下，抢起刀背猛砸砧板上的鲜鱼，没想到歪打正着，鱼肉与鱼骨竟截然离析。得来全不费功夫，这种剔骨法让厨子惊喜不已。他灵机一动，索性将鱼肉剁成稀泥，然后包上鲜猪肉馅，团成一粒粒丸子，煮汤送上。这种吃法，深得秦始皇欢心，从此鱼丸便在南方流传开来。

很多人喜欢吃福州鱼丸不仅是喜欢鱼丸的味道，更是因为吃的时候可以欣赏到精彩的做鱼丸过程：厨师一手拿着羹状的鱼肉糊，一手用勺子挖肉馅，一眨眼，一粒白白的、包进了肉馅比乒乓球还大的鱼丸就从拇指和食指间捏了出来，厨师就像一位魔术师，每颗鱼丸的大小做得几乎一模一样。一碗最传统的福州鱼丸，有五个鱼丸漂荡在韭菜和炸蒜泥的清汤中，表面上看，汤色不如广州面店的考究，有点清汤寡水，但绝妙之处在后面——鱼丸被咬开后，里面浓稠的肉汁混入汤中，既解了鱼丸的油腻感，又能增加汤的鲜美。吃一颗鱼丸再喝一口汤，味道刚刚好。

吃鱼丸是一种体验，看做鱼丸是一种休闲。好吃，好玩，有新意，小小的鱼丸也带给了福州旅游无限的启示，同时圆圆的鱼丸又有团团圆圆、年年有余之吉祥美意，这与福州旅游要带给人们的启示不谋而合。

"坛启荤香飘四邻，佛闻弃禅跳墙来"说的是闽菜中的一道首席菜——佛跳墙。"佛跳墙"之名来源于一个故事，讲的是本来正在念经诵佛的和尚闻到一阵浓郁的香味，实在经不住诱惑，按捺不住，丢下佛祖，翻过寺院的墙循香而来。这香味，正来自佛跳墙。

据说，"佛跳墙"最初是从"东坡肉"发展演变而来的。相传，有一次苏东坡在家中研制美食，他把酒、猪肉放在一起煮，不觉美味四溢，满屋飘香。适逢好友佛印来访，佛印隔墙闻到香味，迫不及待地翻墙而入，揭开锅盖大快朵颐。苏轼笑曰："佛也跳墙乎？"佛印答："苏（酥）之皮肉味甚美也。"苏轼哈哈大笑。后来，苏轼经不起佛印的再三请求，教会了佛印做这道菜。佛印学会之后，加配上其他作料以迎合自己的口味。有一次他暗中买来猪肉进入僧舍，纳肉于罄中，调以鲜鱼汤、山菇片、茴香、桂皮、八角等调料，取佛堂燃余的香烛一大捆，轮番燃于大罄之下，一夜乃成。第二天早上，苏东坡来访得知，连称妙："既然是'罄有鱼（庆有余）'，何不快快拿来共享？"佛印自然乐意奉上。苏轼吃罢，觉得此肉经佛印的另一番调制，别有美味在其中，不觉叹道："这才是真正的令'佛跳墙'啊。"欣然为之题名。

不得不说"佛跳墙"是道大菜，它包含鸡、鸭、猪肚、鱼翅、海参、鲍鱼、笋尖、竹荪等30多种食材，佛跳墙据说曾叫福寿全，蕴含中国人对于幸福的三大要素，即福气、长寿和圆满的向往。"佛跳墙"用料奢侈，代表的又是一种富足的生活，是人们对富贵的向往。舍得下这么大功夫来做这一道菜，不仅在于它的味道，更在于它表现了中国人一种根深蒂固的求福祈祥的心理。"福"和"祥"都是美好的东西，大概总没有人会拒绝，所以我们在进行旅游规划时，可以适时引入"福"和"祥"的概念，让游客亲身体会求福祈祥的过程。

在旅游中，特别是养生度假之旅，健康和养生是旅游者重要的愿望和目的，在做旅游规划时，就要注意契合和满足旅游者的这种心理需求。福州是有名的温泉胜地，在明山秀水间浸泡在温泉的氤氲水汽中，仿若身在人间，心入仙境，身心都得到修养，这是福州能带给旅游者的健康的福。在做福州的温泉旅游规划时，同样要将这种"福"的概念与温泉结合起来，跳出简单的温泉度假的思路，引申到"健康是福"的祈福概念上。

福建临海，海产富庶，"鱼盐蜃蛤匹富齐青"、"两信潮生海接天，鱼虾入市不论钱"、"蛙蚶蚌蛤西施舌，人馔甘鲜海味多"都是在讲福建海产的丰富。丰富优质的食材是成就闽菜的重要因素。闽菜是大菜，喜欢用山珍海味来烹制，对色香味的追求近乎苛刻。闽菜喜清淡、酸甜，所以又荤而不油，甜而不腻，酸而不腻，淡而不薄，既有浓郁荤香，又能保持原汁原味，一切都恰到好处。舌头缠绕在闽菜滋味中，保证被驯服得服服帖帖。闽菜的妙，就妙在这"恰到好处"四字。旅游规划也讲究恰到好处，恰到好处就是要避免过犹不及、矫枉过正，就像宋玉形容一个美人："增之一分则太长，减之一分则太短。着粉则太白，施朱则太赤。"恰到好处，也是一种犹抱琵琶半遮面的美，就是在虚实之间，使旅游者意犹未尽。

"佛跳墙"是道豪菜，小小的一个绍兴酒坛中满满当当地装着鸡、鸭、海参、鲍鱼、鱼翅等各种山珍海味，几乎囊括人间美食，用料之奢侈，风格之豪放，跟京菜比起来也毫不逊色。所谓一山不容二虎，做菜也是如此。荤素搭配，主配菜分明，为的就是避免食材之间味道冲突，取长补短，去腻提味。闽菜则反其道而行之，大胆地将如此多的大荤大味放到一口锅中，烹制出了香飘全国的美味。我们从中应该得到启发。千篇一律的旅游是旅游目的地无法产生吸引力的主要原因，这就启示我们在做规划时要另辟蹊径，别出心裁。要做成"佛跳墙"，不仅是对食材的极高要求，更是对烹制功夫的极大考验。十八种原料需要根据各自不同的特色或煎或炒或烹或炸，炮制成各式独具风味的菜式。做好后，再将这些菜色一层一层地码在一只绍兴酒坛子中，加入上汤、酒，使汤、酒、菜充分融合，再把坛口用荷叶密封起来盖严。然后用武火烧沸，再用文火煨炖五六小时，慢慢等各种食材的味道相互渗透，香味都散发出来，这才大功告成。这其中诀窍，就在于调配之道。要将食材的味道调配得恰到好处，既充分发挥每样食材的特点，又达到味道的互补，这就是佛跳墙奇香四溢、滋味百出的秘诀。调配得当，能出奇味，调配不当，就如焚琴煮鹤般是对食材的一种亵渎。旅游也追求旅游过程的奇香四溢、滋味百出。奇香就是旅游所获得的或是身心的愉悦，或是心灵的感动，或是知识的增长，或是刺激的感官感受，滋味就是旅游中的知识性、趣味性和享受性。所以在旅游规划中，既要善于众星拱月，突出旅游主题，又要善于百花齐放，使得不同的景点各有趣味，达到奇妙百出的效果。

福州就像一坛"佛跳墙"，集世界文化之大成，有着很强的包容性，这其中有着诸多地理历史上的原因。福州依山靠海，与台湾隔海相望，侨乡众多，闽中文化和台湾文化在这里交融极为深入，福州人对台湾文化的接纳吸收，使得这里形成了独具风格的闽台文化。福州地处东南，是古时候的南蛮之地，中原文化带来的文明与当地遗留的古越文化碰撞，催生了富有南方特色的闽中文明。闽文化的形成经历了漫长而复杂的过程，是历史文明发展的结果，是各种古现代文化，南北方文化，海内外文化交流发展、融会贯通的结果。多种文化在这里和平共处、并行不悖，而且能够彼此借鉴，取长补短，都应该归功于福州海纳百川般的包容性和调和之道的巧妙性。旅游规划也强调风格的包容性和文化的兼收性，收纳万千然后取精去粕，扬长避短，最后形成自己的个性。

# 福　泉

福州似乎天生就是个浮在温泉上的城市，因为在福州温泉几乎随处可见，在福州城区东北部，北起树兜南至王庄，西起五一路东至六一路，有一条南北长 5 公里、东西宽 1 公里的温泉带，温泉涌溢、沸珠串串形容的就是这条温泉带。温泉已经变成一种文化现象进入了福州人的生活，在福州，冠以"温泉"二字的不仅仅是沐浴养生或旅游场所，温泉大饭店、温泉公园、温泉小学都屡见不鲜……久而久之，这种泡在温泉里的生活演变成了一种温泉水似的精神——热情而不激烈、内敛而不乏活力，这不仅是福州的温泉写照，也是福州人的精神写照，在做旅游策划的时候要注意如何把握这种精神。跟地面上水往低处流的水不一样，温泉是一种自下而上喷薄而出的水，是一种主动、积极的精神，是《易经》上说的"天行健，君子以自强不息"。福州的温泉旅游要走得更快更远，就要主动、积极地去进行创新和创造，走出自己的特色。

其实早在一千多年前福州就已经有了关于温泉的记载。唐末五代时期，福州人就开始利用温泉洗浴，那时把涌出地面的温泉称为"汤"，并把一些地方冠以汤后街、金汤境等名称甚至沿用至今。可以说福州温泉历史几乎是与福州历史同步的，一个人读懂了温泉也就读懂了福州。这其中历朝历代的文人骚客来到福州都会被福州的温泉陶醉，无须更多描述，只要看看这些文人留下的关于温泉的诗词就会懂得泡温泉已经成了他们创作灵感来源的载体。抗金名将、宰相李纲诗作"何似此泉浇病叟，不妨更入荔枝乡"，宋福建文臣提刑吕本中的"归途尚欲疗疮疥，乘乞温泉一勺汤"，康熙贴身随臣查慎行的"依然沂水风雩意，童冠中间著老狂"。历代名人诗人咏题福州温泉的诗作很多，这不稀奇，但是无论作者性格如何，在赤条条泡温泉后写下的诗，都焕发出洒脱、畅快的真性情，这点倒是非常值得玩味，或许真正的露天席地，面对这么痛快的温泉，人也只会有一种心情，那就是畅快，福州的旅游就是一点一滴都要让人觉得爽快。

中国温泉文化源远流长，秦始皇建"骊山汤"是为了治疗疮伤。"自然之经方，天地之元医"是北魏元苌在《温泉颂》碑文中先赞温泉的功效，后来唐朝将温泉文化发展到了鼎盛时期，从皇家到平民，泡温泉成为当时的一种流行活动，尤其是唐代开放自由海纳百川的开放精神，使得温泉与美女结合，众多大诗人有很多诗篇来描写脂粉美女从温泉出浴的情形。诗仙李白有一首《安州应城玉女汤作》，其中对温泉"地底烁朱火，沙傍歊素烟。沸珠跃明月，皎镜函空天"的动态描写堪称经典。白居易一首《长恨歌》："春寒赐浴华清池，温泉水滑洗凝脂。侍儿扶起娇无力，始是新承恩泽时。"温泉还引出了中国历史上的一个传奇爱情故事，杨玉环华清池初次与玄宗李隆基相遇，可能是因为温泉滋养的美人显得分外娇人，不禁叫堂堂一国之君怦然心动，唐人风流虽已随风逝，但温泉文化世代流传。

唐代温泉发展鼎盛，关于温泉也留下了许多有趣的民间传说。唐人郑綮《开天传信记》中载一事，甚有趣。天宝初，唐玄宗驾幸华清宫，有个叫刘朝霞的文人写了篇拍马屁的文章，名《驾幸温泉赋》，却写得十分诙谐，郑綮录其文云："若夫天宝二年，十月后今腊月前，辨有司之供具，命驾幸于温泉。天门乾开，露神仙之辐辏；銮舆划出，驱甲仗以骈阗。青一队兮黄一队，熊踏胸兮豹拿背；朱一团兮绣一团，玉镂珂兮金镂鞍。述德云：直攫得盘古髓，昝得女娲瓢，遮莫你古时千帝，岂如我今日三郎。自叙云：别有穷奇蹭蹬，失路猖狂，骨董虽短，伎艺能长。梦里几回富贵，觉来依旧凄惶。今日是千年一遇，叩头莫五角六张。"

刘朝霞此赋词调偶侻，杂以俳谐，因唐玄宗自称过"三郎"，他也便称皇上为"三郎"。唐玄宗看了认为是奇文，准备加以赏赐，命刘朝霞改去"五角六张"四字。谁知刘朝霞不买皇上的账，上奏说："臣草此赋时，有神助，自谓文不加点，笔不停辍，不愿从皇上而改。"估计是唐玄宗泡温泉泡得心情舒畅吧，面对这个敢于抗旨不遵的文人，居然龙颜未怒，说了一句"真穷薄人也"，还授予他一个官职。

温泉养生最高境界是"养心"，这也是福州旅游策划要走的方向。

"一生淡泊养心机"，这是一个很高的精神境界。"喜、怒、哀、乐、悲、恐、惊"是人的七种情志，过了头就是七情过激。"常观天下之人，凡气之温和者寿，质之慈良者寿，量之宽宏者寿，言之简默者寿。盖四者，仁之端也，故曰仁者寿。"仁就是要做到温和、善良、宽宏、幽默。仁心仁德、养心立德是一个人健康的内在要素。《黄帝内经》强调"恬淡虚无"，说"恬淡虚无，真气从之，精神内守，病安从来"。简言之，要做到"淡"字。中国传统文化的精髓之一中医学以阴阳五行作为理论基础，将人体看成气、形、神的统一体，最终目标并不仅止于治病，更进一步是帮助人类达到如同在《黄帝内经》中所提出的四种典范人物，即真人、至人、圣人、贤人的境界。中医的独特之处，在于"天人合一"、"天人相应"的整体观及辨证论治。认为人是自然界的一个组成部分，由阴阳两大类物质构成，阴阳二气相互对立而又相互依存，并时刻都在运动与变化之中。认为人与自然界是一个统一的整体，即"天人合一"、"天人相应"。特别强调"整体观"。中医养生包括形神共养、协调阴阳、顺应自然、饮食调养、谨慎起居、和调脏腑、通畅经络、节欲保精、益气调息、动静适宜等一系列养生原则，而协调平衡是其核心思想。当一个人身体达到平衡的时候，是最健康的，是"治未病"，而其中养生的核心就是养心。

"非福人不能来福地，有龙脉才会有龙泉。"温泉是最好的载体，对于福州人不只是泡温泉那么简单，在他们心目中，温泉不仅是大自然的恩赐，更包含丰富的文化语言。

《论语》有个故事，两千多年前，孔子问侍坐一旁的众弟子："什么是你们最觉得惬意的事情？如果有一个可以满足你们愿望的机会，你们打算怎么做？"众弟子或谈治军或谈富国或谈守礼之道，唯独曾皙对曰："暮春者，春服既成，冠者五六人，童子六七人，浴乎沂，风乎舞雩，咏而归。"春天和几个朋友到沂水洗洗澡，到祈雨的舞雩台上吹吹风，然后唱着歌回家。没想到孔子说："我赞同你的想法啊。"原来这是圣人的理想，这就是孔子说过的"君子不器"。一个真正的君子从来不是以他的职业素质谋求一个社会职位为目的的，却一定是以修身为起点的，他要从最近的、从内心的完善做起，曾皙恰恰达到了人生最高的天地境界、诗意境界。"浴乎沂，风乎舞雩，咏而归"与现代哲人海德格尔追求的"人应诗意地栖居在大地上"不正是同一个意思吗？所以福州温泉对"沂"字情有独钟：沂春亭、善沂泉、浴同沂、仙沂泉、清于沂等。儒家经典《大学》关于学习有："苟日新，日日新，又日新。"说的是个人的学识、道德要天天向上，洗温泉，也是这种道理，洗一次就新一次，每天洗，每天新。所以福州以"新"为名的温泉比如日新居、日日新、又日新等也特别常见。充满仙风仙气和诗情画意，体现道家思想的比如八仙、太清、一清等名字在福州温泉命名中也有体现，如醒春居、八仙居、太清泉、一清泉、天一泉等，其中"天一"一词源于《易经》的"天一生水"，所以温泉虽小，文化却重。泡汤也体现出福州人对中国文化中自然与人和谐统一的追求，福州的旅游策划也要讲究这种和谐统一的境界。

泡汤经过近千年的延续，现在已经成为一种生活方式。老百姓最喜欢的休闲方式就是大伙约好一起泡澡，舒服地烫一下温泉后饮茶聊天听戏，所以，这种休闲的生活方式也养成了福州人温和、闲适的生活态度。这一点从泡汤时的过程里就能看出来，老福州人最惬意不过的事就是随便搭条浴巾，趿双木屐，先到大池里"预热"一下，再到"汤头"里浸泡，直至泡得面红耳赤，浑身冒汗，再去竹卧椅上躺下来，听一段评书。这就是福州最休闲的生活，这种休闲是福州旅游的中心思想。

赋予每一位到来的客人一个养心的环境，让人回归自然，放下心事，这才是真正的温泉，只有环境清雅了，心情安逸了，才能达到养生的效果。故而福州之旅既是养生之旅，也是养心之旅。温泉宁静而无喧嚣，景秀而不僻远，这一点与福州休闲度假的旅游本质不谋而合，在游玩中体验文化，在游戏中体验健康。无论三伏酷暑，还是三九寒冬，温泉休闲都能让游人体会到一种身心的愉快。福州旅游也要像温泉一样不分季节的休闲，不分地域的健康，不分时空的文化，做真正时尚的元素。

## "抛砖引玉"——祈福纳祥在旅游中的应用

祈福纳祥是人们的普遍心理，各地的佛教名山、道教名山能吸引众多香客、游客，很大一部分原因在于切合了人们祈福纳祥的心理。祈福纳祥，是吸引游客的一大法宝，但不是我们做景区的最终目的，我们的目的在于其经济价值和社会价值。因此，我们要抛出"福"这块诱人的砖，引出"利"这块背后的玉，这也叫借"福"之名，行"利"之实。福州以"福"为名，又有着福文化的氛围，是旅游策划的天时地利，因此福州的旅游应该以"福"为城市旅游的主题，以求福纳祥形成吸引力，并将求福的概念贯穿至整个城市旅游的始终，包括旅游景观设计、旅游娱乐项目、旅游纪念品等，这样既能迎合旅游者的心理，又能为旅游产业链创造更多商机。

福文化满足了人们祈福迎祥的心理，将福文化融入旅游规划中，可以很好地展现休闲养生类的旅游度假产品。福文化和旅游的关系密不可分，尤其在福州这个以"福"著称的地区做旅游更要将福文化利用好。

我们曾经在福州旗山做过一个以福为主题的旅游规划。旗山地处福州郊区，规划范围包括双峰景区、龙泉景区、福厝岭景区、五峰里水库、旗山景区、棋盘寨、万佛寺区域等，面积约100平方公里。福州的"福"天生带有吉祥的寓意。福州，福地也。根据记载，福州从古至今不曾经历过多少天灾人祸，是名副其实的"福"地。旗山的打造，要依托于福州的"福"文化。

以福文化为主线，以山水生态环境为依托，在充分保护旗山原有生态地形地貌的前提下，重点打造六个主题鲜明的生态园区，集两个主题度假公园、两个主题乐园、主题乡村旅游、主题佛教园区和主题地产等于一体，主要包括双峰山地度假、龙泉温泉度假、五峰里水上娱乐、棋盘寨乡村旅游、山地主题乐园和万佛寺等，每个主题园区重点塑造 1～2 个亮点项目，突出主题性、参与性。通过空中缆车、丛林栈道、登山道、坏保巴士、电瓶车等构建特色、生态、畅通的旅游廊道，营造全方位自然体验生态之旅。

福气是大家同享的，不仅是针对本地人，也要针对外地游客，让所有来的人都能沾上福气，所以我们的功能定位一方面为市民打造登山休闲、康体娱乐、希望寄托的城市郊野公园，另一方面为游客打造集山地观光、森林探险、休闲养生、水上娱乐、温泉度假、文化体验等多功能于一体的全新山地生态休闲旅游度假区。

所以我们将福气贯穿始终，确定主题形象为"禅意度假，休闲福地"，宣传口号确定为"远离尘嚣的休闲，融入自然的时尚——福州·旗山"以及"品味绿色盛宴，尽享原生奢华——福州·旗山"。"福"成为景区的主线，也成为这个景区最为强大的吸引力。由求福而引申出众多文章可做，各类旅游项目在"福"的名义下全面开展起来，从而带来了无数的商机。这就是福这块"砖"引来的"玉"。

# 第三章

城市旅游

苏州——天堂水乡情

苏州

西池红秀

杨力民画作

与苏州的相处，就像是与一位君子交往。君子之交，淡如水。水，能演变千形本身却无形，能演绎万味本身却无味。因为淡，所以持久，所以绵长，所以悦人，无所谓功利，无所谓诱惑，自然就在俗世中一成不变，在红尘中穿梭不会迷失。千年水乡天堂的魅力就来自这淡然的态度，任外边的世界如何改变，仍保持我行我素。

说到苏州，不由得就想起许多人来。远离家乡、寄人篱下的林妹妹；风流不羁的唐伯虎；留下"花生米与豆干同嚼，大有火腿之滋味"作为遗言的金圣叹；主持修筑虎丘山塘河堤，使人"免于病涉，亦可以障流潦"的白居易；写《三言》，"上下数千年，澜翻廿一史"的冯梦龙……还有很多很多。这些人有的生于苏州，有的长于苏州，有的在这里短暂停留，留下一些故事，一些诗歌，一些文章。这些东西，通通都有着一种解不开的文化情结。这种文化情结，溶化在苏州的潺潺水流中，滋润着这座城市，使得这里有了一种文雅的柔美。这里是制造才子佳人之地，是官宦士大夫退隐之地，是帝王天子流连忘返之地。这里出过四大才子，发生过催人泪下的爱情故事，有着精致无双的私家园林，唯独没有听说过有过什么"力拔山兮气盖世"式的英雄人物。这座城市，骨子里就是柔美的、安静的、隐忍的。

苏州从历史上就是与世无争，有文化的温柔之乡，体现出中国传统的阴柔之美。只是观光旅游，难免偏离城市性格和人们对她的期望。做城市旅游规划，要树立大旅游概念。大旅游就是城市旅游必须依托于城市，旅游规划必须符合城市发展主题，而城市性格是决定城市发展主题的最主要因素。每个城市因历史文化，地域风水不同，会呈现不同的个性，如何契合和表现城市的个性，是我们旅游规划者需要首先考虑的问题。只有对城市主题起到烘托作用的旅游规划，才能反过来为城市发展服务，才能起到提升城市品质的作用。

苏州是美的，这种美是隐约的，是淡泊的，是润物细无声的婉约之美。江南地带多的是水，江南的水是矜持的、微微的、柔弱的，润物细无声的贴心，不霸道，不猛烈，不壮观，连城市都鲜见的水润。树木是常绿着的，丁香常自芬芳，像是苏州女子沉默的颜色。水巷小桥多，人家尽枕河。顺着春水，当小舟一波三摇地划入水巷深处，苏州不经意间流露的是纤姿弱态的春日风韵。如同苏州的精致园林一般，姑苏的春色，也是伴着吴侬软语，和着咿呀的江南小调悄然显露。苏州，是需要慢步细行的温柔水乡。

姑苏如水。水的特质是什么？水在"道不行，乘桴浮于海"中是一种变通；水在"水利万物而不争"中是一种顺从；水在"上善若水厚德载物"中是一种智慧；水在"水之性润下顺而有容，水不绝源，仗金生而流远"中是一种温柔。苏州人的智慧大约在水中总能找到对应。水的智慧给苏州旅游以启发，变通是策划思路的另辟蹊径，顺从是旅游开发中的尊重本地文化和居民，智慧是对旅游资源的巧妙包装，温柔是概念策划中的以情动人。

姑苏如水。水有一种向下的品格，从来都是低头流淌，不争不抢，直奔大海，直至成为惊涛巨浪。水往低处流，是因为树大招风，水满则溢，你可以说这是一种内敛谦逊，也可以说是一种逆来顺受，但这正是柔弱的水能穿山越岭奔赴大海的原因。水往低处流，是为了储藏更大的能量，一旦时机成熟，便所向披靡，或激起千层浪，或飞流直下三千尺。水的向下是一种大智慧。苏州是水乡，也是杨柳之乡，流水边随风摇曳的青青柳条点缀得这个城市愈加妩媚动人。苏州的柳树，也有着这种向下的品格。树大多以高大挺拔为美，而柳树的美却美在它的向下生长。"碧玉妆成一树高，万条垂下绿丝绦"，柳的摇曳多姿、风情万种都来自它向下生长的枝条，看似低眉顺目，实则暗含智慧。苏州人不爱张扬，骨子里透着一种温柔谦下的品格，隐藏的却是大海的情怀，这正是懂得向下的大智慧。

《红楼梦》似乎对苏州情有独钟，开篇就是"当日地陷东南，这东南一隅有处曰姑苏，城中阊门，最是红尘中一二等富贵风流之地"。为什么苏州城是头等"富贵风流"之地，这大概和苏州城的"富贵风流"之人有关。

# 隐

"桃花仙人种桃树，又摘桃花换酒钱。酒醒只在花前坐，酒醉还来花下眠。半醉半醒日复日，花落花开年复年。"这是苏州著名的才子唐伯虎的诗句。他的追求，不过是有花有酒，半醉半醒，便可逍遥快活地度过一年又一年。唐伯虎是苏州才子的典型代表，被人形容为"诗画双绝"，为人风流不羁，其实表面的风流掩藏的更多的是远离庙堂之高的无奈。受儒家"学而优则仕"思想的影响，中国文人向来向往中央，每次远离权力中心都是让人惆怅的，而江南园林，成为中国文人失意后自我安抚的归属之地。苏州的园林和唐伯虎的风流不羁性格一样代表的是一种隐逸文化。

唐寅，字伯虎，一字子畏，号六如居士、桃花庵主、鲁国唐生、逃禅仙吏等，据传于明宪宗成化六年庚寅年寅月寅日寅时生，故名唐寅。汉族，吴县（今江苏苏州）人。他玩世不恭而又才华横溢，诗文擅名，与祝允明、文徵明、徐祯卿并称"江南四才子"，画名更著，与沈周、文徵明、仇英并称"吴门四家"。唐伯虎的才华横溢和玩世不恭引出了许多趣事，一直为人所津津乐道。传说唐伯虎曾在扇庄画扇，他技艺超群，远近闻名。一天，有个人来请唐伯虎画扇，要求他在小小的扇画上画一百匹骆驼，真够难为人的。可唐伯虎什么也没说，点点头就画了起来。只见他先画了一片沙漠，沙漠中间是一座孤峰兀立的大山，山下林茂路弯。那人一看，扇面快要满了还没见一只骆驼，得意地笑了。心想：看他咋画得下一百只！只见唐伯虎在山的左侧画了一只骆驼的后半身，前半身被山崖挡住了；在山的右侧，又画了一只骆驼的前半身。唐伯虎把笔一搁，那人急了，说："不够一百只呀！"唐伯虎又拿起笔来，在画旁题了一首诗："百只骆驼绕山走，九十八只在山后。尾驼露尾不见头，头驼露头出山沟。"那人一看，哑口无言，灰溜溜地走了。

唐伯虎"诗画双绝"，是难得一见的大家，性格表面风流不羁，其实暗含着无奈。唐伯虎早期追求功名，但是因为官场斗争被排挤出权力中心，于是终生不再关注权利，而是将全部心思放在了文学艺术上，最终成就了他"江南四大才子"之首的美誉。唐伯虎是小众里的大众。说他小众在于他的文化品位和修养极高，说他大众是因为他为世人所津津乐道，他与秋香的故事尽人皆知，是古典知识分子中最贴近市井生活，最被人们喜闻乐见的人物。这样一个典型的才子，表现了最传统的中国文化特点，自身却不拘礼法，所以在各种形式的文艺作品中，文人墨客们故意让唐伯虎不拘礼法，让他放浪不羁，比如故意让唐伯虎敢闯朱门豪宅，让他敢和达官贵人插科打诨，故意让唐寅不顾封建礼教，敢娶自己心爱的女人做老婆，让他为争取自己的理想自由奋斗。所以在明朝末年小说家冯梦龙的《三言》中《唐解元一笑姻缘》成为最著名的段落，也是人们最愿意读的皆大欢喜的故事之一。贴近大众生活，轻松而又圆满是这个故事带给我们的关于苏州旅游的启迪。

唐伯虎是"小众"里的"大众"人物，而苏州旅游要做"大众"里的"小众"。

唐寅是小众文化里的大众代表，这也是苏州旅游的象征，那就是既要有文化内涵，有品位有故事有韵味，同时又是大家都喜欢都能接受的。唐伯虎的高端文化休养内涵与平民化的有机结合，这是我们旅游文化的品位与韵味。旅游要有文化，但不要高高在上的文化。文化要阳春白雪，旅游却要下里巴人。唐伯虎的诗境在屋门前的桃花中，在市井的酒壶中，也许还在用以维持生计的一亩三分地中。所以，文化修养旅游不是要远离生活，而是要将生活和文化结合，打造有品位和韵味的旅游。

唐伯虎是"大隐隐于市"的人物，那能不能将这种大隐概念扩大到整个苏州的旅游策划里去呢？答案是肯定的。

"隐逸"是符合人类舒适感的要求，包括尺度、色彩、比例、韵律等。"隐逸"也是亲近自然的要求。在快速城市化的今天，自然将成为人类最后的精神家园，让身心放松是度假旅游的基本要求。休闲就是要在一种"无所事事"的境界中达到积极的休息。休闲旅游在旅游的同时，还能让心灵得到放松。它与其他旅游不同之处在于，一"动"一"静"，一"行"一"居"，一"累"一"闲"。

隐逸文化，以简单朴素及内心平和为追求目标，不寻求认同为"隐"，自得其乐为"逸"。它是针对世俗文化而言的。世俗文化以功名利禄和荣华富贵作为追求目标。两者皆无可厚非，个人取向不同而已。但是在历史上也有以"隐"求显并成功取得富贵者，也有显贵过甚不得已隐姓埋名的隐者。他们都对隐逸文化有着不同的影响。"隐逸文化"的表现是多方面的，最直接的表现就是遁迹山林，这本身就是一种特殊的文化现象。此种现象远古就有，但作为"隐逸文化"则生成于魏晋，它对这一时期乃至以后的世俗文化都有深远影响。"隐逸文化"的表现是多方面的，最直接的表现就是一批名士遁迹山林，当起隐士。尽管儒家创始人孔子说过"邦有道则仕，邦无道则隐"；孟子也说过"穷则独善其身，达则兼济天下"；文人得意时仕，失意时隐，自古而然。但六朝隐士之多，恐为历代之冠。"隐逸文化"的另一个表现，就是出现了对隐居生活由衷赞美和吟咏的"隐逸诗"。最具代表性的两个人物，一个是"采菊东篱下，悠然见南山"的陶渊明，一个就是苏州的唐伯虎。隐逸是有境界高低之分的：小隐隐于野，大隐隐于市。隐于野尚有一个地点的束缚，也是一种形式的束缚，故而是较低层次；隐于市则已不分时间，不论地点，喧嚣如市井中亦可隐，此是超脱境界。大隐隐于市为今日的高端休闲度假提供了一种时尚的大隐概念。大隐不重形式，重在"心"。大隐者，心隐则处处皆可隐。高端休闲度假同样讲究心的休闲，心的度假。从旅游的角度来说，隐逸文化和旅游有几方面的联系。首先，隐逸文化赋予旅游资源更高层次的内涵，提升了旅游资源的品位；隐逸高人游山玩水的生活方式开发出许多旅游资源，从而拓展了旅游的范围。其次，大隐是道隐无形，无形即不受拘束。无须任何条件，不论身在何处，只要有超脱的精神，就不会拘泥于一时、一世、一人、一地而可以"独善其身"。高端休闲度假就是要打造一种不受约束、自由的环境和氛围，使游客在无拘无束中使心灵得到彻底放松。

的确，苏州的水土似乎特别养人。巷子之中，深深浅浅的闺房，养着许多小家碧玉；苏州人文荟萃，才子更多。每有才子，必涉风流。鸳鸯蝴蝶，哥哥妹妹，才子们闲来无事，稍展手段，便是一段风流韵事，载之文籍，俱是让人津津乐道的谈资。于是，在世人的印象里，仿佛苏州人都是些温柔乡里的多情种子，他们最大的本事就是琴棋书画，吟风弄月。但这类行止，精妙固然精妙，却都是那些深得圣人教诲，寄情家国的士大夫不屑的营生。

其实以唐伯虎为代表的苏州人并非沉迷于风月，这只是一种无奈之举。官场失意，只有在世俗生活中寻找自己的精神归宿，所以苏州人性格细致、温和。苏州人常常被女性化，除掉语言之外，那心态、习性和生活的方式中，都显露出一种女性的细致、温和、柔韧的特点，此种特点是地区的经济和文化形成的。

一个城市的生活环境，是传统文化的体现，是人们习性的综合反映。苏州人的那种女性化的特点，它有一个很大的缺点，这缺点说起来还和苏州的园林有点关系。苏州园林作为一种文化现象来看，是一种"隐逸文化"的体现。园林的主人们之所以要造园林，是因为官场失意，厌倦了政治，或是躲避战乱，或是受魏晋之风的影响，想做隐士。隐于市却要无车马之喧，而有山川林木之野趣。怎么办？造园林。在深巷之中，高墙之内，营造出一片优美闲适而与世相隔的境地。因退隐、退养而在苏州造园的人越来越多。他们有钱，更主要的是有文化。他们退隐在苏州以后也不是无所事事，而是广结名流，著书立说，吟诗作画。"隐逸文化"主导着当时的文化潮流，影响着人们的价值取向，代代相传，使得苏州人在文化心态上具有一定的封闭性，容易满足于已有的一方天地，缺少一种开拓与冒险的精神，善于"引进来"，而不善于"走出去"。苏州园林是文人的杰作，尤其讲究造是园主心志的表达，更熔铸了意境的营造。苏州园林的主人大多数是贬谪、退隐的官吏，他们历经了宦海沉浮，心中建功立业的信念逐渐消失，代之而起的是清静淡泊、自然适意的人生哲学和生活情趣。吴中文人的隐逸心态逐渐成一种稳定的理想。他们大多为名流雅士，"三绝诗书画"集于一身，有较高的文化素养，于是，就将自己内心构结的精神绿洲倾心外化，建起一方方小园。这些人都不是土财主和暴发户，他们有钱，更主要的是有文化，用现在的话来说他们都是知识界的精英。

苏州园林是当钱与文化相结合的时候出现的一种奇趣。有钱、有文化、有闲的结合就是园林，园林为有钱、有闲、有文化服务就是今日的旅游产品。所以，园林的旅游策划就是围绕闲和文化来做，以有钱、有闲、有文化的人群为目标市场，旅游策划者要理解他们的需求，旅游产品要满足他们的需求。

隐逸文化，"隐"是指隐居不仕，遁匿山林，也指隐居的人。在封建社会里，有些人不愿意和统治者同流合污，所以隐居避世；"逸"则有安闲、安适、安逸的意思，可见隐逸并非一个痛苦的过程，一方面避免了世俗的烦恼，一方面又包含着一种轻松愉悦的味道。"退则独善其身"，这就是传统士大夫追求的精神世界，苏州园林实质反映的是一种"隐居文化"。苏州城的建立者夫差一生从光辉到失败，为苏州人深深埋下了回避风云的种子。多发的战火，官场的不得志，躲避和退隐成了苏州名士的选择，但归于山林又太清苦，躲进自己的家中，修造一个世外桃源，山林野趣的地方，既有归隐山林的意境，又有舒适的生活，这叫大隐隐于市。如"拙政园"是明代御史王献臣所建，是他官场失意后的作品。退隐，退养在苏州比比皆是，这种"隐"是苏州文人群体的文化现象。"隐逸"从旅游的概念上讲，是高端旅游度假概念，那就是既要回避现实的纷扰，又要做到舒适温馨，苏州应成为世界上最美的度假天堂，这种度假是有着深厚中国传统文化底蕴的度假，是一种隐居文化，而且是大隐隐于市的隐居文化，这种度假概念，全世界都是独特的。一个"隐"字为苏州的旅游找到了新的定位和新的发展方向，隐居实质上是旅游中的高端度假概念。一个"逸"字则是要有恰如其分的舒适作保证，这包含苏州底蕴深厚的文化磁场，优美的自然风光，丰富的生活保障和心境意境的完美。

# 黛

　　林黛玉这个经典的文学形象在国人印象中娇弱、美丽、有才，是典型的江南女子形象，其实林妹妹就出自苏州，她的美貌和才艺就如同苏州一样，动人、精细、小巧、有品位；让人不能忘怀。人的气质是和性格联系在一起的，某种气质更容易形成某种性格，如多血质人的容易形成乐于助人、活泼好动的性格，而黛玉属于抑郁质，这种气质为她性格的形成起了奠基的作用，这使得她"喜散不喜聚"、"喜静不喜动"，这十个字也正是现代人追求的高端度假的概念，现代人在忙碌之余，追求的也就是这十个字。所以林黛玉不仅是苏州人性格的代表，也是苏州高端度假精神的代表。

　　现在的都市人见多了争名夺利的烦恼，需要的是一份宁静与祥和，苏州的旅游能满足人们的这种需求，避世并非传统意义上的消极沉沦，而是另辟蹊径，在策划上需找一种小众之乐，让每个来到苏州的人体会到的是一种心灵上的泰式按摩。

　　大观园中的女儿们知道她天生气质如此，对她也就不过分地苛求了。这些姐妹们喜欢宝钗的多于喜欢黛玉的，每次湘云来贾府总是爱找宝姐姐玩，而不会首先去找林妹妹，这使得黛玉与别人的社会性的交往逐渐减少，也促成了她更加忧郁的性格。家道中落对黛玉造成的影响就是：敢爱而不敢言，只有把爱深深地放在心中，期待着别人能帮她一把，把自己的爱情寄托于别人的怜悯，形成了强烈的依赖感。只把着了一根救命的稻草，信守爱情。正所谓，爱至深，伤也深。最后，直至为爱情付出了自己的生命。黛玉是多愁善感的，她用诗词来宣泄自己的离情别绪。她所写的多是些哀伤的诗句，想到的往往是死、老、分散、衰败。或许正是由于身体上的先天虚弱，黛玉对事物的反应比较消极，什么事多从其反面来考虑，这也导致了黛玉在思维方式上极为消极和被动，这点与苏州的性格倒是有相似之处。消极避世是苏州人多愁善感精神的写照，所以苏州多园林，表现的就是士大夫不能身处庙堂之高，而流落江湖之远后的消极心态，远离权力之后追求的不再是熙熙攘攘的"利益"二字，而是躲在自己的天地中，独自享受自己的人生。风花雪月与亭台楼阁构建起的精神世界中，苏州人柔弱的性格气质得到了最好的体现。

林黛玉是个内慧外秀，楚楚动人，惹人怜爱的女性。林黛玉之美，还表现在她才学横溢和浓郁的诗人气质。黛玉天生丽质，气质优雅绝俗，"心较比干多一窍，病如西子胜三分"。但是她也有着青春少女的活泼热情，并非终日都只在哀愁之中。从林妹妹身上可以看出苏州人是含蓄温柔的。

含蓄是一种美德而流行在我们的历史文化中，含蓄的现代女子依然被认为是具有古典气质的美。从《诗经》时代起，含蓄就已经成为先祖们的一种习惯，"乐而不淫，哀而不伤"就是对中国文化精神的解读，先人们在表情达意的时候，已经把要表达的意思用环境衬托出来，没有明说，这成了一种艺术。经过沉淀、浸润，含蓄成为人民的一种性格特点，行事低调，不喜张扬，说话吐字斯文达礼，自从礼治思想产生并推行以来，就更加强了这种文化特性，这与封固的心态是相吻合的，同时也是专制制度下的国民性格特点。文化与政治相符合。熟于中国历史的人都知道，中国的文人墨客，以含蓄者居多，不喜张扬，多愁善感。这不得不说是时代的反映，是政治的悲剧。

苏州话称得上中国最温柔含蓄的语系。苏州话最大的特点就是"软"，历来被称为"吴侬软语"，尤其女子说来更为动听。苏州人，如果对某一异性表示爱意，会说"我蛮欢喜倷个"。这句话和"我爱你"表达的意思是一样的。苏州话中一般是不会用"爱"这个字的，显得很肉麻了。普通话叫"喜欢"，但较之"爱"好像程度又不够。所以苏州话的特点就是柔和而含蓄地表达出炙热的感情，这点恰如林妹妹对宝哥哥的感情，内心炙热，外表却不愿流露。"轧朋友"也是一句苏州话。"轧朋友"就相当于普通话的"谈朋友"、"谈恋爱"

或"交朋友"。但苏州话的"轧"比"谈"来得更形象。恋爱中的小情人有说不完的话——虽然这些话在旁人眼里就是废话一堆，什么"倷今朝漂亮的啦"，"我么想煞倷啦"之类的，当然恋爱是要经过不断的"谈"而互相了解的。而一个"轧"字，更形象地描绘了两个恋人亲密的动作，都是把头凑在一起的。"轧朋友"中的一些亲密动作，苏州话来表达也是蛮有意思的。苏州话体现了浓浓的古意和一种书卷气。苏州人说"不"为"弗"，句子结尾的语气词不用"了"而用"哉"，人们听见苏州话会有一种亲切感。在同属吴方言语系的其他几种方言中，都不如苏州话来得温软。有句俗话说宁愿听苏州人吵架，也不听宁波人说话，充分说明了苏州话这个"软"字。含蓄的苏州话经典而又形象地表达出人们内心的感受，难能可贵的是在这样一种让人感到温柔似水的语言里，可以检出苏州人含蓄温柔的性格，这些用词的准确和富有感性，正是苏州对旅游规划、旅游项目把握的尺度。我们讲月满则亏，水满则溢，放到苏州旅游中，就是要把握好柔和刚的尺度。过柔则无力，过刚则易折，要把握好表现的力度问题，力求准确，直指城市性格。同时，苏州的旅游是要带有感情的，是以情动人的，是富于感性的，这也正契合苏州的城市性格。

苏州最富人间烟火气之美，大概是那走着丁香一样结着愁怨姑娘的悠长悠长的雨巷吧。深深浅浅的巷陌，宛若一支幽幽的洞箫：深沉、幽雅，意境绵长悠远。巷子总不大，正好够一个书生和一位小姐擦肩而过，也正好够李家的嫂子挑着打满了水的木桶一步一摇地走过；巷子很少能一眼望到底，总是弯弯曲曲，深邃悠长。巷子虽小，但这正是它的大美之处，若大了，便无精巧可言；巷子虽曲折，却正是它对苏州婉约之美的直接表露，若一通到底，便无意境可言。这正是苏州雨巷给予苏州旅游的启示，即小中见大，曲中见直，圆中见方，虚中见实。对此，苏辙曾有过精彩的论述："古之达人，推而通之，大而天地山河，细而秋毫微尘，此心无所不在，无所不见。是以小中见大，大中见小，一为千万，千万为一。"旅游策划中的以小见大，就是要善于在小事物、小故事中发现旅游商机，比如小吃。小吃不小，小吃里有文化，小吃里有道理，小吃里有卖点，把小吃文化做好，也能做成大旅游。

苏州人世代居住在深深的小巷，长此以往，终于养成了与小巷一样极有弹性藏拙内敛的习性。小巷弯弯曲曲，就像一挂缠绕着、理不清的肚肠。苏州人心眼多，在小巷里讨生活，韬晦久了，便不大关心左邻右舍家长里短的事，老辈人将这种心理叫作江西人钉碗——"自顾自"，虽然是各人自扫门前雪，邻里间相帮不够，但不嚼舌头，不打听别人家的隐私，不存害人之心，街坊邻居能够相安无事和平共处，不也十分难得？苏州的花也是含蓄的，像栀子、白玉兰、像蜡梅。每年四月，看到身穿蓝布衣的苏州姑娘，挎着篮子，袅袅婷婷地从小桥上走下，嘴里轻轻吆喝"啊要玉兰花"，真是江南宁静风致中动的精灵。苏州七步一桥，三步一水，水草青葱，桥身雅致，很多桥都只能步行，沿着水岸信步走去，走过一两座小桥，看苏州人家在青石板铺就的巷子中不紧不慢地从水井中提水，或一老人坐在大的樟树下听着评弹，再浮躁的心情也会安静下来。也许你没有意识到，你正在走的这条巷子里，曾经住着唐伯虎或是俞平伯，或正是戴望舒在诗中提到的那悠长悠长的雨巷。如此宁静含蓄的苏州，无怪余秋雨先生称之为"白发苏州"。它比杭州小巧，比无锡细致，少了南京的帝王之气的压抑，而比徽州显得清朗，远远对比于上海的嘈杂。在这样的寒山寺畔江枫桥外，虎丘上下石湖串月之旁，沧浪亭边网师园中，优哉乐哉，难道不正是很多人千求万求而不可得的那种宁静致远的境界吗？来苏州对现在充满浮躁的都市人来说就是一次心灵的洗涤，会让人再次找到安静祥和的生活方式。

含蓄柔美，秀外慧中，体贴入微的小家碧玉形象是林黛玉带给多数中国人的感觉，也是林妹妹诞生的苏州要带给游客的感觉，这种感觉是一种不流于表面，而是充满内涵的感受，游人来到苏州就像是与一位藏在深闺的江南美女交往，无须太多的言语，只要默默地走入苏州的小巷，徘徊于苏州的小桥流水，就会感到细腻流淌的是内在的情绪，这种旅游策划就是要将中国古典文化中含蓄的一面淋漓尽致地展现出来。苏州的旅游产品要能深入游客的灵魂，像是苏州女子的吴侬软语一样，听起来让人麻酥酥的，如沐春风，这是一种温馨而又随和的感觉。

# 雅

一方水土养育一方人，苏州秀丽温和的环境造就了苏州人温文尔雅的气质，他们的性情就像苏州的绵绵细雨沾衣不湿，就像苏州的阳光娇嗔可爱，当年苏州文人金圣叹哭庙案发，临行前遗言竟是"花生米与豆干同嚼，大有火腿之滋味"，天下还能找到第二个这样从容幽默的人吗？

"吃在苏州"，所以苏州也为吃货们所向往。苏州人讲究饮食，正餐小食，无不力求精美。名店名厨，工艺更是精巧细致，由刀工而调味，乃至烹制技艺中炖、焖、煨、焐的用火，都恰到好处，苏州人的美食被浓缩在秀、美、精、细、柔、温、慢等汉字中。苏州人生活优雅，早晨起来吃碗面都强调要吃头汤，那叫原汁汤。将骨头、鸡子、鸭子、猪肉等，放入清水锅里煮，待肉煮八九成熟，拆骨剔肉时，把油撇出，盛出凉凉，即为头汤。头汤融合了多种食材的精华，把众多的食物养分综合在一起，使得一种汤汁能喝出各种不同鲜美的味道，恰如苏州城带给游客的感觉。游离苏州就像在品味中国五千年文化的头汤，小小的苏州城包含众多传统文化的精华，代表隐逸文化的园林，代表高雅诗词的弹词等都在这个小小的苏州城中云集，让人觉得苏州的这道文化头汤是如此丰美动人。苏帮名菜不胜枚举，以松鼠鳜鱼为代表。旧时"甜出头咸收口"，今则甜味已减，以清淡为主调。说起"松鼠鳜鱼"，恐怕苏州人无一不知晓，在海外也久享盛誉。这道菜有色有香，有味有形，更让人感兴趣的还有声。当炸好的犹如"松鼠"的鳜鱼上桌时，随即浇上热气腾腾的卤汁，这"松鼠"便吱吱地"叫"起来。餐桌上丰盛的、让人垂涎欲滴的美食，一个异彩纷呈、变化多端的美食世界呈现在你面前。苏州菜展现的苏州人对主食的样貌、口感的追求，处理和加工主食的智慧，以及苏州人对美食的深厚情感。苏州美食的烹调手艺与众不同，从最平凡的一锅米饭，一个馒头，到变化万千的精致主食，都是苏州人辛勤劳动，经验积累的结晶。

形神兼备的苏州精神在苏州菜里得到了颇为完美的体现，所有这些充满想象力的转化，它们所打造出的风味和对营养的升华令人叹为观止。在打造苏州旅游的时候就要像苏州人做菜一样，讲求色香味形声俱全。旅游产品的打造就像苏州人对食物滋味的不断追求。烹饪技术中蕴含苏州人的智慧，呈现着苏州人的生活，同时"色香味形声"也蕴含有苏州人的情感与文化意象，如对美好传统的思念，内心长时间蕴含的某种情感，等等。

苏州人从容乐观讲求精致的生活，看过昆曲的人都会被她独特的魅力所感染。昆曲发源于苏州，是一种从容的艺术。昆曲是民族古典美学完整的舞台体现，昆曲讲究意境，爱恨情仇，苦辣酸甜种种人生意境在昆曲的舞台上显得如此优雅流畅。在明清士大夫数百年的潜心经营下，昆曲臻于完善。他们的理想、娱乐、情感、欲望皆投注于昆曲，"情不知所起，一往而深"，奏出了书卷间的弦歌流响。对他们而言，生活便是艺术，艺术也就是生活。现在时是不存在的，美丽总归灰飞烟灭。古代的文人似乎已经深谙此道。"如花美眷，似水流年"，虽说是戏中词，却道的是人间情。这一点古今并无二致。明清文人的深厚学养，为昆曲注入了独特的审美品位，他们对空灵境界的追求，赋予了昆曲曼妙的意境，加之内心深处对社会人生的哀怨、悲凉的感受，使得昆曲在文词、音乐、唱腔上每每显示出惆怅、缠绵的情绪。载歌载舞，一唱三叹，情感细腻，结构严整，曲词优美，风雅含蓄。在陌生的环境中旅行其实就是要体验一种别样的人生境界，就像昆曲所表达的是一种理想中的美好世界一样，在苏州旅行就恰如在每个人的理想世界中旅行一样，优雅从容的苏州使得来到这里的人也仿佛站到了昆曲舞台上一般，任凭岁月如梭，斗转星移，传统文化中关于爱情与事业的主体不变，苏州从容的精神不变。

吴文化是水文化，是稻米文化。水是柔和的，稻米是高产的，在温和的气候条件下，肥沃的土地上一年四季都有产出，高产和精耕相连；要想多收获，就要精心地把各种劳务作仔细地安排；一年四季有收获，就等于一年四季不停息，那劳动是持续不断的，是有韧性的。这就养成了苏州人的耐心、细致、有头有尾的性格。苏州人细致而有耐性的特性，用不着调查了解，只要看一下苏州的刺绣就可明了。苏绣具有图案秀丽、构思巧妙、绣工细致、针法活泼、色彩清雅的独特风格，地方特色浓郁。据《清秘藏》叙述苏绣"宋人之绣，针线细密，用线一、二丝，用针如发细者为之。设色精妙，光彩射目"。苏绣体现了苏州人心灵手巧的特点，苏绣所追求的已经超出技术层面而上升为艺术的追求。看过苏绣，游览过苏州园林，才可领略苏州人的耐心细致、追求极致。

2500年的苏州文化苏绣精品直到现在仍熠熠生辉。苏绣，是江南女孩一生中最美丽的情结。那些绣花用的绷布、绷架、苏针、花线，它们依恋的目光永远不会离开水灵如草清澈如花的江南女孩子，任伊老了，在江南，它们的目光始终相伴。这是刻骨铭心的爱情啊，苏绣对江南女孩是天荒地老般的爱情，全世界都知道了中国苏州有一种工艺名叫苏绣。女红之巧，十指春风。苏绣绣技具有"平、齐、和、光、顺、匀"的特点。"平"指绣面平展；"齐"指图案边缘齐整；"细"指用针细巧，绣线精细；"密"指线条排列紧凑，不露针迹；"和"指设色适宜；"光"指光彩夺目，色泽鲜明；"顺"指丝理圆转自如；"匀"指线条精细均匀，疏密一致。苏绣之绝，绝就绝在它的细腻。苏州旅游要赢，必定也将赢在"细腻"。旅游中的细腻就是要在细节上下足功夫，小到饭店的筷子，路灯的装饰，大到城市的标示，无不需要精心考虑，精雕细琢。带给游人苏绣那种精巧绝伦的视觉冲击感，让来到苏州的人在每一处小事上都感到苏州文化的渗透。

苏州毗邻太湖，气候温和，盛产茶叶，是名茶碧螺春的原产地。洞庭碧螺春以形美、色艳、香浓、味醇"四绝"闻名中外，这四个特点恰恰也能体现苏州这座城市带给人的整体印象。形美，是苏州小桥流水碧波荡漾，让人如醉如痴的视觉感受；色艳，是苏州的青砖白瓦，碧水蓝天，花红柳绿的生活空间；香浓，是从苏州美食，苏州弹词，苏州人说话卿卿我我的腔调里渗透出来的浓郁的文化气息；味醇，则是这座千年古城代表的才子佳人和园林隐逸文化交织在一起汇聚成的苏州独有的韵味。四种特色从四方面反映了苏州的特色。

碧螺春不仅有"四绝"，它的喝法更是精妙。碧螺春有"春染海底"之誉，将碧螺春轻轻投入水中，茶即沉底，恰如游客初到苏州就能深入地体验到中国传统文化的精妙，这种触动深入人心。茶叶上带着细细的水珠，约2分钟，几乎全部都舞到杯底了，只有几根茶叶在水上漂着，多数下落，慢慢在水底绽开，颜色浅碧新嫩，香气清雅。而龙井下投五分钟后才开始下落，叶片慢慢被浸润，颜色黄绿，能长时间保持香气。碧螺春的二水、三水入口微涩，甘甜之味反归得很慢，但在齿颊间，余香较远。"清而且纯"，形容碧螺春真是恰当！苏州的旅游就像苏州特有的茶叶一样，在于一种感觉，不必太看重手法、温度和用量。这一点与广东复杂的茶艺和北方粗犷的茶道都不相同，与广东茶艺的过分讲究细节相比，苏州喝茶多了一份随意和从容，与北方粗犷的茶道相比，苏州似乎又更讲究一份意境，这恰如苏州旅游带给人的整体印象。在苏州一种独特的文化意象渗透在生活的每个空间与角落，这种意象是苏州上千年历史文化形成的结果，苏州性格表现在举手投足间，不用刻意雕琢，自然而随和的流露才是真正的苏州。对于一个初喜喝茶的朋友来说，干茶可以少放些，碧螺春是比较嫩的茶叶，水温低些就好，比如70℃，也就是手摸杯子微微觉得烫就可以了，适用于家庭办公用茶。茶的温暖适度恰如苏州旅游要给人的感受，在苏州做旅游就要像喝碧螺春一样给人一种柔和惬意适度的感觉。与北方强烈炙热的表达方式正好大相径庭，苏州的性格是温润如玉的水乡性格，水的柔与轻是苏州人性格的写照，水利万物而不争表现的就是苏州人安静从容的生活态度，一杯碧螺春端在手里，品味除了浓郁的茶香之外，还有苏州城留给人的温柔和甜美。

# 城市大旅游

水就像苏州的精神脊梁和苏州的灵魂。苏州永远与水有着诉不完的情缘，这是一座活在水上的城市，这里的民宅，无论大小都有一个共同特点，那就是与水相亲、与水相邻，苏州对市场最有影响和号召力的旅游形象就是水乡形象。苏州地区的旅游策划就是要以江南文化为主线，将苏州的水乡形象重点突出来，所有的策划都应该围绕水来展开。苏州市如何实现跨越式发展？那就要基于城市本底，审视苏州水乡的发展，以水为魂、特色提升，打造水乡名城；集聚资源要素、多元复合，增强核心竞争力；充分协调城市、自然、人之间的三元关系，营造和谐共生之城，化零为整，树立品牌，这就是齐头并进，将文化、旅行、自然、城市放到一起来考虑，将城市作为景区打造，跳出景区做景区，树立一种城市大旅游的概念。

资源型城市在做策划时的问题在于如何定位资源景区在城市发展中的位置，景区如何提升，城市如何重塑？如何打造能与"资源"形成互动的"城"？不能单纯地以做景区的心理来做策划，而是要将城市的发展与景区融合，形成互动。

我们曾经在河北衡水做过一个经典的案例，衡水发展的定位一直不明确，虽然自然资源不错，拥有衡水湖这样的旅游品牌，但是该如何利用湖与城区发展形成互动一直没有找准定位。凌乱的各种元素无法形成有效的城市旅游品牌，出于这个机理考虑，我们的战略首先就是品牌化整合全市旅游资源，围绕衡水湖，以主题游线形式，打造四大旅游品牌，（亲水旅游品牌；生态田园品牌；汉儒文化品牌；衡水艺术品牌）拓展衡水湖与周边区域的合作方式，形成共赢局面。

项目要立足衡水城市发展需求，以衡水湖自然风光为基础，坚持保护湿地生态环境，融合董儒文化、冀文化、民间艺术，实现旅游开发、生态保护、城市发展和谐统一，打造集生态休闲、文化体验、滨水度假、湿地科考等功能于一体的世界级滨湖文化休闲度假胜地。汉代著名大儒董仲舒诞生在这里，所以确定我们的形象是"大美衡水，儒韵湖城"。

具体产品上我们形成了以生态体验为第一层旅游系统的生态游，以文化体验为第二层旅游系统的文化游。

生态游作为第一层旅游系统，包括代表城市休闲功能亲水游憩空间的滨湖公园；代表趣味化、实景化湿地科普教育活动的十里水廊（小湖隔堤、北堤）；代表虚实结合万千湿地动植物观赏体验的衡水湿地公园；代表享受着灵动生态湿地水上娱乐体验的小湖水乐园；代表弥漫着艺术气息湿地生境游览体验的四季生境画廊四个片区。

文化游作为第二层旅游系统，包括代表流淌着董子文化韵律城市商务空间的董子文化苑；代表着散发着儒家文化魅力滨水度假空间的儒韵水湾度假中心；代表着荟萃汉民俗文化精华游憩体验空间的汉民俗旅游小镇三个片区。

在这里，创意性质的两层旅游系统定义使得整个景区更加灵活地促进了文化与生态两种元素的融合，起到了一加一大于二的效果。

相似的还有我们在肇庆广宁做过一个水文化包装城市的策划案例。水是这里最大的资源，也是我们在这里做策划确定的主题。项目基地位于广东省肇庆市广宁县排沙镇，横跨绥江。宽广蜿蜒的绥江、曲折幽静的扶罗河、开阔平静的湖面、清澈常流的山溪水和保护良好的山体植被构成的优异生态环境，使基地具有开发休闲度假旅游的优良潜质。

本着打造特色突出的旅游度假区，建设肇庆旅游新亮点，提升肇庆市的整体旅游形象；通过旅游发展带动广宁县地区经济发展，创造良好的经济效益、社会效益和生态效益的目的，我们将本地的自然资源水与本土的文化结合在一起，从经营城市的角度来规划景区。我们将景区总体定位成水主题的高端度假胜地，打造以水为主题，打造集水上娱乐、健康美食、高端度假、休闲养生于一体的国际精品旅游度假区。形象定位为"活力广宁，尊享龙湾"。"活力广宁"是指提升广宁旅游活力，带动广宁经济活力，推动肇庆旅游发展。"尊享龙湾"是指龙湾度假养生，尊贵非凡享受。整个策划始终将城市形象与旅游形象就紧密地结合在一起，齐头并进。

第四章

城市旅游

长沙——舞动热情 写意人生

岳麓山闻名天下，凭的不是它的高低，而在于它的灵秀；橘子洲驰名海内，凭的不是它的大小，而在于它的清绝。长沙城未动，长沙之心已先动。心动而情生，长沙的情是热的，意是深的，长沙的人生既关乎家国，又充满诗意。这就是长沙给人的印象。

**金动秋情**

杨力民画作

在长沙城，随意漫步在某条市井小巷中，两边老树成荫，儿童戏耍，一派悠然光景。突然一个不起眼的角落里，一块不起眼的石头上面"为万世开太平"几个字堂皇地出现，一下子感觉有些突兀。静心凝视，一笔一画都透着历史的风起云涌，跌宕起伏。长沙，是一座不甘寂寞的城市。厚重的历史气息渗透在这座城市的一砖一瓦中，一木一草间。长沙，在气定神闲的外表下，身后都是关乎家国天下的大事。

不到长沙，不知中国风景壮丽如此。"江山如此多娇，引无数英雄竞折腰"。伫立橘子洲头，看层云四起，重峦叠嶂，江水渺渺，让人不由得豪情顿生；仰望岳麓山脉，看青山横秀于前，听"神禹开疆"的神话，闻着残存了千年的古老墨香，难掩对浩瀚历史的慨叹；湘江洪波万里，浪击长桥，日月争辉，仿佛还能听到屈原"众人皆醉我独醒，举世混浊我独清"的呐喊，不由顿生指点江山的激情。湘楚大地的名人，似乎个个都是不甘寂寞之辈。心里想的不是家国天下，就是民生疾苦，即便是风花雪月、小桥流水，到了他们那里，也一下子变成了宏大、壮丽、高尚的意象。

长沙，是一幅历史浩瀚的画卷，又是一首古雅壮丽的诗歌。

长沙不是个只会带兵打仗的鲁莽将军，它还浑身带着文雅的书卷气。左手执剑，右手捧书，像金庸小说中仗剑走天涯的大侠。路见不平时拔刀相助，风花雪月下又能吟诗作赋，所以长沙有著名的湘军将领曾国藩，楚山湘水的奇幻多彩，又孕育出了瑰丽奇伟的诗歌。在这里生长的一棵不起眼的小草经湘水润色，也是与美人相佐的香草，一下子升格为高尚的精神象征。浓重的政治味道让这里的文学也显得浓墨重彩，大气沉稳。这里也许吟不出李清照的"人比黄花瘦"，但诵一诵杜甫的"无边落木萧萧下，不尽长江滚滚来"一定很应时应景；这里文人不太关心什么时候是"良辰美景奈何天"，却在忧虑"安得广厦千万间，大庇天下寒士俱欢颜"。这里的人有着"吾湘变，则中国变；吾湘存，则中国存"的热血和责任心。中国文人在国家危难之际，拳拳爱国之心一点也不比谁少，只是他们的爱更为含蓄也更为深刻，诗里文里都是热腾腾的血液在流淌。长沙的旅游，是一场关于爱国，关于情操，关于中国传统士人的精神见证之旅。楚山湘水中蒸腾着的凛然正气，让任何一个面对它的人都不敢随意慢待，唯有屏气凝神，静心聆听教诲。

正是长沙如此多娇的江山，激发了中国人心存天下的雄心壮志。在长沙，"先天下之忧而忧，后天下之乐而乐"是一种情操；"虽千万人吾往矣"是一种气魄。长沙，一座热心热肺的城市，一座火辣辣的城市，也是一座充满人间烟火气息的城市。

# 热

儒家曾经为中国人立下过一个正气浩然的理想：修身齐家治国平天下。孔子又说：学而优则仕。书读好了，就可以去做官。受儒家思想的影响，中国一直有着文人治国的传统。而国家大事，天下民生也成为中国文人所关注的重要对象，忧国忧民的思想自始至终贯穿于中国文学史。"感时花溅泪，恨别鸟惊心"，是对国破家亡的痛彻心扉的伤怀；"人生自古谁无死，留取丹心照汗青"，是诗人对国家的崇高抱负；潇洒不羁的诗仙李白也"中夜四五叹，常为大国忧"。没有哪一个诗人不曾有过"长太息以掩涕兮，哀民生之多艰"的慨叹。中国最伟大的文人一定与政治有着密不可分的联系，范仲淹的"先天下之忧而忧，后天下之乐而乐"，大概可以作为中国传统文人的表率。

没有屈原，湘水也许只是一条有灌溉意义的大河，而没有湘水，屈原的悲愤也不能变成"与日月争光可也"的诗歌。"朝饮木兰之坠露兮，夕餐秋菊之落英"为的是寄寓诗人高尚的品德。有人给屈原赋诗曰："何处招魂，香草还当三户地；当年呵壁，湘流应识九歌心。"屈原的心，在湘楚大地上得到最为刻骨铭心的明证。屈原不是湘人，他只是湘楚的一个伤心的过客，却成就了湘楚的悲壮。他独自唱着歌，踏着沉重的脚步，向一个江边的农夫诉说"举世混浊而我独清，众人皆醉而我独醒"的悲愤之情。诗人的脚印留在这里，每一个都是对于国家的忧思；诗人的泪水洒在这里，每一滴都浓缩着对人民的热爱。"既莫足为美政兮，吾将从彭咸之所居"，政治是诗人一生的追求，他"正道直行，竭忠尽智，以事其君"，最后却因"王听之不聪也，谗谄之蔽明也，邪曲之害公也，方正之不容"以至投汨罗江而死。屈原的死，是"不忍见君王之蔽壅"。司马迁来到长沙，垂然落泪：适长沙，观屈原所自沉渊，未尝不垂涕，想见其为人。贾谊路遇长沙，触景生情，写下《吊屈原赋》，吊屈原同时亦以自伤。长沙作为屈贾之乡，屈原、贾谊的伤心处，楚湘文化初始便带有一种悲壮、忧郁的色彩，也透露出中国最早的知识分子骨子里的参政意识和修身、齐家、治国、平天下的抱负和雄心。

长沙人爱嚼槟榔，走在长沙的大街小巷，总能看到嘴里鼓得满满的长沙人有滋有味地咀嚼着槟榔果，一颗小小的槟榔能嚼上半天，提神、醒脑，最要紧的是槟榔嚼劲十足，刚嚼的时候感觉没什么特别的味道，但是慢慢咀嚼味道就出来了，小小一颗槟榔果似乎也代表了长沙人坚韧的精神，其中所含的血性，总是令人钦佩的。长沙人有一种闯劲，百折不挠，可以为将，可以为相，就是似乎难为商，因此，长沙人往往能总结出在商场上屡屡失误的教训，却总也改不过来。豪气一生，照样重蹈覆辙。因此，长沙人做生意，常常比不上南方邻省的广东人和东方邻省的江西人。湘楚文化中最重要的一个篇章一定是政治。"两耳不闻窗外事，一心只读圣贤书"不是长沙人的作风，他们崇尚经世致用，读书也要为民为国有利。"独立不羁，遁世不闷"、"海纳百川，有容乃大"在很多湘楚名人身上都有体现。不管是贾谊，还是曾国藩，都是字不离道的文人战士，对家国天下的极度热心是他们共同的特点。

军事力量一直是一个国家强盛的重要标志，在中国古代，没有现代化作战机器，用兵之道就成为一个军队能否强大的关键了。湖南湘军，从军之人皆来自田间地头的农夫，然而军队能征善战，为清朝立下过不少汗马功劳，其中秘诀，就在于曾国藩智慧的用兵之道。

湘人的勇是出了名的，特别是表现在关乎国家大事之时，有人曾这样说湘人："若道中华国果亡，除非湖南人尽死。"湘军中亦多忠而勇之人，这与曾国藩的用人之道分不开。曾国藩善于选人，善于用人，认为行政之要，首在得人。他有三条有名的选用人才的标准：第一要操守好，第二个要官气少，第三办事有条理。这三条总结起来就是需要有忠厚的品德和清晰的思维。曾国藩的建军标准是："呼吸相顾，痛痒相关，赴火同行，蹈汤同往，胜则举杯酒以让功，败则出死力以相救。"从中亦可看出他看重的是忠厚讲义气之人，圆滑狡黠之人他是不喜欢的，这就与湘人的脾气很相合。曾国藩主张"兵不在多而在于精"。周朝的牧野之战，三国时期的官渡之战、赤壁之战，都是著名的以少胜多的战役，其中除了高明的战术外，兵士的精良也是战争取得胜利的重要原因。"精"是既勇且忠，有谋有略，以一当十。"兵不在多而在于精"重点在于讲骁勇，讲谋略。用兵动如脱兔，静如处女，讲究灵活应变。"骁勇"是兵士的特点，"谋略"是用兵的方法，对应到旅游规划中，就是要讲究景区的个性和规划的思路。鲜明独特的个性是景区脱颖而出的条件，独辟蹊径的策划思路能达到四两拨千斤之效。

如今的长沙人爽快、讲义气，厌弃斤斤计较之人，颇有湘军遗风。曾国藩的选人之道，同样给予我们启发，做旅游规划，"操守好"就是要坚持自己的原则，不做粗制滥造的模仿，形成自己的风格；"少官气"就是要亲民，要亲近旅游者，符合旅游者的心理需求，不能摆出一副高高在上的姿态；"有条理"就是主线规划要流畅，景区设计主次分明，旅游设

53

施设置合理，旅游项目安排有紧有弛。

曾国藩能够成功最大的两个原因一是百折不挠，二能忍辱负重。虽然对太平军的早期战争中屡屡战败，却不服输，终于取得胜利，立下不世之功却又受到朝野猜忌，没有怨天尤人，这两点是曾国藩留给后人关于成功最大的启迪。所以长沙的旅游也要做到这两点，那就是不要怕失败，不要怕走弯路，而是要大胆地走出去，尝试不同的路线，而面对别人的怀疑也不要动摇。

# 辣

长沙是一座名副其实的舌尖上的城市，"吃"是来长沙一个重要的体验主题。长沙是湘菜的主要发源地，全国八大菜系之一的湘菜表现出令人无法抗拒的魅力。经过3000多年的发展，长沙现有菜肴4000余种，其中名菜300多种。品尝长沙特色小吃，也是一种文化。杜甫有诗云："夜醉长沙酒，晓行湘水春。"长沙的饮食文化，确实令人心醉。

有一则谜语是这样的："红口袋，绿口袋，有人怕，有人爱"，这猜的就是让人又爱又恨的辣椒。这里的"有人爱"中的"人"，断乎少不了长沙人。长沙人出了名的爱吃辣，俗语说的"没有辣椒不成菜"。也有人调侃湘菜是"辣味烈性一相逢，便胜却人间无数"。长沙人不仅爱吃辣，性子也辣。这种性格上面的辣表现在有"霸"气，有"蛮"气。长沙人常被人称为"骡子"、"蛮子"，说的就是长沙人的"霸"和"蛮"。霸是霸气，不是霸道，是明知不可为而为之；蛮不是野蛮，是蛮劲，是咬定青山不放松、不撞南墙不回头的一股劲。这种人文特征与辣椒的精神内质正好相通，都是一竿子硬到底，带着一种无知无畏的大勇，因而辣椒与"辣人"一拍即合。"辣人"表现出来的是那种反抗坚忍、敢做敢当、忍耐刻苦、骁勇强悍的烈性子，这种辣，放到思想的领域中就是一种敢为人先的精神。敢为人先，就是要敢于创新，敢于做第一个吃螃蟹的人。旅游的敢为人先，表现在勇于利用旅游业提高城市影响力，进而带动城市经济；表现在通过创意让风景变得与众不同，让平凡变得不平凡。敢为人先同时还要做到大胆设想，小心求证，做到对景区的科学规划，科学管理。

辣带来的是火热的情绪。长沙人热情，这点也是湖南人的共性。长沙人待客总把最好的东西拿出来，真的是倾其所有，在家里客人来了头件事就是泡茶，不论贫富贵贱，待客的热茶总是有一杯的。留客吃饭，绝对诚心诚意，如果担心家里的饭菜手艺不佳，不合客人胃口，那么大方的长沙人绝对会拉上客人去饭店，生怕委屈了客人。笑里藏刀那一套绝对不适合长沙人，度量大得很，很少计较小事，直爽是长沙最钟爱的办事方式，不需要躲藏，不需要掖着，有什么不喜欢不顺眼的，他们喜欢摆在台面上说出来，说出来之后再喝上两杯酒，一切又都过去，两个人又变成最亲近的朋友。长沙人好客、聪明、能干、爱面子，长沙人不欺生、不排外，与长沙人做朋友很有一种上刀山下火海且义不容辞的味道。比如黄兴，在武昌起义情况不明的时候依然不顾自家安危决定率军支援武昌，很能体现湖南人的仗义性格。这种义气也是长沙人要带给游人的，不亏待每个来长沙的游人，让每个来长沙的游人都能感到一种亲切。

孟子说："虽千万人吾往矣。"这种视死如归的大无畏，是中国文化中最为悲壮的一种情怀，也是最为让人动容的一种精神。中国文人有两种追求，一种出世，一种入世。前者如陶渊明，"采菊东篱下，悠然见南山"是出世；后者如屈原，"路漫漫其修远兮，吾将上下而求索"是入世。入世的文人都有着一种奋斗的精神，于困苦中奋斗，成功失败之间又易陷入寂寞，于是在作品中带上浓重的伤感气氛，伤感色彩。这种气氛和色彩放到家国天下的大背景中就显得尤为悲壮。《离骚》是寂寞中的大勇敢，敢于在孤独落寞中喊出"世人皆醉我独醒，举世混浊我独清"，希望唤醒沉沦的时代；司马迁含恨写就《史记》，成就史家之绝唱，开纪传体之先河；昔日高渐离送别荆轲，击鼓而歌曰"风萧萧兮易水寒，壮士一去兮不复还！"是一种我不入地狱谁入地狱的壮烈。这些都是活脱脱的"辣人"。这些精神，都是在一个叫"以天下为己任"的使命下催生的，有着强烈的自觉意识。人生自古谁无死，留取丹心照汗青。文天祥在过零丁洋时发出的这一声感慨一直影响着中国的道德标准。在长沙的旅游中要充分展现这种爱国精神，使旅游者在游览中感受爱国的文化传统，受到爱国教育。

《南岳记》载"南岳周围八百里，回雁为首，岳麓为足"，故名岳麓。连峦叠峰的岳麓山，在长沙之西横亘千里，巍巍凌然，护佑城民，楚湘之地多位仁人志士的英魂也安睡其中。都说湘女多情，其实不仅女子，湖南男男女女都有着一颗热心天下的心。岳麓山云麓峰左侧峰峦上的"禹王碑"，记录了禹为民治水的感动人神的故事。相传4000多年前，洪荒方显，天混地陷，天下被淹没在滔滔洪水之中，万民罹难。大禹为民治水，四处奔波，疏导洪流，竟"七年闻乐不听，三过家门不入"。这是以天下为己任的典范，也是中国传统道德中舍小家为大家的精神。"常思奋不顾身，而殉国家之急"，能当得起这句话的人恐怕非湘人莫属了。旅游业包含着食、住、行、游、购、娱多方面的内容，是一个带动性非常强的行业，一个运作成功的旅游景点能为当地带来不可估量的人流、物流、信息流，直至财流。我们应该大胆赋予旅游业拉动城市经济发展的大任，下定决心，着力发展旅游业，把旅游业的作用充分发挥出来。

# 香

长沙人上能扛起临危受命之则，常思常虑天下兴亡，匹夫有责，下能明生活之道，将市井生活过得有滋有味。长沙既是个忧国忧民的城市，又是一个充满人间烟火气的地方。这里从不缺乏吃喝玩乐的享受，而且这种享受有着独一无二的趣味在其中。比如说长沙的"香"。

长沙人爱吃，会吃。湘菜擅长香酸辣，讲究菜肴有内涵的精致和外形的美观，色、香、味、器、质和谐的统一，湖南人爱吃辣，因而在湘菜中，辣椒虽是配菜，却成为菜肴中的主角，所以湘菜的香气都带着一股浓浓的辣味。有人说，想要体验到最地道的本地人生活，一是到当地人家中去住上几天，二是吃当地的小吃。要体验长沙美食，除了到饭馆里吃上一顿辣味十足的湘菜外，一定要到街头去寻找那些让人垂涎欲滴的美食小摊。

长沙人注重生活质量，热爱生活，如果自己没有体验过的东西就一定要去尝试一下。爱玩，是爱生活的一个表现。长沙人有个词叫"策"，缘自湖南方言"逗"的意思。策相当于北方的调侃，代表了一种草根性的生命力，走的是平民化、生活化的路线，愈市井愈有生命力，当然，这里的市井，更多的意义是生活范畴而非一种生活态度。这样的市井是观众熟悉的生活、熟悉的语言、熟悉的表达方式。长沙人爱吃喝，也是爱生活的一个表现。长沙人找得出理由要吃喝，找不出理由也要吃喝。长沙人互相告知：某某街开了家新餐馆，口味不错。于是长沙人蜂拥而去，把那家餐馆炒得火红。哪里红火，就奔哪里去。因此，在长沙做餐饮业，的确是有赚头的，如果有幸能为长沙人所追捧，那就一定发大财。长沙的街头，阵阵吃喝之风迎面劲吹。一会儿瓦罐菜，一会儿蒸菜，一会儿辣味海鲜，一会儿是口味蛇或口味脚鱼。吃的是口味，吃的是流行，吃喝的劲头男女平等，吃喝消费不怕囊中羞涩，不受理性约束。热爱生活的另一个表现就是乐天，"不知有汉，无论魏晋"，长沙人就这么坚持了自己的一分乐天的笑容。该变的自然在变，不该变的自然不会变，与酒家何干？这便是长沙人的人生态度，以不变应万变。长沙人说："天塌下来离我还有一尺高。"如此对待生活，亦真亦幻，亦庄亦谐，虚虚实实，说不正经也正经，说正经却又是随口调侃，很有一点浪漫主义的色彩。

在长沙城的火宫殿，每到华灯初上之时，这里便开始展现这座城市最为惹人喜爱、人间百态的一面。整座宫殿灯火辉煌，万香荟萃，楚湘大地的小吃美食都在这里集聚。红男绿女，流连其间，乐不思蜀。人潮涌动间，嗅觉前所未有地高效工作着。无论"八大小吃十二名肴"，还是"真可人生难得快意事，唯有相聚桂宫中！"，无论姜二爹的臭豆腐、姜氏女的姐妹团子、周福生的荷兰粉、还是胡桂英的猪血、邓春秀的红烧蹄子、罗三的米粉、陈益祥的卤味、胡建岳的牛角饺子，在翻炒声中，在刺刺地冒着烟的油中，在滚滚的汤水中，在辛辣的滋味中，在外焦里嫩的豆腐块中，香味都在极尽其能地挑逗着你的嗅觉神经，刺激着你的味蕾。这里的香，是辛辣的香，像长沙人的性子。

长沙有一种香不是香，却胜似香。这就是臭豆腐的香。臭豆腐，一听就是个民间俗家食物，名字本身就带着街巷气。它确实俗，而且表里皆俗，黑乎乎的丑陋外表，稀疏平常的豆腐块，然而却在中华大地上遍地开花，令闻者垂涎欲滴，恨不能一尝为快，吃者欲罢不能，吃完一块还想再来一块，有"尝过臭名远扬臭豆腐，三日不知肉滋味"之美名。这臭豆腐之所以在众多美食中异军突起，一枝独秀，就在于它平中见奇、风味独特。其中秘诀，就是"反其道而行之"六字，即香从臭来，变臭为香。臭豆腐经油细细煎炸过后，外焦里嫩，皮酥肉软，清咸奇鲜，风味绝佳，特别是它亦臭亦香的特色令人入口不忘。臭豆腐的反其道而行之，说的是一种逆向思维的思考方式，中医中有"冬病夏治，夏病冬治"也是一种逆向思维。逆向思维是一种创意的思维，应用到旅游策划中，就是要不走寻常路，出奇制胜。策划人员需要在充分了解背景资料的前提下，寻找产品的"新点"，发挥无穷的想象力和创造力，实现产品卖点的独一无二性。

长沙人在大是大非上坚守执着，在处理问题的方式上却常常表现得很灵活，在吃上的灵活只是其中一小方面，古时候长沙人就因为灵活的变通发生了不少有趣的故事。

西汉长沙王刘发，汉景帝第六子，因为母亲身份低微，所以景帝分封诸子立发为长沙王，其时长沙国领地非常小，只能算是诸侯中的末等。刘发这一去，就是十三年，十三年过后，一件小事转变了刘发的命运。一次景帝过寿，召集各路诸侯王来朝，举行了一场盛大的酒会，十四个儿子从四面八方赶来，欢聚在长安。酒会上，汉景帝让自己的儿子们表演节目助兴。表演什么节目呢——舞蹈。汉代人擅长舞蹈。很多著名的舞蹈家都出自汉代，比如说后来汉成帝宠爱的赵飞燕身轻若燕，能作掌上舞，还有汉高祖的宠姬戚夫人，汉武帝宠爱的李夫人，都是舞林高手。那时候不仅是女人，男人能歌善舞者也很多，现代人舞蹈中的"马步"、"弓箭步"，都是从那时的男性舞蹈动作演变来的。景帝的其他儿子都表演得不错，直到刘发上场。只见刘发表现得非常谨小慎微，与其说是跳舞不如说是做了一个滑稽动作，而且是一个四肢不协调的人才会做出的动作——"张袖小举手"。刘发用手举袖口，似抬非抬，缩手缩脚，别别扭扭，畏畏缩缩。汉景帝看了非常不满意，问他怎么回事，刘发开口说话了："儿臣的长沙国地域狭小局促，不能回旋。"说得从容、巧妙，是啊，人家的地方太小了，小到跳舞都伸不开腿，只能这样畏畏缩缩地勉强跳舞，景帝听刘发这么一说，立马被刘发的机智幽默逗笑了，刘发今天通过跳舞，委婉地提出自己的要求，这一点很难得。景帝大笑之余给刘发又划了武陵、零陵、桂阳三个郡。从此，刘发将自己的属地从一个小国变得幅员千里。

在旅游规划中，灵活的掌握常常能得到变无奇为有奇的效果。我们在做新兴县六祖慧能的景区规划时，遇到了一个难题。该景区所在的地方受地形影响，无法形成一条笔直的中轴线，中间必须有一个折，这对于景区规划来说是一个硬伤。后来我们联想到佛教在中国的传播过程中经历了由印度佛教向中国佛教的转变，而这个转折点正是由于慧能法师的出现，于是灵机一动，一个想法开始慢慢成形。经过精心策划，这个中轴线上的折有了一个意义深刻的说法——折前代表印度佛教，折后代表中国佛教；折前是渐悟，折后是顿悟；折前是度，折后是悟。经过这么一策划，这个折就变得意义非凡，并且觉得非要有这个折不可了。这就是文化在旅游规划中的灵活应用，也是灵活能使无奇变有奇的例子，我们旅游策划从业者都应该从中得到启发。

景区规划实例

# 小吃策划中的"点石成金法"

无论长沙街头巷尾的小吃，还是长沙人敢为天下先的性格，反映的都是湖南人一种追求快乐的天性，所以在长沙做旅游策划，抓住一条湘文化线的同时，要把快乐这个主题放在第一位来做。长沙人追求快乐，追求平凡中的不平凡，长沙的臭豆腐，谁也说不清臭豆腐为什么会闻起来臭，吃起来那么香，这里边就包含一种平民快乐的智慧，是一种变无奇为有奇的巧妙转换。

很多城市都有自己的小吃，但是很多城市都忽略了小吃，不知道如何用小吃来包装城市的旅游，其实小吃不小，要将小吃包装好了照样可以点石成金，比如最常见的家常烩菜珍珠翡翠白玉汤，由于与明朝开国皇帝朱元璋有了联系，已经从一道简单的家常菜登堂入室进入了大雅之堂，所以说小吃不小，小吃一旦与传说故事等文化元素联系起来，带来的就不仅是无穷的创意更带动经济，带动旅游，起到的是点石成金的作用。

我们曾经在广东肇庆策划过一个关于当地小吃的包装，当地有一种黑色豆腐，非常鲜美可口，是当地一道名小吃，遗憾的是"养在深山人未知"，知名度一直不够响亮，所以也没有为旅游经济带来什么效益。我们策划的思路是，包拯曾经在肇庆为官，包公长的黑，而这道豆腐菜出品黑，把这道豆腐菜和大名鼎鼎的包拯联系起来，取名就叫包公豆腐，这样一来既可以使得这道豆腐和历史上的文化名人有了扯不断的联系，又为打响这道本地小吃指明了一个新方向，创立了一个朗朗上口的品牌。利用鼎鼎大名的包龙图和"色香味形"兼具的小吃为肇庆旅游做宣传，让每个来到肇庆的人都要尝尝这道"包公豆腐"小吃，必然会带动人气，带动旅游，拉动经济。

小吃是一种逆向思维，小吃其实不小，在小吃里面包含着一个城市的市井民俗和生活百态，一种小吃的存在与一个城市的文化积累和沉淀是紧密相关的。在做旅游策划的时候，小吃作为一种隐性的文化形式，可以在具体产品中增强旅客对项目地的文化理解，通过对项目地小吃的强调、取舍、浓缩，达到更充分地表达主题思想的目的。小吃带给我们的启迪就是，以独到的想象抓住一点或一个局部加以集中描写或延伸放大，这种处理以一点观全面，以小见大，从不全到全的表现手法，给景区带来了很大的灵活性和无限的表现力，同时为游客提供了广阔的想象空间，获得生动的情趣和丰富的联想。

从另一个角度来说，小吃也是为一个景区配套拉动人气必要的元素，比如在河南南阳唐河菩提寺概念性规划中，我们就利用当地小吃为项目配套做了一个重要的丰禾荟文化旅游商业综合体，为景区带来了极大人气的同时，让来到这里的人通过小吃体验到了当地的特色文化。小吃街作为唐河县市民的"一站式"休闲购物乐园，以掩体建筑为载体，以绿色环保为核心灵魂，通过阡陌交通、坡面绿化、垂直农业等表现手法，彰显生态、质朴、自然的设计理念。打造的宋代仿古美食街以唐河农家风味、民间土菜为代表，彰显绿色有机食品优势，搜罗南阳各县区特色小吃，丰富夜间活动，聚集人气。

第五章

城市旅游

成都——来了就不想走的城市

成都

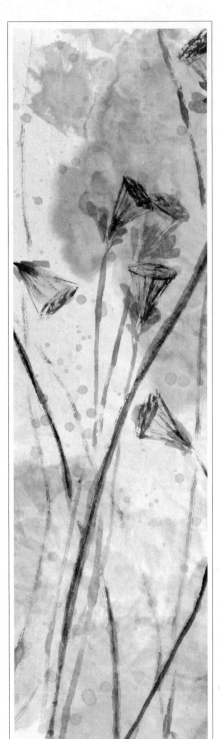

在成都，品茶是可以醉人的。街边的水是前世的水，巷子的茶是今生的茶，用前世泡今生，今生恋在杯中沉淀，前世情在壶中漂浮。如果说，生命是一次盛宴，成都就是这盛宴中的一碗茶。心若千丝，无限蔓延，品了就不想再停，来了就不想再走。

千珠落盘

杨力民画作

"来了就不想走的城市",这话听着就透着一股子的小资味儿,细细回味,又觉得话里带着丝丝缕缕的情人般的留恋。成都,这样一座风景如梦,生活如饴的城市,让没来的人心心念念,来了的人恋恋不舍,来一次,仿佛谈了一场绵绵无期的恋爱。

成都之恋,从身到心,让人全情投入,深深着迷。成都让人着迷,在于它深藏不露的贵族气质,在于这里与你坦诚相对的生活,在于这里满大街小巷的诱惑你味蕾的美食。

在成都,大概最能通透地体会世俗的高雅含义。世俗是成都现今的生活状态,高雅是成都历史流淌至今的气质。"大地春风十万家,偏安原不损繁华",作为曾经的帝国都城,成都在历史的尘埃中仿佛流星陨落,失去了太阳给予的光环,却始终坚守内心的炙热;远离金字塔顶端,却把最普通的老百姓生活过得活色生香。成都的偏安带着一种安之若素、处之泰然的态度,在琐碎热闹的生活中超然成了一种气质,像一个被历史遗落的士子,身上总泛着那股子优雅的闲情逸致。

成都又叫蓉城。"蓉"字,常常被用来作为女孩子的名字,听起来端庄贤淑又美丽动人,正像这座城市优美的身姿。成都的美丽是婉约而又意象悠远的。川蜀大地在雪山密林中延绵铺展,常年温润的天气使得这里的空气都通透无瑕,整个成都倒像是中国浅淡却充满深意的水墨画。近世的易君左为它写了一首诗,似乎是成都最好的写照:"细雨成都路,微尘护落花。据门撑古木,绕屋噪栖鸦。入暮旋收市,凌晨即品茶。承平风味足,楚客独兴嗟。"似乎很安于生活的平淡,眉宇间又有一丝不易觉察的落寞。

庄子说"相濡以沫不如相忘于江湖",而对于成都的游人来说,与成都的相遇是注定要相忘而无法忘怀的。


# 易


态度决定生活,而性格又决定态度。成都人的性格是"平"而不"庸",成都人大多安于做平民,但精神生活不能平庸。宋代禅宗大师青原行思曾论述人生的三个境界:第一层境界是看山是山,第二层境界是看山不是山,第三层境界是看山仍是山。如果说作为曾经的都城的成都已经爬上过历史的顶峰,又从跌落顶峰的失落中走出来,回归最平常的生活中,那似乎可以说,成都已经到了看山仍是山的第三层境界了。人类追求的最高理想终究要体现在生活上。成都人讲求生活质量，小富即安的心态，不正是看山仍是山的境界吗？知足常乐，清闲散漫，同时不较劲不抬杠，不刻薄，但是乐于而且会享受生活，这是心理上的"平"，也是精神上的"不庸"。

有句话叫"成都最中国，宽窄巷子最成都"，成都正代表了中国老百姓理想的生活状态，而没到过宽窄巷子似乎就没法真正体验老成都的真谛。"宽窄巷子"由宽巷子、窄巷子和井巷子三条平行排列的城市老式街道及其之间的四合院群落组成，来到这里给人的第一个感觉就是想放慢脚步，快节奏的都市生活和这里实在是太不相符了，人到了这里，步履总是慢悠悠的。在宽巷子漫步，街巷提醒着人们这里的宽度，随处可见古香古色的老宅子提醒人们要宽居，老茶馆教人们要宽坐，老梧桐下让人宽思，宽居、宽坐、宽思；而在窄巷子行走却不会觉得狭窄，成都是天府，窄巷子就是成都的"府"，这里展示的是成都的院落文化，上感天灵，下沾地气，宅中有园，园里有屋，屋中有院，院中有树，树上有天，天上有月……这是中国式的院落梦想，也是窄巷子的生活梦想。难怪有人说：成都人安逸，宽窄巷尤甚。巷子窄，两人相遇，侧肩而过都是缘分；巷子宽，东瞧西逛，信步闲情算是福气，只是这种缘分和福气不是每个人都能拥有的。成都人喜爱休闲，崇尚生活，注意生态的平衡，所以才有"宽"、"窄"的结合，就像人生有起必有落，得意时求淡然，失意时求坦然。进退自如的核心，正如成都都江堰水利工程留给后人的人文启示：自然和谐，平衡统筹，兼利天下，天人合一。这一点，是成都人文化性格中的内核，应当成为成都精神重要的一部分。那么什么时候该进，什么时候该退，如何把握好这个度？这也是我们在成都做旅游时要重点注意的问题。"天时不如地利，地利不如人和。"成都人的安逸正说明这里的人真正懂得宽窄兼具、阴阳平衡的道理，我们做旅游策划时要着重注意这方面的内容。

一宽一窄就是很好的旅游策划。中国人最讲究阴阳平衡。举个小小的例子，中国人吃饭要用筷子，两根为一双，夹菜时一根主动，一根从动，主动的一根为阳，从动的那根为阴，一根在上，一根在下，在上的那根为阳，在下的那根为阴。两根筷子拼成两仪，只有阴阳互动筷子才能夹菜，阴阳分离，则两仪不存，这就是对立统一，阴阳互根。两根筷子可以互换，主动的不是永远主动，在下的不是永远在下，此为阴阳可变。看筷子，一头方一头圆，中国人讲"天圆地方"，所以圆的象征着天，方的象征着地，方形属坤卦，坤卦有柄象，柄，把手的意思，圆形为乾卦，乾卦象征着天，象征着第一，吃饭的时候使用圆头也就是代表"天"的一头夹菜放进嘴里，这就是常言"民以食为天"，圆头、方头在一起就是乾坤。筷子很简单，就是两根棍，随处可见；筷子多样，有木的也有金的，筷子的种类多样就是变易，尽管筷子多变化，但筷子直而长，两根为一双的情况始终未变，这就是事物的本质属性不变。像我们在做旅游策划时，变的是表现方式，变的是包装手法，不变的永远是老成都的文化，老成都的味道。一个宽窄巷子不知道蕴藏了多少深厚的文化元素，如果将这些文化元素很好地策划包装，成都的旅游将会以惊艳的崭新姿态出现。

成都人一生有一半的时间是在泡茶馆，另一半时间则是在泡火锅店，无论摩肩接踵、挥汗如雨的春熙路上，还是名不见经传的小街小巷，走在成都的街头总会闻到火锅那种湿润的麻辣的味道，也难怪成都人爱吃火锅，成都盆地就像个火锅，所以这里才能将几千年来的文化精髓一层层积淀下来。

说起火锅的由来，还跟皇家人离不了关系。传说元世祖忽必烈喜欢吃羊肉，有一年冬天，部队突然要开拔，而他饥肠辘辘，还一定要吃羊肉，聪明的厨师情急之中将羊肉切成薄片，放入开水锅中烫之，并加调料、葱花等物，忽必烈食后赞不绝口。后来，他做了皇帝仍不忘此菜，并赐名为"涮羊肉"；清代乾隆皇帝也吃火锅成瘾，他曾多次游江南，每到一地，都备有火锅。相传，他于嘉庆元年正月在宫中大摆"千叟宴"，全席共上火锅1550余个，应邀品尝者达5000余人，成为历史上最大的一次火锅盛宴。

火锅好吃，人人都爱吃，因为吃火锅不带任何强制性，每个人都可以选择自己爱吃的东西，扔进去，熟了再捞出来，你吃你的，我夹我的，其乐融融。其实小小的火锅还蕴含很多道理在里边，概括为一个字，那就是"和"。火锅最大的特点就是保温，上面是锅底涮肉，底下是热气腾腾的火锅，即使在冰天雪地的冬天，持续的炭火也会保持热火朝天的温度，所以火锅首先就是代表亲热；其次火锅基本都是圆形的，团团围坐是最常见的排座方式，这就代表了团圆，氛围上大家吃火锅总要围坐一团，显得特别和气热闹，虽然人分天南地北，口味各不相同，但是火锅可以什么食材都能拿来涮，这就是以"和"为"贵"。

火锅用汤水煮食，这是"以柔克刚"的表现；火锅不拒荤腥，调味不拒酸辣，来者不拒，一律均可入锅，表示"兼济天下"，这都反映了平等和谐的文化精神，火锅文化成为人们表达感情，营造和谐气氛的承载体。成都人喜欢选择吃火锅，其实不仅仅是吃食材，更多的是在吃气氛，吃和谐，吃团结。团团围坐中，人们享受火锅文化带来的特色和惊喜，使人们更加具有凝聚力。火锅最为直观地体现"在同一口锅里吃饭"这样一层深刻的意义，可以说是不折不扣的共食。更为可贵的是这种共食又绝不带任何强制性，每个人都可以任意选择自己喜爱的主料烫而食之，正可谓既有统一意志又有个人心情舒畅的那样一种生动活泼的局面。从原料、汤料的采用到烹调技法的配合，同中求异，异中求和，使荤与素、生与熟、麻辣与鲜甜、嫩脆与绵烂、清香与浓醇等美妙地结合在一起，呈现出一派和谐与淋漓酣畅相溶之场景和心理感受，营造出一种"同心、同聚、同享、同乐"的文化氛围。

《道德经》上说"太极生两仪，两仪生四象，四象生八卦"，四川火锅蕴藏了丰富的哲学道理，这都是可以在我们成都的旅游策划中重点表现的，变化无穷的"易"，是成都的宽窄巷子，也是成都香飘四溢的火锅，热烈，有汤有水，花样百出，综合性强，麻辣香俱全，它的丰富多彩不是平面的，而是一种三维立体概念，这些特点都可以放在成都的旅游策划中去。

# 益

来成都的人分两种，一种是忙着到各大景点拍照购物，如风一般匆匆而来匆匆而去的；一种是愿意花大把的时间在各种小街小巷、茶馆酒吧细细消磨的。后一种人，一定跟成都人脾气很合得来。成都人讲究情怀，这跟他们乐于享受生活的态度有关。不喜欢轰轰烈烈、大风大浪的生活，只要杯中有茶，桌上有麻将，身边有朋友，便一切都可以抛开。成都的情怀，不得不说，是来自历史的遗留。

偏安，是成都最大的性格特征。在中国偌大的历史版图上，成都是唯一建城以来城址以及名称从未更改的城市。"成都"一名的来历，据《太平寰宇记》记载，是借用西周建都的历史经过，取周王迁岐"一年而所居成聚，二年成邑，三年成都"因此得名成都。蜀语"成都"二字的读音就是蜀都。"'成'者'毕也'、'终也'"，成都的含义就是蜀国"终了的都邑"，或者说"最后的都邑"。五代十国时，后蜀皇帝孟昶偏爱芙蓉花，命百姓在城墙上种植芙蓉树，花开时节，成都"四十里为锦绣"，故成都又被称为芙蓉城，简称"蓉城"。成都这个使用了两千年的名字，似乎和成都人的性格一样，安于自守，偏安一方。

历史上大量从中原地区迁移过来的所谓"没落贵族"，使得成都形成了在中国历史上的

"偏安"特质。他们随身带来的中原地区文化气息和士族气质，在蜀地这种安于自守的氛围里得到新的生命力，同时也深刻影响了这里人们的思维习惯和行为方式。这种成都性格"远离庙堂之高"的特征用一句话概况就是：贵族遗风。成都的性格比较复杂。成都性格的形成与它独特的地理位置和历史发展有着不可分割的关联。历史上，成都是个移民城市，蜀地曾经有过四次大规模的移民潮，时间横亘战国到清初的两千多年时间。这些从中原地区权力中心被打压排挤而来的人们，政治理想已经退而为其次，对生活的追求上升到第一位，同时他们又把贵族的生活方式带到了这里，随着时间的潜移默化，逐渐形成了成都人追求休闲安逸喜爱享乐的性格。成都的茶馆在当地人的生活中占据了重要的位置，有人这样形容成都："一市居民半茶客"，悠闲的茶文化就是千年留下的贵族气质使然。小茶馆大社会，这里容留南来北往之风，在茶馆里不分三教九流都是茶客，说茶经、谈生意、看书报、打麻将、喝小酒、摆龙门阵，正所谓"杯里乾坤大，茶中日月长"。

边晒太阳边喝茶是你走在成都的大街小巷最常见的成都人的状态。说到成都的老茶馆，可以用两个字来概括："泡"和"俗"。

先说"泡"。泡这个词从偏旁部首上看起来就是用水来包裹，延伸有便宜甚至免费享受的意思，比如泡图书馆，泡咖啡馆，都叫泡，成都的茶馆不是用来专门解渴用的，而是拿来泡的。在成都的茶馆里，人们一坐就是半天，悠闲的享受中坐功都增长了。老茶馆中普通花茶和绿茶一般都是用盖碗茶来装，盖碗是一种上有盖、下有托，中有碗的茶具。又称"三才碗"，盖为天、托为地、碗为人，意思就是天地人和。人都说成都男人给人感觉就像青花瓷的茶碗，有文化，有底蕴，不轻佻，伴随着袅袅茶香慢慢蒸发喜怒哀乐。泡是一种留恋，只有爱好才会泡，这也是成都旅游的概念，使得每个来旅游的人都要乐于泡在这美丽的城市中。

再说"俗"。这里的茶馆用一个字来形容就是"俗"。俗不是庸俗，而是通俗，是民俗，是入乡随俗，成都的俗在安逸。说这里雅俗共赏因为既有散座也都设有雅间，可供各类人等消费，茶馆最大的特点就是那些老式的竹制椅子，这些椅子坐上去，不会让人感觉生硬，而是恰恰配合人的生理结构，符合人的关节屈伸，既不会使人昏昏欲睡，又不会使人觉得僵硬，而是让你舒适地待上一整天也不疲倦，这竹椅本身，就是四川茶文化的重要元素。

成都人最高兴的事情就是喝着香茶，摆着龙门阵。龙门阵的内容那是上通天文，下知地理，古今中外一锅"烩"的，龙门阵是成都人不可或缺的东西，是无处不在的，成都人就生活在龙门阵里。成都人还热衷麻将，走在街头最常闻的是麻辣火锅的香味，最常听的是麻将的哗啦声，从中可以看出成都人喜欢凑热闹，喜欢喧哗，只是此种喧哗居然能与白鹭纷飞共处，倒也别有风情，成都人是把麻将打出了一种文化。成都人有着自己的快乐哲学，就是快乐到底。成都的消费水平不高，不多的钱就能生活得舒舒服服，对他们而言，生活才是第一位的。

成都话好听，而且都很有讲究，简简单单的一件事，到了成都人的嘴里，就会变得有声有色，有滋有味，即便骂人的话，也是有比喻的。比如某人笨，或做事欠考虑，成都人不说他傻，而会亲切地说他"瓜娃子"。其实，这"瓜"不是西瓜南瓜，而是"傻瓜"的意思，但是这一个瓜且比傻瓜多了几分亲切和俏皮，说一个人"瓜眉瓜眼"，显然就比说他"呆头呆脑"更加形象直观，更要有意思多了。有句顺口溜如此形容四川话，"黑不说黑，要说曲黑。白不说白，要说讯白。甜不说甜，要说抿甜。苦不说苦，要说焦苦。淡不说淡，要说寡淡。辣不说辣，要说飞辣……"总之，四川话就是喜欢浓重，就是要把文章做足，才觉得过瘾，四川话如此，川剧变脸夸张到极致，四川火锅麻辣到极致，四川美女漂亮到极致，青城山、峨眉山、岷江赏心悦目到极致，三星堆金沙遗迹神奇到极致，也是如此。

成都人打麻将，吃火锅，喝茶，摆龙门阵，无一不是和娱乐挂钩。这些活动都有一个显著的共同特点，就是扎堆。就像北方人都说成都人特闹腾，总是三五成群，邀朋唤友，吆三喝四的。成都人喜欢的是大众文化，擅长制造热闹场景。成都人麻辣烫一样的性格，为充满麻辣味道的市井气温提供了肥沃的生长土壤。一个城市的性格最直接的体现是这个城市的人，人创造了文化，也诠释着文化。历史久远的老茶馆、赏心悦目的川戏、老成都的生活情趣，都是城市性格的演绎。成都的城市旅游必须要与城市的性格相结合，抓住城市性格是成都的城市旅游策划区别于其他城市的重要方法，中国人怎样休闲，要看看成都，我们一定要将这种概念融通到旅游业中去。成都旅游策划要像成都的气候一样，湿润温和，同时也像成都人一样麻辣、豪爽、刚柔并济。

顺藤摸瓜找到"成都性格"的历史形成的原因就能够准确理解"成都性格"的精髓。其实这种没落贵族的性格无所谓好坏高低，这只是一种精神形态，成都人的性格形成是有原因的；成都人的贵族风范有可取之处；成都人应该找到一种适合自己性格的生存和发展的方式，就是充分利用成都的贵族性格打造成都的城市旅游，以城市功能为依托，以城市性格为特色，吸引全世界的眼光。

# 逸

舌头大概是人身上最幸福的器官，尝遍人间百味，而成都人的舌头，又是舌头中最幸运的舌头。成都美食，这四个字已经足够让人垂涎欲滴。

就像成都人对茶馆有坚持一样，对享誉中外的川菜，成都可能是最坚持传统的一群人，不仅仅体现在那一个又一个的老字号，而且体现在每一道经典菜肴中。回锅肉要选多嫩的蒜苗，麻婆豆腐要用哪里的花椒，一点儿也不能马虎。但另一方面，成都又是一个极其兼容并包的城市，发源于川渝的新品菜，必然要经过蓉城的检验，才能登堂入室。这使得成都几乎成为川菜唯一的门户，非得亲身至此，才能懂得这千百年锤炼出来的，看似信手拈来而又极其讲究的精细味蕾。成都旅游就像川菜一样，吃着有味，闻着特香。

成都最好的享受可能就是在古香古色的院子里享用经典川菜和美酒。"吉日良辰，置酒高堂，以御嘉宾。金罍中坐，肴烟四陈。肴以清醨，鲜以紫鳞。"成都美食文化由来已久，是四川文化中最重要的一个元素。四川丰富的物产保证了四川美食的多样性，四川人懂得高端的食材只需要采用最朴素的烹饪方式，所以川菜烹调并不特别讲究烹饪的手法，从感性层面而不是从技术层面出发，是地地道道适合广大百姓的菜系。川菜在中国老百姓的心目中占有很重要的位置，可以说很早就普及了全国，在世界上也享有很高的声誉。大菜、小吃应有尽有，麻、辣、香、甜俱全，物美价廉。享用川菜者，大福大贵者少，平民百姓者多，这不正是成都旅游的写照吗？

三国故事是一部分人来到成都的理由，昔日的古典英雄主义给成都增添了无数的故事和荣光，其实在三国故事中很多经典人物也是可以和川菜的特色联系在一起的。

川辣的特色在一个"麻"上。人说川菜有"三椒"，辣椒、胡椒、花椒。四川人变着花样儿把这三者结合起来，又麻又辣，越麻越辣，越辣越麻，这叫一个"诱惑"！吃的时候让人感觉不到任何刺激，就是在不知不觉中慢慢地积累，厚积薄发，到后来大汗淋漓，痛快非常。恰如关公给人的感觉。关公临阵从来是稳如泰山，不论温酒斩华雄，抑或斩颜良诛文丑，面临强敌显得那么从容不迫，气定神闲，后发制人却雷霆万钧，这是一种成竹在胸的气韵。麻给我们旅游策划者的启示是产品怎样才能深入人心，令人难以忘怀。深度挖掘传统、民族文化和本土文化，做真正的中国概念。

辣，这是外人评价川人的说法。川人特别悠闲，他们有知足常乐，不刻薄的特点，这是天府之国长期形成的特质。但川人的平淡中还要有情趣。辣就是刺激，是平淡生活的需要。就像猛张飞直率打破条条框框的做法总是让人忍俊不禁，川菜的辣是一种直率火爆，敢闯敢拼。张飞的喜欢打破常规是对新鲜事物的渴求与接纳。辣放到旅游策划的概念中，就是前卫、时尚、有个性的产品，而体现在成都的旅游中，就是前卫、时尚、有个性的休闲产品。

香，是目的。菜香下饭，有后味，有内涵，含而不露。刘备上不占天时，下不占地利，最终却能南面称帝，靠的就是这样一种含而不露的魅力。这种魅力就是中晓人和，广揽贤才，使得英雄乐于用命，玄德的魅力恰如川菜的香，让人不远万里追随，锲而不舍。在成都旅游中得到的香是一种熨帖至心的感受，来了就不想走，回味无穷。

甜，有着令人回忆的美妙。汤圆是圆润和智慧的表现。诸葛亮的聪明在于深谙人心，对手下将领的优缺点了然于胸，善于利用每人的性格和优点，与诸葛亮打交道就像是吃了四川的汤圆一样甜而不腻，舒服得很。在成都旅游的感觉应该是甜，这个甜是甜美的回忆，每个来到成都的人回去之后都会对在成都旅游的记忆充满甜美的感觉。

成都几乎每个街头都能见到的非麻辣烫莫属。成都特色麻辣烫，口感偏重，底料中的麻辣、炒料的味道主要溶于油中，油大，汤中味道不是很香。但是，食材放入火锅中味道会越煮越重，配合味碟更加厚味，看上去新鲜可口，尝之却是微辣，不由得继续食之以解馋，却是辣气愈演愈烈，至不得已弃之，而意犹未尽，不得不望辣兴叹。提起麻辣，首先给人的感觉就是充满活力、动感、时尚，电视台有一些栏目就是用"麻辣串串烧"、"麻辣风情游"、"麻辣新娘"命名的《麻辣教师》等。麻辣渐渐成为一个非主流的形容词。麻辣实质上是一种特殊风格、心情和时尚的代名词，象征的是一种打破平凡生活，体验痛快人生的态度。

饮食是一道丰富的文化大餐，饮食文化经过策划、包装、营销，能直接转换成经济效益。风靡中国的韩剧《大长今》的成功就非常值得我们借鉴，在传播韩国文化的同时又带动了韩国的旅游经济，这部电视剧已经做到文化与商业齐头并重，内容丰富，雅俗共赏的

"达标水平"，文化可以变得如此"浅白易懂"。在视觉上，精彩的大韩烹饪文化，以鲜活的色彩及干净利索的剪接镜头表露无遗。民以食为天，这是个常胜题材。难得的是一些日常食物竟有着那么多观众并不知道的疗效。《大长今》给韩国的旅游业带来了巨大的带动效益。一部《大长今》就创造了这么可观的效益，相比之下那么拥有历史、美食文化于一身的成都，可利用的元素可以说是浩如繁星，可挖掘的价值更大。

成都的旅游策划要使入境旅游者做到三消费，这就是：消费历史，消费生态，消费人文。成都历史文化中关于美食和养生的概念实在太丰富了，如此具有优势的条件只要加以利用。作为策划核心，那么"游成都，做神仙"就不仅仅是一句口号，而是真正做到耍得美、吃得好、睡得安逸，美景、美食、美在心。

# "时空穿越"的景区包装法

成都的锦里也好，宽窄巷子也好，或者三星堆、武侯祠……这些成都旅游品牌给人最大的感受就是有很强的历史穿越感，成都的旅游是将休闲的本土精神和厚重的巴蜀文化以及极具中国风的旅游产品融合在了一起，这是一种全方位的立体旅游体验，这种体验给人的感觉就是行走在历史的长河里，走在古香古色的街道上，仿佛回到了过去的美好时光，让人分不清现实与历史。穿越是成都旅游可以利用的一个旅游主题。

穿越是现在一种比较流行的包装手法，很多电视剧和电影都利用这一题材取得了成功，其实人们之所以喜欢穿越，是因为穿越可以摆脱现实生活，摆脱羁绊。与历史上的名人共处，体验到真实的历史事件，甚至有机会去改变它，这是穿越的魅力。其实在我们旅游策划中，有时也会利用到这种穿越的手法，旅行本身是一种空间的穿越，如果对旅游产品加以包装，赋予时代背景，确定旅游穿越主题，那么在一定程度上会实现时间的穿越，另外这种穿越手法还能很好地体现项目地过去的历史文化背景。

桐梓县小西湖旅游区位于贵州桐梓县，经过勘探我们发现这里的文化元素有包括宗教朝拜、夜郎文化、抗战遗迹在内的众多元素，1945 年张学良曾经被软禁在这里，于是从基地资源和市场需求两个方面，我们将"1945·时代记忆"作为项目的主题内涵，使用穿越的手法包装景区，同时拓展基地文化资源，丰富项目文化与产品内容。

张学良是历史记忆的主人公，张学良幽居地、钓鱼台、天门河水电厂、中正坝等是特殊时代的遗迹。1945年，是后方抗战记忆，是国际友谊记忆，是浪漫爱情记忆，是时代记忆。所以景区确定以"1945·时代记忆"为主线，以后方抗战文化为特色，以张学良和赵四小姐为主人公，以天门洞、小西湖优美风光为背景，打造集避暑度假、康体养生、观光游览、文化体验、商务会议等功能于一体的西部知名的综合性避暑旅游度假区。整个景区通过营造具有1945年时代特色的景观氛围打造浪漫避暑度假胜地体现的就是对那段特殊岁月的回味。从这个案例看来人们欢追忆过去的美好时代，这种感情似乎与生俱来，在旅游规划中合理利用这种感情来安排景区规划可以达到惊艳的效果。

第六章

蓬莱——仙境是邻居

城市旅游

说蓬莱是一座仙城，想来不会有人反对。因为懂得所以超脱，因为超脱所以飘逸。神话传说中，这里的一草一木都似乎带着神圣的灵气；缥缈山水间，似乎有仙人羽衣翩翩而来；人们虔诚的眼神中，对万物有灵的信仰让这里的空气都通透无瑕。身处蓬莱仙境，真是人与神仙同居，境与天宫比美。

留金送情 / 杨力民画作

　　在蓬莱的词典里，仙是百味之首。这是海的味道，山的味道，风的味道，阳光的味道，也是时间的味道，人情的味道。这些味道，已经在漫长的时光中和故土、乡亲、念旧、勤俭、坚忍等情感和信念混合在一起，让我们几乎分不清哪一个是滋味，哪一种是情怀。八仙过海的身影似乎未曾远去，海市蜃楼在海的那一边若隐若现，古老的传说带来神秘的色彩。蓬莱，如仙如幻，让人分不清现实与理想。身处蓬莱，仿佛与神仙比邻而居。

　　凡到过蓬莱，或听人说过蓬莱的人，都被一个"仙"字强烈地吸引和震撼，这个城市像神话传说一样古老，像仙女一样美丽多情，像仙境一样充满仙气。古老、多情、有仙气是蓬莱的城市品格。在中国道家文化里，成仙是很重要的使命，是做到长生不老，脱离生死的境界。蓬莱是中国东方神话的策源中心，蓬莱就是仙境的代名词，白居易的《长恨歌》中有"忽闻海上有仙山，山在虚无缥缈间"，写的就是蓬莱拥有世界上最富戏剧性的自然景观——海市蜃楼。蓬莱神仙文化源于"三神山"，而"三神山"则源于海市蜃楼。由于特殊的地理、气候和水文环境，蓬莱成为世界上出现海市蜃楼最多的地方。随着"三神山"传说的宣扬和人们求仙欲望的增强，激发了世人寻找长生不老之药的热情，尤其是古代帝王东巡寻仙活动的兴盛，更赋予蓬莱这个地方更加神秘的神话色彩，随后，"八仙过海"的传说又与蓬莱结合在一起，更增加了蓬莱的神话色彩。正因为有了神仙文化的深厚积淀，蓬莱才有了"人间仙境"的美誉。

　　苞米碴子是北方的特产，也是北方人性格的写照，苞米碴子倒在地上叮当作响，清楚动听，每个苞米粒子都有自己的声响，一就是一,二就是二，代表了北方人干脆利落，说话响当当的风气和豁达的汉子气质，与多数北方城市北方汉子略显粗犷的苞米碴子性格不同，蓬莱性格更像是有分寸的海蛎子，更讲究"内涵"，外表的壳看起来粗糙无比，毫无光彩，但是内里鲜美多汁，营养丰富的肉质，肉色青白，质地柔软细嫩，爽滑无渣。用山东的至圣先师孔子的话来概括就是"直而有礼"。不温不火，憨直中有灵气，直率中有思考，既保守又开放，蓬莱性格就是海洋文明与陆地文明结合的产物。

　　蓬莱经过几千年的修炼，终成正果，惊艳四座，她具有北方务实、奋进、诚恳的品质，又有南方灵秀、温润浪漫的风采。可以说这是中国城市中不多见的娇女。雍容中见清秀，时尚中有传统。蓬莱隶属烟台，烟台的"烟"字恰好就是蓬莱这种特色的写照：烟雾缥缈透灵气；嫣然一笑中透秀气；烟雨苍茫中透仙气；烟海浩瀚中透运气，"烟"

是嫣然一笑的美丽诱惑。蓬莱有海市蜃楼有长生不老之法，所以在蓬莱的旅游更能带给游客运气，在蓬莱的假期结束了，但是沾到的运气还会继续。要从旅游的概念上来对待故事，旅游是最后的目的。一个城市有仙气是很难的一件事，具有运气更是难上加难的事。八仙与道教中的其他神仙不一样，均来自民间，由于机缘巧合得道成仙，从成仙的故事看，这是要靠运气的，这里能让你转运。这个仙，有三个层次的仙，即"先"、"仙"、"鲜"。

# 先

仙，"长生迁去也"。可见仙的最大特点就是能够摆脱自然生死烦恼，能够做到长生不老，所以这个梦想支撑着蓬莱的发展，使得蓬莱吸引了众多"先"人来到这里追求永生。

秦始皇三次东巡，亲临芝罘岛，派徐福寻找长生不老药；汉武帝曾驾临蓬莱下令筑城。由于秦始皇和汉武帝的雄才伟略、文治武功在中国历史中占有重要的地位，被后世看作标准帝王的典范，所以能到蓬莱寻仙不仅包含着追求长生不老的理想，同时也成为追寻帝王圣君的一种仪式；一代名士苏东坡曾任登州太守，苏东坡的豪放诗词就像是蓬莱气势雄壮的大海一样，创作视野广阔，气象恢宏雄放；抗倭名将戚继光坚忍不拔是典型的蓬莱性格，有一种不服输的气势，戚家军有着大海一样的军威和百战百胜的气势，他们的军事思想、理论以及战功，成为蓬莱精武文化之魂；一代枭雄吴佩孚晚年拒绝日寇的诱惑，不愧是一个有民族气节、战功卓著的英雄人物。众多的"先人"体现出的就是一种蓬莱气质，那就是坚忍不拔、刚正有力、勇于献身的精神，就像前赴后继不断拍打礁石的海浪一样无所畏惧。他们或者被蓬莱的仙气吸引而来，或者是蓬莱本地人，本身就是蓬莱性格的体现。这些古代先贤为我们留下的大量珍贵遗产，成为蓬莱的城市灵魂，先贤留下的遗迹就是现在城市旅游规划的内容。这里有仙气，能看见海市蜃楼需要运气，所以蓬莱就是运气的象征，而蓬莱刚正不屈、坚毅挺拔的性格又可以镇住所谓牛鬼蛇神，所以游客到这个地方来本身就是一种辟邪求运的行为。

蓬莱属于山东，现在我们说山东都用齐鲁大地来概括，但是山东简称"鲁"而不是

"齐"，这是为什么呢？山东历史上受到齐和鲁的影响非常深刻，鲁国是以礼法著名，受儒家文化影响，齐国以霸权著名，充满了霸主气概，虽然齐国是春秋五霸之首、战国七雄之一，影响力大大超过了鲁国，但是最终山东选择的简称是"鲁"，孔子说："齐一变，至于鲁；鲁一变，至于道。"意思就是说"齐国如果经过改革，就能达到鲁国的水平；鲁国如果经过改革，就有希望走上王道"。言外之意就是鲁国比齐国更能代表儒家的思想价值观。鲁国不是军事大国，但鲁国的儒家文化则影响了中国两千多年，并且远播海外，成为中国人骨子里的精神，所以"鲁"是最好的"商标"。中国是礼仪之邦，山东则是礼仪之省，儒家思想的延续，使得长期受儒家思想影响的山东有着一些中国式的"憨厚"。所以山东人给人的印象就是忠厚讲义气，够朋友。山东人办事豪爽大气的性格像山东特产的大葱，喜欢直来直去，率性而为，不会太计较个人得失。蓬莱在山东的大文化圈中，自然少不了受到儒家文化的浸染，给蓬莱这个城市带来了一种儒雅风范，使人处处感到一种温馨、有序和亲情。

蓬莱不仅濒海而且充满仙气，神奇的海市蜃楼常常能引发先贤们的幻想，启发他们对宇宙空间广阔性的联想。邹衍是中国著名的五行学术家，生于山东。他的思想宏大不经，古今中外、天文地理无所不包，因此有"谈天衍"的美誉。司马迁在《史记》中把他列于稷下诸子之首，称"驺衍之术，迂大而闳辩"。其主要思想是"五德始终说"和"大九州说"，他把春秋战国时期流行的五行说附会到社会的变动和王朝的兴替上，提出"五德始终"的历史观；在对宇宙的空间认识方面，邹衍创立了"大九州"说，在他看来，中国只是一个"小九州"，是世界的一小部分，只占天下的八十一分之一。他到底是怎么推算出这个比例来的且不论，但其开放的宇宙观倒是令人钦佩。他认为中国之外的九州，"乃有大瀛海环其外"。这种博大和浪漫的态度在那个年代里实属罕见，想必是海的神秘莫测与广大造就了邹衍气势磅礴的宇宙观。邹衍的"五德终始说"不仅在当时受到重视，而且对后世的学术和政治也产生了重大影响。就学术而言，董仲舒将邹衍的阴阳五行学说与儒学相结合，开汉代儒学阴阳五行化的先河。就政治而言，"五德终始说"作为一种改朝换代的理论工具，受到历代新王朝建立者的信奉。秦始皇统一六国后，根据邹衍"水德代周而行"的论断，以秦文公出猎获黑龙作为水德兴起的符瑞，进行了一系列符合水德要求的改革，以证明其政权的合法性，遂成为"五德终始说"的第一个实践者。邹衍的山东同乡后辈刘勰在《文心雕龙》中就评价邹衍："邹子之说，心奢而辞壮。""心奢"想来是海边人长期靠近大海所以心怀广阔，"辞壮"则是形容海边的人说话浪漫博大的态度。"五行交替"与"大九州"都是讲一种哲学态度，那就是宽广自然随和，就像蓬莱人的气质，所以蓬莱人坚毅果断，富有创造力和想象力，同时蓬莱人有充满浪漫主义情调，就像大海给人的印象，永远都是冒险家和勇士的天堂。

历经历史的积淀，岁月的洗礼，城市的仙风道骨显现无余，这也是蓬莱休闲度假的最大卖点。仙境般的境界是蓬莱的旅游意境，旅游规划就要往这个意境上靠拢。从蓬莱两个字来看：蓬——花间相逢；莱——青草中来去。"蓬莱"二字就是在鸟语花香中穿梭，蓬莱旅游给人的感觉就好像穿过一片五彩花田，伴着醉人的花香，晶莹剔透的露水从碧绿的叶子上缓缓地滴落，真是如在仙境的惬意享受啊。

# 仙

晋时郭璞的《游仙诗》写道："朱门何足荣，未若托蓬莱。"看来身在官宦之家锦衣玉食，位高权重与投身蓬莱做个逍遥自在远离尘世烦恼的仙人来比，实在不值一提。古人追求的是驾鹤成仙的理想，现代人则向往仙风道骨的生活和飘飘欲仙的旅游，蓬莱旅游的营销，要有八仙过海各显其能的营销方式。

仙是道家的概念，道教曾在中国历史上产生过重大的影响，其中最主要的思想就是长生成仙。中国人求仙的历史颇为渊远，传说秦始皇时，西域大宛国有很多受冤屈死的人横陈在野外，有些鸟衔来一种草盖在死人脸上，死者就立刻复活了。官府把这件事奏报给秦始皇，秦始皇就派人带着那种草请教王禅老祖鬼谷子。鬼谷子说那草是东海里芝罘岛的不死草，长在琼玉的田地里，是一种吃了以后可以长生不老的灵草。正在寻觅长生不老之术的秦始皇听后非常高兴，于是就派徐福带着童男童女各五百人，乘着楼船出海去找芝罘岛。然而徐福出海后一去不回，也不知去了什么地方。后来仙人沈羲得道成仙时，道家始祖黄帝和老子派徐福为使者来接沈羲升天。徐福乘着白虎车来到人间接沈羲。从此人们才知道徐福已经得道成仙了。

仙，仙人、仙境，这是蓬莱岛的形象。中国从上古时期开始，逐步形成了重要的两大系统的神话传说，一为西部的昆仑神话系统，另一为东部的蓬莱神话系统。昆仑神话发源于西部高原地区，如夸父追日、共工触不周山及振滔洪水、西王母与三青岛等神话故事，都来源于昆仑。流行于东部沿海的燕国、齐国、吴国等地的蓬莱神话传说，到了春秋战国时代，由于受到苍茫浩瀚的大海和变幻莫测的海市蜃楼的影响，出现了传说在海岛中有仙人居住，仙人都快乐逍遥、长生不死的令人心驰神往的神境仙界，这就是东部蓬莱神话系统的主要内容。仙人和仙境造就了蓬莱的仙气。

在地域上蓬莱古代属于齐国，在受到鲁国儒家思想影响的大背景下，齐国对蓬莱的影响也不容小觑。齐国受海风熏陶，也沾染了大海开放的性格特征，对时髦的东西很感兴趣，易于接受新鲜事物，不甘寂寞，生性好奇，活泼多动，同时又野心勃勃，这就是靠近大海的齐国人的性格。看齐国从王子到大臣，一个个都是这样的风格，他们衣袖常舒，甩甩达达，像是一天到晚被海风吹拂一样。这些人虽然身居高位，言行却颇不稳重，有时冲动得很，行为常常有些夸张。比起邻居小国鲁国来，齐国显得水汽太重，远没有以土为本的鲁国夯实，可以说不够庄重。齐国不重礼制，但是重霸权，所以春秋五霸之首就是齐桓公，齐国人有着浪漫的思想和远大抱负，齐国讲究风度潇洒，而不是法纪礼仪的严整之邦。

正因为沾上了这种豪放，飘逸的仙气，所以山东多豪杰，豪杰的定义就是不被传统思想所束缚，可以一时意气用事不顾虑世俗权威，但是在打破世俗权威后必然受到排斥，豪杰不被主流社会所接受，结果只能走向体制外的体制——江湖，所以山东人侠义之士多，自古就有"山东多响马"的说法，山东的响马不是单纯打家劫舍的土匪，而是具有反抗精神，讲义气重名誉的男子汉，中国文学史上最具有江湖气的男人书《水浒传》就反映了这种现象。"水浒"诞生在山东绝非偶然，是山东固有的古典气质孕育了这部书，山东人义气当先，义气面前，所有旧有的思想禁锢都可以被打破，所以在《水浒传》中经常出现为了救兄弟而舍生取义的经典桥段。山东好汉愚直、鲁莽、孝义为先的精神在这部作品里得到了很好的诠释，好汉的形象几乎都是重情重义、勇敢果敢、坦坦荡荡、智勇双全的，看过这部书一种阳刚的不服输的山东好汉气质会油然而生。不能不说这也是一种仙气，抛弃世俗，快意恩仇，讲究大忠大义就是人间的浩然正气，这种豁达潇洒就是一股飘逸的仙风道骨之气。尽管千百年过去，今天现实中的山东男人们仍透着道骨，气质中总有一股说不清道不明的东西，他们不拘小节，为人豪爽，很像行走在江湖中，有道行的人，有侠骨、仗义、诚实，从不欺负弱者，也决不受人欺负，女人们从外表上看具有北方的气质，大方、明理、泼辣，但骨子里还是飘逸着一股仙气，美丽，端庄，这就是蓬莱特有的山东气质。

蓬莱位于中国山东半岛的北海岸，北纬 37°25′～37°50′之间，拥有适合葡萄生长的"3S"特质——阳光（sun）、沙砾（sand）、海洋（sea），被誉为"世界七大葡萄海岸"之一。因海岸的土壤、光照和温度给予葡萄的惠赐，良好的自然禀赋，赋予蓬莱打造中国乃至世界最优质葡萄产区的天时地利。蓬莱人将葡萄经过发酵之后制成鲜美的葡萄酒，现在已经拥有 60 家葡萄酒庄，聪明的蓬莱人将这些小小的果实运用得得心应手。事实上这种转化的智慧在更为久远的年代里，就已经熠熠生辉了。在中国的传统文化里，仙与酒结下了不解之缘，或许酒后那种忘记烦恼，飘飘欲仙的感觉就是所谓成仙得道后的境界吧。酒成为人间与仙界之间沟通的桥梁。刘玲《酒德颂》中这样形容酒后的感觉："行无辙迹，居无室庐，幕天席地，纵意所如。"喝过酒之后竟然以天为被，以地为席，自由自在，不受约束，这分明就是神仙的感觉。被封为诗仙的李白也属于酒仙之列，因为在某种意义上说，没有酒，便没有辉煌了中国文学史的诗圣李太白，"李白斗酒诗百篇"便是佐证。一面是"我辈岂是蓬蒿人"一样壮志的宏大的气势，另一方面又是"天生我材必有用"的气质和信心，而"五花马，千金裘，呼儿将出换美酒"又表现出对功名富贵的极度蔑视，这些作品几乎都是李白在品尝美酒之后的产物。酒能通仙，没有酒，恐怕诗仙的作品会暗淡不少。葡萄酒的秘密，表面上是水与酒精调和的艺术，其实是人与天地万物之间的和谐关系，因为土地对人类的无私给予，因为人类对美酒的共同热爱，所以，美酒的终极秘密就是——没有秘密。现在蓬莱有 60 个酒庄，在蓬莱品味美味的葡萄酒，就像一种修仙的过程，喝到七分醉时飘飘欲仙，以至于忘记时间，忘记烦恼，这就是神仙。好的红酒品味的除了富裕的芳香之外，更讲究养生，试想微醺之后迎着海风飘然走在海边，那种惬意就是一种神仙的体验。神仙般的享受就是蓬莱旅游要带给游人的感觉。葡萄酒放入生活之梦，自然而和谐。

仙气具有很强的包容性，神仙都是逍遥自在的，蓬莱这个城市包容古今中外的文化成果，容纳了从人间到天上的各色人等。仙境，仙人造就了蓬莱，在蓬莱不管你是帝王将相，还是一介布衣，得道成仙的机会都是一律均等的。这要看仙缘，高贵如秦皇汉武，来到蓬莱只能是尽人力听天命行事，成仙得道不会因为你是尘世间的帝王就变得更加快捷，同样也不会因为你是平民而变成充满艰难，一切都要看缘分。所以说蓬莱具有包容性，包容从人间到天上不同的人物。在著名的蓬莱神话"八仙过海"中，"八仙"分别代表着男、女、老、少、富、贵、贫、贱，包含各个阶层，各个年龄段，不同性别的人。八仙均来自民间，都是凡人得道，这说明在蓬莱神话中，仙的概念是更加平民化的，人人都可得道成仙的梦想在蓬莱得到了真正的体现。"八仙过海"的寓意即各显其能，蓬莱这个圣地的旅游要满足每个男女老少的需求，不分贫富贵贱，各个阶层、各个收入阶段、各个年龄层和文化背景的人都可以在这里找到自己想要的旅游度假产品，每个人都可以在这里找到自己"仙"的梦想。

"人间有仙境，得道在蓬莱"，这是蓬莱旅游的最大卖点。仙境般的风景，成仙的梦想，构成了蓬莱旅游的基本要素。这两个基本要素带入现代旅游中就是养生度假的概念。道是方法，长生长寿健康的方法。蓬莱旅游的核心文化特色是：长生不老，道教养生。这也是秦始皇寻长生不老药的目的，同时也是蓬莱区别于其他城市的最大特色，是打造"人间仙境，休闲天堂"的最大魅力。

# 鲜

蓬莱拥有陆地和大海两种资源，这种地理跨度有助于物种的形成和保存，所以蓬莱拥有丰富的食物原材料。因为得到这份自然的馈赠，蓬莱的鲜美鲁菜，生猛海鲜，鲜甜水果，都有一个共同点，就是它们都具有一种芳香浓郁的特殊韵味，这种韵味是人与自然携手贡献的成果，而这种韵味被称作"鲜"。"鲜"是中国人精通并孜孜以求的特殊的味觉体验。全世界大概只有中文才能阐释"鲜味"的全部含义。然而所谓阐释，并不重在定义，更多的还是感受。"鲜"的概念虽然不在"五味"之内，但又超越了"五味"，成为蓬莱特产最平常但又最玄妙的一种境界。蓬莱的"鲜"，包括鲁菜、海鲜、果鲜。

鲁菜，讲究五味调和，被誉为皇家菜系。五味使中国菜系的味道千变万化，也为中国人在回味他们各自不同的人生境遇时，提供了一种特殊的表达方式。在厨房里，五味的最佳存在方式，并不是让其中有某一味显得格外突出，而是五味的调和以及平衡，这不仅是中国历代厨师和中医不断寻求的完美状态，也是中国在为人处世，甚至在治国经世上所追求的理想境界。这理想境界既是老子的天人合一的境界，也是邹衍五德轮回的

81

境界。鲁菜，它充分体现了儒家文化，讲的是秩序，讲的是礼。几冷、几热、几荤、几素，连座次都分上、下、左、右不能乱。用料讲究，烹调有法度，每道菜还有一个很好的名字和故事，丰富的文化内涵是它的特色。鲁菜，人们用调侃的口吻说是咸乎乎、黑乎乎、稠乎乎。这个乎乎，就是一种典型的中庸之道。内容的丰富，文化的深厚，任你去体会。正如故宫、长城、曲阜，去一次不行，就得多去几次，才能领略其中的奥妙。鲁菜，正如孔子所说，食不厌细，它的做工是很精细的。儒家文化是一个体系，鲁菜同样是一个体系，它博大精深。蓬莱的老祖宗，利用天地的物产，加上敏锐的直觉，打造了一个食物的新境界。要达到让食物转化成美食的境界，这其中要逾越障碍，要营造条件，要把握机缘，要经历挫败，从而由吃激发出最大的智慧。这样的单一也是一种奢侈。蕴藏着中华民族对于滋味和世道人心的某种特殊的感触。鲁菜被称之为官人菜，是因为山东菜的分量以盘大量足见长，能体现出官宦人家的大气、豪爽，故称之为官人菜。

从先秦开始，鲁菜已经开始锤炼，在烹饪中保持食材的原味，是一种素面朝天的鲜美。不管在鲁菜还是在汉字里，神奇的"鲜"字，似乎永远都充满了无限的可能性。除了舌之所尝、鼻之所闻，在中国文化里，对于"鲜"的感知和定义，既起自饮食，又超越了饮食。也就是说，能够真真切切地感觉到鲜味的，不仅是我们的舌头和鼻子，还包括我们的心。和全世界一样，汉字也用"鲜"来表达鲜美和光鲜的感觉。"治大国若烹小鲜"这恰与中国人传统治世思想相吻合，这是因为人类的舌尖能够最先感受到的味道，就是鲜味，而这种味道则往往来源于对物质更高的要求。只有耐心，细致深入，高标准严要求地对待才能不浪费新鲜的事物。所以，我们也可以根据这些奇妙而又富有哲理的文化推导出"做旅游也似烹小鲜"。"鲜"这种玄妙的境界，这种自然与天地融合境界也是蓬莱带给游人的一种发自内心的感受。鲁菜，实质上是皇家菜，同样是吃饭，皇家就不叫吃饭，叫用膳，吃不吃的，好的坏的倒在其次，但排场和规格一定要有，内容要全。内容全，有主次，这也是旅游策划的一个原则。

蓬莱的海鲜以生蚝为代表，鲜活的蚝，其口稍微张开，一有风吹草动，就像含羞草一样收紧蚝壳。虽外表粗糙，但肉质鲜嫩，像是山东人外表有些木讷，其实内里丰富的性格特点。蚝的做法讲究"鲜"，要确保蚝的原汁原味和丰富的营养，做法则多种多样，有白灼、姜葱、酥炸、铁板烧、炭烧、芝士焗等，但一般还是以白灼为主，不仅是因为白灼简单易操作，最重要的是这种做法能最大限度地保持鲜蚝的"鲜"。蓬莱的蚝蕴含的首先是海味，还有悠游在大海其间各种高级元素的甘甜，如波涛般席卷而来气派浓烈的蚝汁，绝对是充分汲取日光精华的极品，吃生蚝就如同骑着巨龙在大海中游弋，实在无法形容。蚝的味道十分柔和，能将海洋本身的甜美滋味衬托的更加出色，让蓬莱菜呈现不完全同等级的绝妙滋味，让食客舌头感受到的，就是这种景象，每吃一个都有新的口感，感受新的味道。蚝，这道菜有着前所未有的新鲜味，温润的甜味，让蓬莱的海更显出奥妙。生蚝有点像含蓄的山东人，表面上看起来性格粗糙，不甚讲究，其实骨子里却有着丰富的内涵和想法，蓬莱的旅游产品就像蓬莱的生蚝一样，充满了新鲜的内涵，旅游策划者就要善于把这种内涵充分表达出来，才能构成蓬莱旅游的内容。

蓬莱苹果除了新鲜，还有一个特点就是品种不断翻新。中国人说：靠山吃山、靠海吃海。这不仅是一种因地制宜的变通，更是顺应自然的中国式生存之道。从古到今，这个农耕民族精心使用着脚下的每一寸土地，获取食物的活动和非凡智慧，无处不在，品种出新，不断改良，使得今天的食物种类比过去要多得多，这其中也包含苹果，所以时至今日，蓬莱苹果在原有的基础上不断改进，新品种层出不穷。蓬莱苹果早在古时就以其个大味美，吃后余香无穷而闻名天下，产品远销海内外。这里空气湿润，光照充足，昼夜温差大，极利于糖分的生成。蓬莱苹果以品种优良、风味独具被誉为胶东水果家族的"皇后"，现有一百多个品种，其中红富士、青香蕉、红香蕉、红星、金帅、国光最负盛名。红富士果形硕大，浓红如涂，郁香四溢，甜脆爽口；青香蕉呈淡绿色，含糖率极高，香甜如饴；红香蕉色美肉细，惹人喜爱；金帅果质金黄，清脆可口，是中秋应时佳品；国光则肉质脆，甜酸可口，更兼有耐贮藏的特点。苹果这个看似简单的水平品种，也反映了蓬莱人的创新意识和求新精神。

蓬莱特产的核心是一个"鲜"字，一个"鲜"字道出了蓬莱旅游文化的真谛。旅游产品要常换常新，要有新意，用新来武装自己；传统的旅游产品要经过更新换代，重新包装，不断推出吸引游客的新鲜事物；只有这样，"鲜"才能在保持原汁原味的基础上让人不觉得乏味，没有审美疲劳。经常会有一些地方的景点，在经历了始初游客如潮呈"爆棚"状态后，现今随着新鲜感的日渐消弭，观众的参观动力已日渐不足，有些景点又逐渐回归冷清。这说明，坚守不变并不是"万应灵药"。要想让游客经常驻足，旅游景点还需常换"亮点"，这样游人才能常看常新，才能跟随新鲜旅游产品"亮点"去转动。

仙是天上的人，什么是天？民以食为天，吃在中国民族的字典里占有最重要的位置，中国人吃的文化影响深远，而餐饮是旅游业中的重要组成部分，所以蓬莱在旅游业具备天然优势。旅游业想要长盛不衰，在于常变常新，贵在一个"鲜"字。鲜就是出新，如何用新事物去武装我们的产品；新产品如何创新；老产品如何更新；如何在新中让旅游业得到永生，这是我们旅游策划者需要认真思考的问题。

# 仙文化策划中的"借题发挥"法

上面我们说了蓬莱旅游主题是一个"仙"字，这里的"仙"与别的"仙"不同，其他地方的修仙过程都是脱离普通百姓，修仙的过程漫长又复杂，是一种艰苦的修行，而蓬莱的"仙"则多是凡人机缘巧遇而成，这种修仙过程相对而言没有那么多复杂的仪式和过程，是具有可实现性的"仙"，所以蓬莱的"仙"更贴近百姓。蓬莱的"仙"在文化内涵上是由两个字支撑的："神"和"海"，这两个字既包含我们的特色产品，也包含我们的产品风采。

神与海，这两种元素是上天赐予蓬莱最好的礼物，因为这二者相通相融的关系，才使得蓬莱具备了独特的旅游文化，海是带领游客通往神仙之境的桥梁，"神"是游客面对浩瀚大海时产生的美妙感受，对长生不老的渴望构建成了美好的渴望，对幸运的向往成为游人到蓬莱旅游的驱动力。利用海的风采，打造神仙般的气质，这是蓬莱旅游最大的卖点与看点，每当旅游者来到蓬莱时，都会感到一种无比幸福的满足感。神仙是游走于俗世和仙界的人物，神仙思想的产生与人类的早期旅游活动是密不可分，仙是长期处于一种无忧无虑，潇洒俊逸的状态，而现代的休闲旅游是使游人短期处于这样一种状态，所以古代的神仙文化与现代休闲文化是基本相通的，神仙文化的核心思想与现代人的休闲观念也基本吻合。

蓬莱旅游开发应同时并重"仙"与"海"，仙境的营造与蓬莱现有的观光产品有机结合，神话与仙迹要互动融合。我们在这里做旅游策划时就是要"借题发挥"，借蓬莱现有的"仙"传说神话，将"仙"的三个要素，"先"、"仙"、"鲜"作为旅游策划的指导思想，发挥为休闲度假产品。

"借题发挥"是当一个景区的文化资源或者自然资源占据绝对的主导地位时，就要充分利用这些元素来为景区服务，借"题"借的是现有资源，"发挥"的是我们需要的旅游产品。

很多景区在做涉及神仙文化的策划时，仅仅是单一的打造景观类产品，这其实在一定程度上贬低了中国传统神仙文化的内涵，八仙代表的八卦思想告诉我们，看待事物不能一成不变，要变化思维，变化观点，神仙文化其实可以用来很好地与养生类产品结合。仙，不只是故事传说，而是可以转化成实实在在的产品落地。中国人自古就有一种祈求长生不老的心理，多种多样的神仙传说就是中国人追求长生的一种体现，长生不老的传说与传统的养生文化放在旅游规划中可以很好地与养生度假主题相结合，可以说是一个非常吸引人的重要旅游主题。

在这里举我们曾经做过的关于仙文化的一个案例——佛山市丹灶镇仙湖度假区无极养生园来看仙文化在旅游规划中的运用。仙湖旅游度假区位于南海西部的丹灶镇。相传东汉时道教大师葛洪与针灸方家鲍姑息交绝游，归避山林，双双来此炼丹修道而得名。

"无极"这个词初出于《老子》："知其白，守其黑，为天下式。为天下式，常德不忒，复归于无极。"在老子眼中，"无极"即道，"无极"有很深的道家文化内涵。"无极养生园"这个名称暗含三层意思：一是该区域以葛洪道家文化为文化内涵，二是该区域以养生为主要功能，三是该区域是能让游客放松心情、健康养生的生态家园。

经过对当地文化的梳理，我们得出的发展定位为"道家文化、中医养生"。仙湖度假区功能以度假为主，文化以葛洪为基础，而葛洪是中国历史上重要的道家代表人物，又是著名的养生专家。结合现代流行的休闲、健身、养生概念，融合道家养生文化理念和元素，通过营造道家文化环境，打造融游憩、休闲、养生为一体的旅游景区。

由于景区是以葛洪相关文化为依托，葛洪是重要的道家代表人物和古代养生专家，而道家文化和古代养生都是以五行学说为基础。所以，五行的概念是景区各种文化的核心与结合点，具体可以从以下几方面在景区规划设计中加以应用，借"五行"来发挥神仙主题：

项目规划按照金、木、水、火、土五种不同的特性，重点规划国医馆、五行广场、天圆地方门、养生茶寮、木养生部落五个核心的养生项目，分别与"火"、"土"、"金"、"水"、"木"对应，结合五行所对应的"五脏、五官、四季"等，开展相对应的养生活动，形成不同时间、不同空间的养生特色，对游客形成持久的吸引力。

　　线路组织按照火生土、土生金、金生水、水生木、木生火的相生关系设计，同时，在游客游览的过程中，告诉游客"木克土、土克水、水克火、火克金、金克木"的相克原理。

　　产品打造利用五行概念与四季、五官、五脏等的对应关系，并根据市场需求和游客心理的分析，制订不同细分目标市场策略，开发相应的旅游产品，以形成有市场竞争力的产品体系。

第七章

新兴——步步生莲 心有菩提

晓风清红
杨力民画作

每每想起新兴，都有一种冲动，这不是风动，也不是幡动，而是心动。意境不同，心境相通，这就是『禅』带给我们的启迪。要想了解禅学为何如此神奇，那就来新兴吧，在『禅』的这片缘起之地，每个人似乎都会体会到心有菩提，步步生莲。

南方小城总有一些共通的特点，譬如温润、安宁，甚至有些出世。南方的小山小水缺乏一些让人心生敬畏的气概，但委实温婉得可爱，宛若邻家女孩，亲近可人。作为早先的南蛮之地，南方人在中国大历史上留下的事迹不得不说有些乏善可陈，但这里维持了千年的生活方式始终温润如初，不曾受到外界干扰。这种方式，不做作，没有高高在上的傲气，熨帖至平常人之心。

新兴，就蛰居在广东的西南一角，是一座典型的南方小城。若要在中国大地寻一处安放虔诚之心的幽静之地，我想，没有比新兴更为合适了。1000多年前，禅宗六祖的一首"菩提本无树，明镜亦非台。本来无一物，何处惹尘埃"惊动佛界，从此为这里种下了慧根。温润如水的南方小城——新兴，本身已足够虔诚，来到这里，若心有菩提，即步步生莲。

新兴因临新江得名，有临江而兴旺之意。新兴确实是个名山秀水、人杰地灵的地方。外人对新兴印象最深的是两宗事物：温泉与荔枝，因此，这座广东小城留给人们两种风韵，休闲与清甜。其实除了美食与泉水，新兴还有一位大名鼎鼎的人物，六祖慧能。

在新兴县的龙山脚下，山林掩映中，有一处蜚声海内外，享了万代香火的庙宇，名曰"国恩寺"。国恩寺是中国禅宗发源地，既是慧能法师六祖肉身菩萨的故居，又是六祖弘法、示寂以及辑录六祖《法宝坛经》的圣地，来朝拜的信徒络绎不绝，是新兴最著名的旅游景点。1300多年前，禅宗六祖慧能在新兴诞生，从此揭开了新兴作为一座新禅城的序幕。慧能是中国禅宗的开宗鼻祖，他与孔子、老子并称为"东方三大圣人"。慧能创悟道的顿悟之法，成为中国佛教与印度佛教的分水岭，奠定了中国佛教的基础。中国佛教走向中国化、平民化始于慧能，并深刻影响了中国的哲学思想和文化艺术。

这样优秀的自然资源，加上禅宗六祖故乡的名号，哲学与美景在这里交汇，如果将这一切资源有效地结合，来探寻美景的游客和前来寻求六祖足迹的世人在这里驻足，为新兴创造的旅游产品倾倒，那么到那时，风景旅游和人物访谒会融成一体，"春来遍是桃花水，不辨仙源何处寻"的动人景象又会经常出现，整个新兴大地也就会铺展出文化坐标上的重峦叠嶂。

# 禅　源

诞生于新兴的慧能为佛教的改革和中国化提出了重大思路，是印度佛教和中国佛教分水岭式的人物，是中国的"释迦牟尼"。新兴作为中国佛的诞生地，对它的开发和利用，必将受到中外旅游者的关注和青睐；对慧能家乡的开发，必将提高新兴县的对外影响力和关注度，也必然为区域经济的发展带来不可估量的作用。慧能二十四岁之前都是在新兴度过的，在故乡砍柴度日，可以说是新兴灵秀的山水培养了六祖的智慧，在生活的点滴里积累了人生阅历，从花开花落之间体味到人生的哲学，所以六祖虽然不识字，却能说出很多鸿学大儒也说不出的哲理。

有人说，"不是佛教征服了中国，而是中国征服了佛教"，不无道理。

禅宗起源于印度，却兴盛于中国。从印度僧人菩提达摩入华到禅宗五祖高僧弘忍之前，禅宗在中国社会并没有什么影响。但是自六祖慧能以后，禅宗的影响与日俱增，愈往后，影响愈大。可以说，要了解中国的宗教和文化，不能不知道禅宗，只有了解禅宗，才能了解中国古文化的特点。而要了解禅宗起源，就必须要来到新兴。新兴是六祖的故乡，这就是我们旅游策划的优势所在，也是旅游营销时要浓墨重彩宣传的重点。

中国佛教注重"妙有"之思想特色的真正确立，当在禅宗。佛教的主线是从拈花一笑到一花五叶，禅宗又是汉传佛教最主要的象征。禅宗是中国独立发展出来的三个本土佛教宗派之一。记录慧能言行事迹的《坛经》为佛教的重大改革提出了思路，是佛教进一步中国化的重要标志。慧能南宗把天台宗肇端的"唯心"倾向推到极致，作为标志，则是《坛经》的问世。《坛经》是中国僧人撰写的著述中唯一被冠以"经"的一部佛教典籍，其核心思想是"即心即佛"、"顿悟成佛"。

慧能强调：心、佛、众生三无差别，人人有佛心，人人有佛性。

印度佛教把人变成神（苦修），要达到彼岸或游泳或划船。六祖把神拉回人（顿悟），此岸就是彼岸，立地成佛。人人有佛心，人人有佛性，人人可成佛，顿悟成佛。佛即是心，心即是佛。慧能，一个不识字的贫苦孩子，成为一代佛祖，是平凡中的神奇。新兴县是一个平凡的县，能不能用创新的方法打造一个新的旅游神奇。这就要求我们不能用传统寺院的概念来考虑问题，不能只突出印度的佛，而是要突出中国的佛。

在新兴这里做旅游策划就是要突出中国的元素，虽然佛教是由印度传来的外来文化，但是禅宗确实地地道道的本土化的哲学，在新兴旅游要体验的就是禅宗思想的计划，使得整个城区无处不禅意，无处不见心。在旅游市场上则不仅要把新兴做成中国的禅都，而要做成世界性质的禅都。在这里要从拈花一笑开始，将禅宗的发展脉络展现在世人的面前，新兴是六祖的诞生之地，就是禅宗的祖庭，在这里和1000多年前的六祖一样，呼吸山水间清新的空气，同样可以使得每个来到这里的游人体验到六祖博大精深的思想，像禅宗征服世界一样，使新兴征服每个前来旅游的游人。

禅，是从琐碎的事物中，以身心参透宇宙的无限奥妙，是伟大的平凡，化高深于平淡，在生活点滴中以心见性。印度佛教认为，世俗世界和心灵世界是两个不同的世界，世俗世界是浑浊的、庸俗的、充满烦恼的；心灵世界是清静的、超越的、自由的。"身为菩提树，心为明镜台"，若想要保持心灵世界的纯净，就必须抵挡外界的诱惑，要经常拂拭你的心灵，所以要苦苦地去修行才能得到佛的认可。但慧能说了一个干脆的道理，他认为一切都是虚幻的，是"空"，菩提非树，明镜非台，四大皆空。既然万物皆空，那又如何去拂拭呢？什么叫"空"？空不是空无，是知万物无常而不执着万物。色不异空、空不异色。空表自性，色表万法。自性具足万法，万法不离自性。空如虚空，虚空中包含万物，万物也不离虚空。空不是什么都没有，诺证真空，必生妙有。所以禅宗的修炼不在表，而在里。"无心是道"，对什么事情都要"无心"。这就是人人都有佛性，慧能非常强调"自净"，"无念"，就是不固执、不留恋。做到"吾心安处是故乡"，成佛的关键在自己心里面。

新兴旅游的关键也是如此，不在人而在己。将高深的禅文化内涵变为简单的旅游产品，呈献给广大游人，让游人在游玩之间不经意就理解到禅宗的哲理。弘忍法师把衣钵传给慧能时，为避免和神秀的争执，弘忍法师就带慧能去南方。走到江边，有一条小船，弘忍法师说："河当你渡，我渡你过河。"慧能却说："迷时师渡，悟时自渡。"深得弘忍法师欣赏。新兴的旅游就像是渡人过河的小船一样，来这里就是要渡过迷茫的世间烦恼之河，去寻找自己心灵上的彼岸。

禅宗是中国人结合中国的实际情况对印度的佛教加以改造后新建的一个宗教派别，因此它带有中国民族化的特点。在中国宗教中，传统的宗教有祭祖敬天的宗法性宗教和道教，以及流传于少数民族中的原始宗教等。外来的宗教有佛教、伊斯兰教、基督教，以及一度在中国流传过，后来又消失的摩尼教、祆教、景教等。但是不管是传统宗教，还是外来宗教，其影响都没有禅宗这样广泛。就佛教内部而言，禅宗直指人心、开发自性的直觉顿悟法门或思想，使信徒的精神追求有一种成就感和满足感，而其不拘一格的修行方式，又给信徒提供了切实可行的成佛解脱之路，同时也为禅宗吸收其他宗派的思想和融合各宗提供了方便。就佛教外部而言，禅宗的丛林制度也影响了其他宗教，例如，道教曾经借鉴禅宗的制度，建立了自己的丛林和清规。

禅宗的开发自性和即心即佛的思想是宋以后儒家理学思想的源头。许多大儒，如朱熹、王阳明等人都从禅宗那里找灵感，以帮助建立自己的思想体系。禅宗与道教的思想沟通更是明显。如禅宗讲顿悟、单刀直入的思维方式，道教也吸收了这一思想。到了明代以后，社会上盛行亦佛亦道的思想，谈禅论道已成为时尚。

禅宗在文学艺术方面的影响可从两方面来看。首先是对文学理论的影响。中国一直有"学诗浑如学参禅"的说法。因此，不管是作禅或是作诗，都需要灵感，而这个灵感，就来自体内的领悟，它与禅宗所说的自心自性、顿悟的学说有共通之处。提倡无缚、无碍、不拘一格的创作状态，就是一种禅悟的境界。直观直觉，纯然任运，本身就是一种审美。而审美的最高境界，则是一种只可意会不可言传的感觉，这也是禅宗所追求的一种最高的解脱境界。

禅宗强调"对境无心"，要求对一切境遇不生忧乐悲喜之情，又把人类的一切活动都看成寻求解脱的途径，"担水背柴，莫非妙道"；并把世界的一切事物都看成"真如"佛性的外在显现，这种"真如"佛性存在于宇宙万事万物之中，存在于每个人的内心深处。这种真如佛性，不是语言所能传达、概念所能表现的，只有神秘的直觉——顿悟，才能把握。

禅不是呆板落后的东西，禅的虚无、空灵隐藏着无穷的奥妙，参禅，最讲究悟，悟则通，通则明。明心见性，即可成佛。悟是通向佛的唯一捷径。悟了，就能对世间万物万事看得清清楚楚、明明白白。如此厚重的主题，如果放弃新兴还能走向哪里呢？新兴的旅游，要从何处悟呢？就在一个"禅"字。一个"禅"字，道尽了新兴的历史文化，也指明了新兴旅游的发展方向。

# 禅　悟

慧能灵心慧根，在第一次听到人诵《金刚经》的时候即似有所悟，遂生求法之心。慧能不识字，悟性却极好。有一次有一个名叫无尽藏的比丘尼手捧经卷，向慧能请教一个字的读法和意义。慧能回答说："字即不识，义即请问。"无尽藏比丘尼说道："字尚不识，曷能会义？"慧能回答道："诸佛妙理，非关文字。"无尽藏比丘尼听了，非常惊异，知道慧能是个有道之人，心生敬意。在慧能看来，佛理既深奥又微妙，会佛理之义，应由心而生，心明则悟，心浊则妄。佛由心生，佛即是心，心即是佛。这里的心，是向佛的心，是顿悟的心，是本原的心。因此，参悟佛理应该重在启迪心灵，点通慧根。"口念不行，如幻、如化、如露、如电。口念心行，则心口相应"，这就是说只是一味地背诵经书却不能够形成自己的理解，不能说是参悟了佛理。

禅在心中，心中有禅即是禅。

宋代大文豪苏轼，也是一个潜心修禅的人，与禅师佛印是好朋友，两人常相往来。佛印老实，老被苏轼欺负。苏轼有时候占了便宜很高兴，回家就喜欢跟他那个才女妹妹苏小妹说。一天，两人又在一起打坐。苏轼问："你看看我像什么啊？"佛印说："我看你像尊佛。"苏轼听后大笑，对佛印说："你知道我看你坐在那儿像什么？就活像一摊牛粪。"这一次，佛印又吃了哑巴亏。苏轼回家就在苏小妹面前炫耀这件事。苏小妹冷笑一下对哥哥说："就你这个悟性还参禅呢，你知道参禅的人最讲究的是什么？是见心见性，你心中有眼中就有。佛印说看你像尊佛，那说明他心中有尊佛；你说佛印像牛粪，想想你心里有什么吧！"苏轼登时明白，自己的境界跟佛印还差得远呢！这个故事说的就是佛由心生，佛即是心，心即是佛的禅理。

禅宗教义要求自身与自然合为一体，"我心即佛"，"我心即山林大地"，不必在乎外在世界的嘈杂而从内心世界的淡泊宁静中寻求解脱，这给了新兴的旅行者以强有力的启迪，他们也从大自然中汲取灵感，希望达到妙悟，以摆脱人事的羁縻，获取心灵的解放，所以苏轼有"长恨此身非我有，何时忘却营营"的体验。所以，作为这种心灵外化物山水画，当然不同于西方艺术把大自然视为恶敌而表现出的敌意和恐惧；或者沉浸于肉欲横流，欢舞狂饮的酒神精神，只能是空寂无人的禅境；恬淡悠然的大自然，对一草一木一山一水都感到亲切和愉悦。投射于内心的情感，将其幻化为自己所喜爱所欣赏的"幽深清远"的景色物象，成为他们内心的安慰感和心理平衡器，这是新兴旅游发展成熟的思想条件。

旅游之理一脉相通。只是看了风景，没有享受到山清水秀带给心灵的洗涤；只是看了表演，没有体会到当地独特的民俗风情所体现出来的别样的生活方式；只是坐了游船，没有感受到那种"人在画中游"的美妙意境，这都不能说是真正的旅游。因此，我们在做旅游规划的时候，要重视旅游者的心灵感受和精神升华。禅，不立文字，以心印心。学禅讲究心灵相通，以心印心，做旅游规划也要讲究规划者与旅游者的以心印心，做出来的景观要能契合旅游者的心，才能与旅游者心有灵犀一点通。旅游目的是通过游览秀丽山川和名胜古迹，寄情山水、排遣烦恼、调节生活情趣，放松身心，寻求精神的解脱。旅游是他们对纷繁的凡世生活的短暂逃脱，也是一次增长见识、精神升华的过程。旅游规划不仅要考虑旅游者在食、住、行方面的理性需求，也应该充分考虑旅游者在游览方面的感性需求，旅游活动应该为旅游者创造一个自由的、开放的、人性化的氛围，使旅游者感受到身和心全方位的释放与超脱，获得不仅是身体上，更是精神上的满足。

"菩提本无树，明镜亦非台。本来无一物，何处惹尘埃。"这是慧能扬名佛界、奠定其在禅宗的大师地位的一首偈子。这首偈子源自五祖弘忍法师选接班人。弘忍法师在选接班人时，让众人写偈，凭偈看悟性，悟性高者就将衣钵传授给他。当时五祖门下最得意的僧人是佛识渊博的神秀，他作了一首偈曰："身是菩提树，心如明镜台。时时勤拂拭，莫使惹尘埃。"众人纷纷叫好。此时唯有慧能一语道破："好则好矣，了则未了"，并另作出一首偈子，即震惊佛坛的"菩提本无树，明镜亦非台。本来无一物，何处惹尘埃"。神秀认为，身体是菩提树，心灵是明镜台，要时时勤加擦拭，不要让它沾染上尘埃。这是此时佛教普遍流行的参佛的"渐修"之法，主张参佛应该重在修身养性，度化成佛。而慧能则直抵佛之本质，指出菩提树、明镜台这些东西都是虚无的，是不存在的，四大皆空，既然是不存在的东西，哪里能惹上尘埃呢？这是慧能"顿悟"思想的开端。"顿悟"一弃苦行修道，循序渐进之法，认为自己的大彻大悟才是成佛之道。他为我们提供了一种新的解脱方法，即无须苦苦修行，而是不必解脱。这就是中国佛教与印度佛教区分开来的重要标志。把禅解作顿悟，是慧能的一种创见，从中可以看到中国人不愿简单地生搬硬套印度佛学。

慧能用他那种富有实践精神的创新能力，创造了禅，并让佛教以禅的方式在中国获得了全新的发展。创新的新，是新思维、新发明和新描述的新。创新，就是要敢于标新立异，善于大胆设想，不仅要敢想，还要会想。用敏锐的发现问题和解决问题的能力，在原有的基础上进行更新、改变、创造新的东西。新兴县，"新"是创新、突破，"兴"是发展、兴盛。新兴旅游，同样有"新"才能"兴"，常"新"才能常"兴"，新兴的旅游规划要不断提出新主题，遵循新概念，给旅游者新感受，用超前性和战略性的规划理念，将禅以与时俱进的、时尚的方式呈现给旅游者，立足城市，营销新兴禅文化。

"菩提本无树，明镜亦非台。本来无一物，何处惹尘埃。"形象地阐明了佛教中四大皆空的佛理。"空"即虚幻，菩提树、明镜台是虚幻的，身体是虚幻的，连心灵也是虚幻的，一切都是虚幻的。参佛原本是"渡"，即从此岸渡到彼岸，但是慧能说"此岸即彼岸，立地成佛"。在慧能看来，佛理是"玄之又玄，众妙之门"，既虚幻玄奥，又妙不可言。新兴旅游也如此，既要有"虚"，又要有"妙"。虚是意境之美，要处处体现禅的幽深、静美、空灵、宁谧的意境，妙是互动之乐，要时时注意旅游项目的趣味性与参与性，增强与游客的互动，让旅游者在食、住、行、游上都能感受到别样的妙趣，使其游在其中也乐在其中。虚幻如此的佛，又不能靠修行参悟，那要如何才能成佛呢？慧能认为，成佛需"直指人心，见性成佛"。佛不可预见，只可遇见，佛是一种大彻大悟。明心见性是成佛的关键。

　　一个旅游目的地识别度，取决于它的差异性，即形象是否鲜明，个性是否突出。这个差异性包括地域差异、文化差异、民俗差异，这就是旅游目的地的"心"和"性"。有"心""性"方能成佛，放到旅游中，就是有差异性才能有吸引力。从营销的角度来看，个性鲜明的旅游地能让人过目难忘，记忆深刻。因此，在新兴的旅游规划中，规划理念要独树一帜，景观设计上要主题鲜明，形象营销上要一目了然，重点突出新兴作为六祖出生地、佛祖涅槃地、《坛经》诞生地的时尚禅城的旅游目的地形象。

# 禅　修

　　慧能祖师说过一句话，叫"前念迷则凡，后念悟则佛"，他又说"迷来经累劫，悟则刹那间"，这就是禅宗的主旨思想，即"人皆佛性，无念顿悟"。禅宗认为，悟道不在苦修中积累，而是存在于日常生活之中，吃饭睡觉之时都有可能顿悟，所以生活中的小事都不可以忽视。

　　这跟养生之道非常类似，养生是冰冻三尺非一日之寒的事，平时的保养和调理非常重要，就好像最近流行的一个养生观点——"生命在于静止"。养生讲究一个"静"字。白居易在《高仆射》这首诗中说道："玄元亦有训，知止则不殆。"如想不陷入危险，就要知道适可而止，在他的另一首诗《偶作寄朗之》中又说："自到东都后，安闲更得意。"说的是一种安然闲淡之心，《庄子·养生主》亦说到这个道理"有涯随无涯，殆已"。时间的诱惑那么多，如果都要追求，哪里有那么多精力？精力耗尽，不就殆了吗？和尚与僧侣多长寿，其重要的原因就是经常读经、面壁、坐禅，这些每天的必修课，不仅让他们的身体处于静止状态，也让他们的心"静"下来，就能回归本心。这正对应了"外离相即禅，内不乱即定。外禅内定，是为禅定"。禅定者，外在无住无染的活用是禅，心内清楚明了的安住是定，所谓外禅内定，就是"禅定一如"的禅宗意旨。

养生也讲究身心兼修。身是外在，身体要健康，心是内里，内心要平和，身体和内心要达到一种平衡的状态。身体虚弱要补充营养，肝火太旺要去火气，心情烦躁要沉着冷静，沮丧低落要寻找快乐，这都是在力图达到一种平衡的状态，平衡才能达到静止。旅游同样是追求一种平衡，在旅游规划中就是追求风景与文化的平衡：只强调风景忽视文化是没有内涵，没有灵魂的，只能短暂留住游客的人，不能长久留住游客的心；只重视文化忽略景观建设则犹如没有躯壳，难以对游客产生吸引力。风景和文化应该成为旅游的手心手背，只有达到平衡，手才能灵活自如。

新兴温泉资源丰富，著名旅游景点龙山温泉最具特色，是稀有的"硫氢化物温泉"。还有金水台温泉，青山绿水温泉，独特的自然景观与博大精深的禅文化，使新兴的旅游业形成融旅游、朝圣、度假、养生、文化交流为一体的独特的旅游文化。新兴旅游，既是一种禅修加温泉式的新型度假旅游，又是一种田园加隐居式的养生度假旅游。温泉本身就是一种形象的禅形式。

佛教讲究吃斋。斋，不仅仅是简单的素，不杀生，慢慢地也上升为一种境界，那就是清心寡欲。这个世界痛苦与欲望是因果关系，少些欲望，也就少了很多痛苦，所以斋者，是对世俗的贪念的节制。进入温泉首先是要有进入空门的意境和感觉，饮清茶、吃斋饭都是一种洗心和清心。身虽朽，即身体虽有污，但精神永不灭，提神洁体，犹如再生。这个"提神"应该含有心灵的净化过程。佛教讲"报"，所谓因果报应，凡有善恶，必有报应，所以人在世要广种福田，多做好事，多积善果。中国人的传统文化也很讲"报"，即有恩必报。要多想别人给自己所施的恩，去回报社会、回报民众，回报他人。广种福田，在温泉之中，这是大自然所施的恩，要静思静想，怎样来报。与人方便，自己方便，这一直是中国传统文化的主题之一，所以新兴的旅游出发点就是要回报，回报自然，回报整个社会，回报游人，而不是单纯地从经济角度出发。我们坚持旅游应该是对社会负有责任的行业，旅游应该关注生态对自然环境负责，关注民生对原住民负责，关注文化对历史文脉负责。

佛教认为，要想得到佛的拯救，首先要背离世俗的贪欲，认为世上的金钱、美女、财富都是虚妄，是镜中花，这就是"出世"。所谓净土，池内为净，池外为土。温泉享受，就是一种"出世"的境界，泡在温泉中，要忘掉一切世俗贪念，使自己身心彻底放松，达到超越苦难的"涅槃"状态。出浴达到神清气爽之感。佛教讲"禅定"，即"打坐"。也就是气存丹田、眼观鼻、鼻观心、凝心入定，在这种安详尚昆的状态下，享受着肉体的舒适和精神的愉悦。这种禅定就是一种高层次的休闲度假活动，在温泉中可以促使这种身心的舒适和愉悦，然后在禅定的境界中让自己的意念慢慢地弥漫开来，真正达到无哀无乐、无思、无虑的轻松和超脱。新兴旅游主题的概念也是如此，要做到真正的心灵之养。

# 禅　定

新兴，名取兴旺之意，也蕴藏兴起之势。新兴地处经济繁荣的珠三角地区，是连接广东珠三角和大西南的枢纽，在交通上占据优势；在资源上，新兴是六祖慧能的家乡，禅宗的发源地，禅文化悠久丰富，同时拥有得天独厚的自然生态环境，岭南风情浓郁；在经济上，新兴是果品加工之乡、有万亩水果种植，是著名的养鸡之乡，拥有以高科技养殖技术闻名的温氏科技园，发展机遇和潜力巨大，是一条蓄势待发的南方之龙。在新兴的旅游规划中，要有"心"，更要用"心"。有"心"是要有充分的自信心，用"心"是要发挥天才的创造心。

生活在佛教圣地的新兴人，真乃汲天地之气，佛祖之佑，这里的人无论年幼老少，都能讲几句禅。每年农历二月初八和八月初三，当地都会在国恩寺举行祭祀禅宗六祖的庙会。这是新兴人的大事。参禅，也让新兴人养成了一种淡然、祥和、快乐的心态。新兴有着宜居、宜养、宜人的城市特质，这种城市特质，除了来自新兴优美的自然环境外，最主要的就是来自新兴人的这种良好的生活心态。在新兴的生活，是一种乡野式，甚至隐居式的生活，如岭南的山岭一样，没有穿天入云的高度，却有起伏秀美的姿态。乡野式的生活，是可以散步在吹着山风长成的林木下，偶尔能看到有老母鸡在啄着泥土觅食；是喝茶可以用来自山泉的水细细地泡，享受清香四溢的自然甘美；是累了的时候可以去泡一泡全省独一无二的"硫氢化物温泉"；是馋了的时候可以到果园里摘下刚刚熟透的荔枝大饱口福。生活慢下来，心也慢下来。人在用心观察周围的事物，用心感受周遭际遇的时候，会变得虔诚。虔诚是参禅的前提，难怪新兴那么多人都能参禅了。禅家认为，人人有佛心，人人有佛性，人人可成佛，顿悟成佛。佛即是心，心即是佛。意思就是说，佛是我们心中的东西，是我们的善念，是普度众生，教化众生的心愿，有了佛心，不论高低贵贱、男女老少，皆可成佛。

慧能祖师在初到黄梅之时，与五祖弘忍法师之间曾有过一段精彩的对话。慧能自幼生活在岭南，目不识丁，生得瘦小，一副山野樵夫的模样。所以五祖初见他的时候，便戏称他为"獦獠"。

五祖问："你从哪儿来？"

慧能道："从岭南来。"

五祖问："你到这里想干什么？"

慧能道："不求别事，只求作佛。"

五祖道："你这个獦獠，又是岭南人，你怎么能够成佛呢？"

慧能道："人虽然有南北之分，佛性却没有南北之别。我这个獦獠，形象上虽然与和尚不同，但佛性又有什么差别？"

这真是一段精彩的辩论，慧能一语道出了佛性天下同一之理，正如佛祖对天下人是一视同仁的。善有善报，恶有恶报，所有人都一律平等，没有特权。当今的旅游已经成为大众化的旅游，上至官员富豪，下至贩夫走卒，都兴起了旅游。外出旅游的人，他们的期待都是一样的，都希望能在旅游中有愉快的收获。旅游策划有时候要"标新立异"，有时候又要"大众化"，这里的"大众化"，指的是旅游目的地的形象要符合大众的审美，旅游项目要符合大众的趣味，旅游服务设施要符合大众的习惯，旅游服务要符合大众的要求。

莲花是佛教中的圣花，代表心灵的清洁高雅。佛经中说，人间的莲花不出数十瓣，天上的莲花不出数百瓣，净土的莲花千瓣以上。唯有净土，才能孕育出最美丽的千瓣莲花。莲花是出淤泥而不染之物，生于污浊，绽于清净。在佛教中，淤泥是世间的一切罪恶与烦恼，水有滋养万物、净化万物的功用，就像观音菩萨的玉净瓶中装的水。经水的涤荡净化，莲花由烦恼而至清净，以洁净之身盛开于清凉世界。莲花需要净水的洗涤，对应到新兴旅游中，就是新兴旅游要兴旺，需要品牌化的营销。品牌化的营销包括品牌塑造、品牌包装、品牌传播、品牌管理等方面，要将新兴的禅文化、乡镇文化、民俗风情、民间特产等旅游资源整合转化成支撑品牌的因素，通过有力的手段将之高效传播出去，才能使新兴的旅游兴旺发达。三界的众生，以淫欲而托生，净土的圣人，则是以莲花而化身。莲花是一种诞生，清除尘垢，在污浊中向往清净，在黑暗中趋向光明。莲花是一种色彩明艳的花，给人阳光向上的感觉，旅游也是一种积极乐观，阳光向上的活动。莲花花型硕大，花瓣圆润饱满，正如佛教所追求的功德圆满。旅游也要追求在风景、文化、民俗风情上的完整性。功德圆满是修行的圆满，佛家的修行是劝人向善，引人向上的修行，佛不是教你消极厌世，佛是告诉你世间有罪恶，有烦恼，修佛之人应该积极救赎人间罪恶，广播善行，积极参悟佛理，消除扰乱人心的烦恼，才能修成正果。旅游也不是一种肤浅的逃避现实生活的行为，它是一种高层次的生活方式追求，是人类社会发展到一定阶段所产生的需求。

## "化虚为实"——抽象文化的表现方法

新兴最大的旅游主题就是六祖慧能，而六祖留下的遗迹以及他的精神都是可以很好地和我们的旅游产品相结合的，在这里旅游，不仅可以使得身心放松，更可以得到接近六祖，了解禅学的宝贵体验。

唐代仰山慧寂禅师有诗云"滔滔不持戒，兀兀不坐禅。酽茶三两碗，意在镢头边"。在禅宗看来，禅不是虚无缥缈的东西，也不是形式上的诵经打坐，禅是可以发生在日常生活中的，这就给我们旅游策划提供了便利。既然禅可以是有形的，那我们在打造以禅文化为主题的景区时就有了发挥的空间。对于禅文化的打造，我们要做的是化虚为实。不仅是禅文化，对于文化在旅游策划中的应用，都是一个化虚为实的过程。

文化的表现跟禅的表现形式是一路同源的，我们曾经策划的一个景区，据传当年徐福为秦始皇求长生不老药时曾路经此地，因此这里是一个福地。但是如何向游客展示呢？在我们的策划下，景区通过一个精心构思的故事形成了清晰的主题分区。我们策划的故事是这样的：徐福东渡寻药数十载，难解思乡之情，便携百工巧匠、金银珠宝，奇珍异物，起航归国；不料某日风雨大作，船队飘零海上；恍惚间彩虹从天边划过，船队顺着彩虹指引的方向，行至一处仙境般的避风港。徐福登岸游赏，发现此地水清沙白，松林茂密，喜鹊群舞，野花斑斓，风景独好；更有滨海小镇繁华若市，百姓安居乐业，商贾贸易往来；又见稚气孩童林间嬉戏，白发老翁精神抖擞，好一派悠然惬意的景象，宛如梦中无数次思念的故乡。徐福顿生落根于此之意，并将港口命名为"好运港"，小镇命名曰"幸福镇"，将松林命名曰"长寿林"，将千米沙滩命名曰"七彩滩"……

于是，景区就这样形成了"好运港"、"幸福镇"、"长寿林"、"七彩滩"四个分区。游客在各个分区游玩都能感受到不同的氛围，同时能体验到各种不同主题的旅游项目，更加深了对这个景区的好运主题的感受。此景区的分区，就是运用了化虚为实的方法，将好运的含义形象地表现出来了。

现在一些城市在做旅游策划的时候，有很好的文化资源，但是不知道如何运用，如何将这些文化资源融入具体的景区策划中去，这就是禅宗中所说的"迷"。比如在新兴做旅游，如何将禅宗思想利用旅游产品传递给消费者呢？通过这段旅行来理解禅宗"悟"的思想？禅宗文化内容博大精深，如何破题，如何利用这些理念指导旅游策划是最大的难点。我们在新兴做旅游策划首先就要把禅宗的哲学思想梳理清晰，然后利用这些禅宗理念来为我们的旅游策划服务，突出六祖慧能故里的概念，围绕这个主题来打造整个景区进而提升整个县城的旅游影响力。在新兴的旅游策划中，我们的亮点就是将利用禅宗思想来合理安排我们的布局和具体产品，使得每个产品都有自己的出处，每个节点都能体现禅宗思想。最终的目的是使来到这里的每个人在景区游览一次就是经历一次顿悟的过程。

我们对新兴整个景区的规划构思如下：一条主线——禅宗文化线；两个核心——禅宗文化核、县城旅游核；三大板块——禅宗文化旅游板块；特色产业旅游板块；山水生态旅游板块。

作为重点项目的禅宗文化博览园（核心区）以禅宗发展历史、六祖坛经文化为主线，表达渐悟—顿悟的过程，自西向东形成度、悟、心三部分。其中"度"有东渡（一苇渡江）、师度（五祖大道）、自度（顿教大法船）三大节点；"悟"有觉悟（明镜／菩提）、顿悟（禅坛）、心悟（经幢）三大节点；"心"有见心（六祖祠）、净心（登云梯）、明心（六祖像）三大节点。

在新兴的景区规划中，我们自始至终都围绕着现有的禅宗主题来展开，比如我们利用了"悟"字来打造了景区的大门，这个门说"有"也可，说"无"也可。说它"有"因为确实我们在这里做了景观建筑，说它"无"因为这建筑几乎起不到门的作用，不能阻挡人或者物品的进出。这扇山门就像人的心门一样，只要你愿意，就可以展开自己的心，从而无忧无虑。

在同样拥有六祖这个宝贵文化资源的涿州我们也曾经打造过一个六祖文化景区。其中亮点项目"禅理岔道、回头是岸"我们充分地运用了禅学的精神。具体做法是在游览步道中途设计两条岔路，分别名为黑道和白道。黑道宽阔，白道狭窄，喻示学坏容易，学好难。白道和黑道上的踏步地铺上各镌刻有表示褒贬的四字词语，黑道虽宽，却是一条死路，路的尽头有一尊佛手雕像，掌心雕法轮，喻示黑道"苦海无边，回头是岸"。而狭窄的白道则是一条通往大智慧、大成果的坦途。在这里佛学不再是让人难以理解的经文而是转换成了可摸可玩的具体项目，让游人在游乐之余可以切身体会到禅学顿悟的宝贵精神。

第八章

# 九江——江水都会心跳

城市旅游

穿过江水漫漫的云雾，便是九江城，不喧哗，自有声。这世界上有的美，初见艳羡，再见淡然，最终不免于被时间沉淀，然后，穿越重重时空，仍然令人心向往之；有一种生活，可以让人不依不舍，初见惊艳，再见依然。这就是经典，这就是九江。九江的美，美到记忆的最深处，美到江水都会心跳。

清宴送香 / 杨力民画作

潜，大约是最富中国传统气质的一种状态。潜伏，隐含着一种蠢蠢欲动的生机和无数的可能性。想到那些未知和希望，总让人不由得心跳加快。九江正犹如一条潜伏中的龙，它的江南儒将的风范总能让见者怦然心动。受其感染万物有灵，即使是浔阳江里的看似平静的江水都跟着游人在心跳……

九江虽然身处江南，却没有江南固有的胭脂气息。少了司空见惯的醉人的嫣红柳绿，虽然这里也有灵动的鄱阳湖水，但是这里更多了一份坚毅的气质。九江就是这样，有着俊美的面孔和坚毅的心智，更像是一位羽扇纶巾的儒将，就好像千年前在这里训练水军的周公瑾。

九江似乎天生就是藏风聚气的风水宝地，"九"被古代中国人认为是最大的数字，"九江"的意思是"众水汇集的地方"。《周易·乾》有一卦象："初九，潜龙勿用。"长江流经九江水域境内，与鄱阳湖汇集，水势浩渺，气势磅礴。九江在长江和鄱阳湖之间，无论空间上，还是时间上，都是一种饶有滋味的布局。这也促使它形成了潜龙气质。说这里是潜龙之城，不仅仅因为这里有着鄱阳湖和浔阳江，更是因为这里的城市气质与传统的城市相比有很多不同之处，多了一份江湖气质。整个城市被长江环抱，流动的江水带来了无比的灵气，庐山更是吸引了古往今来的多少风流人物，文化高山和英雄豪杰交相辉映，可以说，这里是吸纳天地灵气的宝地。潜龙正是九江这座城市旅游发展面临的情况，也道出了九江旅游发展的核心思想。

孔子拜访老子，请求赐教，老子送给他几句话："当今之世，聪明而深察者，其所以遇难而几至于死，在于好讥人之非也；善辩而通达者，其所以招祸而屡至于身，在于好扬人之恶也。为人之子，勿以己为高；为人之臣，勿以己为上。望汝切记。"意思是说，聪慧、善辩、通达之人，要学会不嘲笑别人，不过分夸奖别人，更不能自傲。这就是要懂得"潜"，这是一种大智若愚的境界。用今天的话来说就是要低调做人，而放到旅游概念中就是高端旅游产品追求一种低调的奢华，追求对自然的亲近和远离现代喧嚣的干扰。

"潜龙"出自《周易》象辞，这个象隐喻事物在发展之初，虽然有发展的势头，但是比较弱小，所以应该小心谨慎，不可轻动。象曰："初九，潜龙勿用。天行健，君子以自强不息。潜龙勿用，阳在下也。用九，天德不可为首也。"意思是天的运动刚强劲健，相应地，君子处世，也应像天一样，自我力求进步，刚毅坚卓，发愤图强，永不停息。

孔子评价老子："至于龙，吾不知其何以？龙乘风云而上九天也！吾所见老子也，其犹龙乎？学识渊深而莫测，志趣高邈而难知；如蛇之随时屈伸，如龙之应时变化。老聃，真吾师也！"孔子对潜龙的解析，文字上精练美妙，奥义无穷。"潜龙勿用，何谓也？子曰：龙德而隐者也。不易乎世，不成乎名，遁世无闷，不见世而无闷，乐则行之，忧则违之，确乎其不可拔也，潜龙也。"

潜龙称为潜，隐匿是最大的前提。隐与显对立，但又不矛盾，有时这是一种摆脱尘世纷扰的主动行为，有时则是一种后发制人的胸怀，也正是九江文化贯穿始终的内容。诞生在这里的陶渊明是中国山水田园诗的开创者，是隐逸的代表人物，这里的庐山因为"不识庐山真面目"闻名天下，在这里舌战群儒的诸葛亮也曾经以卧龙著称，周公瑾当初在九江训练水军，终于赢来赤壁大战的胜利，所以直到今天九江人个性张扬，浅笑盈盈里、谈笑风生中、眉眼翻飞间一切尽在掌握，颇有潜龙的风度。

九江这条潜龙，具有一流的旅游资源，长江、鄱阳湖、庐山在这里汇集，单论每一条旅游资源都是非常具有文化自然双价值的，何况三者在九江赫然汇集，所以这种巨大的优势实在难得。九江的旅游需求存在一个梯度递进的过程。在经济发展水平相对较低的阶段，受消费能力的限制，在各产品形态中，观光旅游最容易实现。而随着经济发展水平和综合国力的不断提高，旅游需求也将逐渐向消费水平较高的方式转型，高端旅游必将成为旅游产品供给体系中的重要一环，更加定制化、市场潜力更大的高端旅游项目也将陆续成为重要服务内容。九江的旅游应该抓住有利的自身条件不停地发展，而不能停留在简单的观光为主的层面，更应该符合现代旅游的发展趋势，大力发展休闲度假在内的一系列旅游度假产品，将九江的旅游做大做强，真正做到自强不息。

纵观九江的文化，潜于心，潜于江湖，潜于山水，潜的核心是隐逸，九江这条潜龙的旅游特色就是小隐隐于野，大隐隐于市。

# 潜于山水

九江，既特立独行又眉目可亲，怎一个"美"字了得？

说起江南，很多人都会想起姑苏女子般的水乡情怀，或者无锡市龙城的小家碧玉气质，其实只要你用心看一看，九江兼收并蓄融汇今古具备别样风情。九江是美而不艳的，九江人一直都很坚定地认为，生活在九江是一种幸福。庐山的荫庇、长江水的润泽、柴桑人文的熏染、历史名城与现代都会的血肉交融，这一切都足以让人为九江所折服。

与别处的江南水乡传统的柔美气质不同，九江多了一份坚韧与大气。北方人重义，南方人重利，江西人则南北兼容，重利又重义，九江人就是典型代表。九江一直以鱼米之乡著称，当地人非常讲求生活的品质，喜欢维持自己的生活圈层，由于长期受儒风影响，九江人更重义，追求和谐的人际关系，讲究人缘。就像当地的称谓，九江人即使与陌生人打交道，也会很亲热地将同年出生的互叫"老庚"，同姓互称"老华"。逛逛九江的步行街，走走九江的李公堤，你会看到红裙绿裳姹紫嫣然，巧笑盼兮缤纷多彩，浔阳丽人款款而来；泡泡九江的秀玉茶楼，走走繁华的浔阳路，你会看到绚烂唇彩风姿绰约，黑白之间眉眼如丝，靓丽青春尽情挥洒。如此风情，如此美景，怎能不让人心动？

潜于水，水在这里是市井文化的代表。水滋润了江南的土地，使得这里物产丰富，所以市井文化也格外发达。九江是一座因水而生的城市。九江古代又名浔阳江，名曲《春江花月夜》，就是根据浔阳江美丽的景色而创作的，曲名就出自白居易《琵琶行》中的"春江花朝秋月夜"，意为"春江水，花朝心，月夜情"，乃是音乐人性化的写照。乐曲通过委婉质朴的旋律，流畅多变的节奏，巧妙细腻的配器，丝丝入扣的演奏，形象地描绘了春江明月初升，一叶扁舟，一点渔火，在月下随水漂浮的迷人景色，尽情赞颂了江南九江水乡的风姿媚态。全曲就像一幅工笔精细、色彩柔和、清丽淡雅的山水长卷，引人入胜。九江的旅游产品就要做到丝丝入扣，扣人心弦，就像《春江花月夜》这首名曲带给人的感受一样。水是九江文化里最重要的组成部分，水给人另一个最大的感受是它的包容性，所以九江是英雄潜伏的地方。《水浒传》中的宋江被发配到这里，来到浔阳江上虽然身为因犯却仍然胸怀大志，在浔阳楼题诗一吐为快。正是眼前的浔阳江水让英雄感慨万千，使得浔阳江题诗成为《水浒传》中精彩的一部分。《水浒传》是一部关于市井文化的巨作，恰如九江的浔阳江水是市井文化的代表，到九江旅游，总是充满着生活气息，这使得每个旅行者来到这里都没有陌生感，反正有一种似曾相识的归属感，这就是水的包容性，是水的市井气息孕育出来的结果。贴近旅游者的心是九江这座城市最大的优势所在。如何将市井文化打造成一系列的休闲度假产品是这个城市要面临的课题。如果将九江城市角落中的这种独特而又充满韵味的市井气质发挥出来，那么九江的旅游将是春江花月夜一样的让人感到温暖。

水是流动的美。九江的美要像水一样有流有动。流是旅游景区主线要流畅、清晰，具有辨识度；动是旅游项目要灵活、活泼，景致要飘逸、灵动，具有活力和新意。对于一个城市来说，流动的美是其品位，九江的美处在流动中，贵在潜。

潜于山，是田园文化的代表，提到九江，一定要提到"苍润高逸，秀出东南"的庐山，苏轼的"不识庐山真面目，只缘身在此山中"，李白的"飞流直下三千尺，疑是银河落九天"都让人们记住了庐山。庐山在人们的印象中有着一种神龙见首不见尾的感觉，庐山的"庐"本来是指带简陋的草屋，这是与传统的高大殿堂相对立的一种朴素简单的建筑，其代表的不仅仅是一种居住形态，更是一种文化心态。中国文化里，远离权力中心总是让人叹息遗憾的，但是既然不能身处庙堂之高，那么退则独善其身未必不是一个好的选择，所以"庐"的指代也从简陋的草屋变为了隐士的居所，成了远离名利，远离尘世烦恼的代表词，成为与入世相对立的出世的代名词，所以自古以来庐山特别多隐士，从东周的匡庐先生到东晋的陶渊明，无一不是著名的隐逸派人物。正是庐山独特的山水文化孕育了隐逸派。山水文化，是人们以自然山水为素材而创造的精神成果。山水文化是中国传统文化的重要组成部分，是中华民族在认识、改造客观世界和自身的过程中辟出的一片壮丽天地，亦是构成中华民族形象的重要精神支柱。庐山山水文化，是中国山水文化的精彩折射，是中国山水文化的历史缩影。庐山的自然，是诗化的自然，亦是"人化"的自然。庐山成为中国山水诗的策源地之一。如果说泰山的历史景观是帝王创造的，庐山的历史景观则是文人创造的。山水诗、山水画是中国山水文化中两大华彩篇章，山水诗在庐山大放光彩，山水画亦在庐山一展风流，闪烁出耀人的光辉。所以说九江的庐山带给人们的是一种人文精神，这就是不以富贵功名为评判标准的"以人为本"的精神，九江的旅游带给世人的并不是真的"不识庐山真面目"那种高不可攀的感觉，而是将每个心里有诉求的人拉进旅游中，来寻找自己的内心需求。庐山的"庐"就是"结庐在人境"要让游客体验到一种不同于寻常旅游的特别之处，不论富丽堂皇的酒店，没有花天酒地的场所，就是简简单单，认认真真地亲近山水，或在阳光明媚的下午休憩于花间静听山间潺潺的水声，或坐在石级铺就的山路上坐看风起云涌，这就是一种自然的体验，一种人与山水之间的对话，这也是从古至今那些先贤哲人与自然亲近的方式，今天人们所追求的就是重新体验古人的感受，摆脱现代工业带来的烦恼。

山，是凝固的美，山的巍峨、峻拔、稳固是它屹立千年的资本。山，启示九江的旅游要做到稳如泰山就要有可以凝固下来的东西。九江的历史文化就是九江沉淀凝固的基础，九江丰富的旅游资源是九江旅游业稳固的有力支撑，我们旅游规划要做的就是要将这两者完美地结合起来；九江要树立稳固的形象，要坚持城市发展的主题不动摇，这是旅游营销中需要的稳固。九江旅游唯有做到凝固，才能经受住市场的考验，才能保证长远的发展。旅行中每个人心中都有一座山，那就是挑战自己，每个人心中又都有一个水乡，那就是抚平自己的心灵，潜于山水是九江潜龙特质的表现。

# 潜于心

潜心，就是静下心来，把俗物抛开。潜心修炼，厚积薄发是成功的前提，所以在九江文化里，隐逸成为最大的特点。九江人的隐不具功利性，而是一种自我人格的升华。潜龙一样的九江人好隐。何为隐，不是隐身，而是退隐。这种隐，隐得浪漫，隐得有品位。隐是潜龙的特质，也是九江旅游的指导核心。

现代人身心疲惫，平时需要面对的琐事太多，旅行就是要摆脱平时的羁绊，隐逸在没有烦恼的世界里。古人今人不尽相同，谪守九江的白居易在浔阳江上发出了"同是天涯沦落人，相逢何必曾相识"的感叹，有种旅行不需要确定目标，不需要确定方向，也不需要各种要求与欲望，要的就是随意率性，要的是寻找灵魂，九江无疑是实现人们这种愿望最理想的地方，所以"不识庐山真面目"故意迷失自己，重新寻找自己，可以说是庐山旅游真正与众不同的地方。

九江是桃花源的原型，所以九江的旅游也要带给人穿行在山水画，游荡在桃花源中的感觉。九江的古称有很多，除了浔阳之外，还有"柴桑"，原本就很有田园意境，再加上这里旖旎的自然风光，纯朴的田园生活，让这处位于庐山脚下的世外桃源，养育出了一位伟大的诗人——陶渊明。诗人陶渊明，在他那篇清新、飘逸、光彩、恬淡的《桃花源记》中，憧憬了一个自由、安乐的理想社会，那"芳草鲜美，落英缤纷"的桃花源风光很是令人神往和称羡。诗中的桃花源虽然是一种"杂取种种，合成一个"的文学塑造，但这种杂取中，一定融合了九江的恬淡田园。

中国是双重社会结构，一层是体制内的社会，另一层是体制外的社会。体制内的社会自不必说，体制外的社会包含行走江湖、修仙成道等被正统思想排除在外的社会状态，但是隐逸文化在中国文化史上占有特别的一席之地，隐逸这个特别的元素，似乎一直徘徊在体制内与体制外两者之间，不好说到底归属于哪一边。中国讲究以退为进，今日的隐逸或许就是为了明日的出仕，这二者之间实在无法让人清晰判断。东晋伟大的政治家谢安在士族阶级中拥有巨大的名声，却选择隐居在东山，得到朝廷的几次征辟后都没有马上出仕，而是保持着固有的沉稳，这种态度一定程度上让人们更加渴望看到谢安施展才华，不断地征辟催促之后，谢安终于结束了隐逸生活成为一代名臣，"东山再起"这个成语也因此被赋予了特别的意义，在这里，隐逸也成为出仕前必不可少的积累过程。当然也不是所有的隐逸都一定是像谢安这种大结局，庐山脚下田园里的主人翁陶渊明将自己的隐逸生活贯穿始终，这也是一种智慧的体现。

在当今这个浮躁的世界里，很少有人能静下心来仔细地品一杯茶，听一首歌，工作和生活的双重压力使得现代都市人更渴望放松，渴望能够暂时离开身边的烦恼。所谓当局者迷，旁观者清，当一个人离开自己日常的烦恼之后，他会对生活和生命有新的看法和认知。九江之所以能产生中国隐逸类的名人，正说明了这里的环境和氛围都是最适合做隐逸文化的。

陶渊明是隐逸诗作家中的典型代表，在他的身上附着了一种精神内涵，即"隐"和"逸"。"隐"指其隐居不仕，"逸"指其闲适、自然。当诗人陶醉在山水田园之美之乐时，所有的羁绊都被面前的清风带走了。陶渊明是被公认为"古今隐逸诗人之宗"的田园诗的开创者。他的"晨兴理荒秽，带月荷锄归"一句，将劳动生活的感受和山村静谧的夜景融合在白描般的画面中，诗人醉心于田园的清静，忘怀于尘世的喧嚣，这带月荷锄的形象是何等洒脱，迹近天籁，足以让无数的游人艳羡不已。"采菊东篱下，悠然见南山"，时代思潮和家庭环境的影响，使他接受了儒家和道家两种不同的思想，培养了"猛志逸四海"和"性本爱丘山"两种不同的志趣。

在中国历史上文人"隐逸"是中国社会中上层的特有现象，它几乎漫延了整个历史发展过程，是由中国的上层文化人与社会统治阶级之间的特殊关系所决定的。这种关系具有一定的弹性空间，儒家提出"用之则行、舍之则藏"道出了士人和社会统治阶级的关系，以及社会旋涡中如何保持独立的人格形象的理念。虽然隐于山林却心会名爵，隐居是一种行为，一种具体方式，它仍然具有某种人格规范，是文人得以保身明志的无奈方式。"隐逸"是中国古代文学中一个典型的文化意象，它融入了人们对挣脱世俗羁绊，过上与世无争的自在生活的美好向往。古代文人墨客大多有一种"隐逸"情结，可以说中国隐逸文化源远流长。

隐，有内涵，不空白；有分量，不轻浮。逸，有时尚，不僵死；有灵动，不散乱。这是我们要从隐逸文化中学习的。所以一个成功的旅游规划应该有文化，同时紧跟时代脚步，甚至引领时代。

这种隐表现在九江的旅游上就是要顺应自然，回归自我，返璞归真。

九江旅游无论从外部景观还是内部思想都具备发展生态旅游的资质，应借助其自身自然景观美的优势，为九江生态旅游的发展注入一股新的活力。在游客认识自然、享受自然的同时培养尊重自然、保护自然的自觉性。结合隐逸文化，大力发展养生疗养游。随着人们面临的生态环境日益恶化，城市生活压力增加，生活节奏紧张，生活在城市里的人们不同程度上出现亚健康。山水间的宁静之境，加之隐逸思想的超逸脱俗，淡泊隐逸的意识，为人们提供了一个放松身心，调节疲惫的身体的环境。同时隐逸文化在长期的发展过程中形成了一套独特的养生道术，积累了宝贵的养生经验。吸气吐纳、按摩、素食、药膳等具有奇妙的医疗效果，有助于人们身心的调理。隐逸文化旅游资源开发应当依托风景优美、气候宜人的隐逸旅游景区，挖掘养生文化资源潜力，开辟疗养胜地，传授养生秘诀，推出养生药膳、修习养生术，兴办养生疗养旅游。

周敦颐任南康知军时，在九江挖池种莲，称为"爱莲池"。莲花，纯洁、清高，"花之君子者也"。濂溪先生主张为官清廉正直，厌恶宦海之混浊，故特喜爱莲花之"出淤泥而不染"的高贵品格，千百年来，爱莲池屡有兴废，但每废即被复兴，可见人们对于莲花之高洁，先生之人品的欣赏和敬慕之情。花中君子象征中国传统文化中的一种理想人格，"青莲"谐音"清廉"，象征一种为官的品格。莲花别名芙蓉花，或云水芙蓉。"芙蓉"，"夫容"也，故莲花又象征了美好的爱情。又白居易《长恨歌》云"芙蓉如面柳如眉"。因此莲花常用来象征爱情，而并蒂莲尤其如此。二莲生一藕的图画，叫"并莲同心"。"水芙蓉"之"蓉"谐音"荣"。莲花和牡丹花在一起，叫"荣华富贵"，莲花和鹭鸶，叫"一路荣华"。牡丹、莲花和白头翁，称为"富贵荣华到白头"。莲花也能谐音"连"。莲蓬加上莲子，叫"连生贵子"。象征纯净、纯洁。佛教中有莲花座、莲花台等。佛教中的不少菩萨，是从莲花中生出来的。

莲花是高贵的，其高贵之处不在于它的身价而在于其品德，九江的高端旅游不能脱离我国旅游产业处于大众化旅游时代的基本点，高端旅游对绝大部分中国人来说，仍是一种较为奢侈的旅游产品形态，而从人均国民收入和人均可自由支配收入水平等指标上看，中国的旅游发展仍将处于大众化旅游阶段，且在相当长时期内，这个基本点不会发生较大变化。以普通百姓需求为主要内容的旅游产品形态，仍然应该是九江旅游产品供给的主要内容，那就是品质高贵，文化内涵高贵，但是价格不贵。

# 潜于江湖

"隐"的最典型代表就是江湖，生长在这里的人也都像是行走在江湖之上的人一样，大气、飘逸、自信、浪漫，这就是一江一湖一山带给九江的气质，这就是潜龙的江湖气质。

潜龙勿用，是隐，隐是人生中很难的境界。在传统的中国文化中，"江湖"原本是文化含量较高的一个词，很唯美，很理想主义，散发着浓厚的浪漫气息。追溯其源头，"江湖"一词最早出自《庄子·大宗师》："泉涸，鱼相与处于陆，相呴以湿，相濡以沫，不如相忘于江湖。"善讲寓言的庄子说的是：某一天，一眼泉水干了，两条小鱼被困在了一个小水洼，为了生存下去，它们彼此从嘴中吐出泡泡，用自己的唾沫来湿润对方的身体，互相扶持，互相依赖。但，与其在死亡边缘才这样互相扶持，还不如大家找到一条水路，开开心心地回到广阔的江河湖海，回到各自的天地，彼此相忘，自由自在。几千年来，"相濡以沫"被看作爱情的至高境界；而这里的"江湖"指的则是广阔逍遥的适性之处。陶渊明《与殷晋安别》诗："良才不隐世，江湖多贱贫。"《南史·隐逸传序》："或遁迹江湖之上，或藏名岩石之下。"这里"江湖"主要指旧时隐士的居处。

对现代人来说，快餐似的成名求利早已是司空见惯之事，何来隐呢？个人的意志与作为要做到不为世俗所移易，不随波逐流于功名利禄、不汲营于小头锐面的嘴脸，才能实现"不成乎名"，才能做到真正的隐。要做到出世已经很不容易了，要进一步在出世中没有烦闷与郁悒，更难。古人士、农、工、商简单的社会结构里，确有潜龙之流如诸葛亮于卧龙隐居，待刘备三顾茅庐才进仕于政，今之社会多元而繁复、节奏快犹如饶舌乐，有多少人有耐性当不易乎世，不成乎名，遁世无闷的潜龙呢？潜龙之城九江的另一个最大江湖气质就是务实，江湖中的人比普通人多了很多务实的精神。

九江三国时期曾叫柴桑，《三国演义》中所描写的"诸葛亮舌战群儒"，"群英会蒋干中计"，"柴桑口卧龙吊孝"等故事，都与九江有联系。三国文化最精彩的部分当数赤壁之战，赤壁之战最精彩的故事又当数诸葛亮舌战群儒了。《三国演义》是中国古典文学的精品，其中的"诸葛亮舌战群儒"一回更是精品中的精品。诸葛亮舌战群儒胸有成竹，自信从容，将所有问题一一化解，最后说得东吴群臣无言以对。现在，此词已经成为褒赞能言善辩者的口头词汇。

"舌战群儒"诸葛亮表现出来的自信和气魄，以及他所运用的战略都是值得九江旅游借鉴的。

先守后攻。面对诸儒的诘难，诸葛亮神态自若，一一作答，是为守，然而他又不甘于只是作答，每于答后发起攻势。此法妙极。因有群儒诘问在先，不容不答，故宜先守，且守得从容，既曲尽事理，又详陈事实，将对手的诘问一一化解；又因群儒来者不善，多有恶意，便于守住阵地后发起反攻，使论辩进退有致，引人入胜。设若只守不攻，则必陷被动境地；若只攻不守，失去了据理陈词的部分，使论辩仅仅停留在口舌之争，则缺乏以理服人的成分。可见先守后攻最讲求稳重，是最大发挥自身优势的一种稳重策略。

九江人的性格也有一种稳重的保守性在里边，所以享有"海内第一书院"之誉的朱熹白鹿洞书院就设置在庐山脚下，是中国历史上唯一的由中央政府于京城之外设立的国学；宋代理学家朱熹出任南康知军时，重建书院，亲自讲学，确定了书院的办学规条和宗旨，并奏请赐额及御书，名声大振，成为宋末至清初数百年中国的一个重要文化摇篮。白鹿洞书院与岳麓书院、应天书院、石鼓书院并称天下四大书院。程朱理学"黎明即起，洒扫庭院"的务实被江西的农耕文化很好地承袭了，但是陆王心性之学的"我心即宇宙"的英雄主义精神的激情呐喊却没有在江西找到落地的温床，而人类的本质高贵力量正是激情，中国哲学的两派高峰都发轫并聚集啸傲在江西，陆九渊凌厉的争锋把朱熹累得招架乏力，但江西人选择了朱熹的务实与贴近，几乎完全舍却了"仰望星空"的陆王浩气。享誉世界历史的改革家王安石同样在江西很有名，但他在江西到底占了几分"实"真是天知道，有几个江西人愿意理会或够胆实践他那个"天变不足畏，祖宗不足法，人言不足惧"的精神？

纵观中华民族文化史，对今天中华民族文化心理结构形成、发展、定型产生主要影响的，是宋明以后在中国哲学占主导地位的程朱理学、陆王心学、南禅佛学与老庄道学。而理学发源于江西，定型于江西；中国儒家的哲学化、体系化，在江西这块土地上最后完成。禅宗的中国化，最后也是在江西得以完成。同时，江西是道教的主要发源地与传播地，至今仍为道教的活动中心之一。文化的包容性，使得江西人的性格也带有浓厚的兼容并蓄色彩。江西的地理与人文也影响到了江西人的性格。从区域色彩看，江西属于"吴头楚尾"，加上是内陆城市，江西人在一定程度上也拥有封闭、保守、自给自足的小农经济意识。而江西人当中，其先民很多也是因逃避战乱，为寻求安宁的环境才南迁而至，渴望和平、安居乐业的心态影响到后裔。而长期熏陶的封建儒家忠诚思想及道家的无为理念，使安于现状、忠诚守信的烙印很深。

九江的旅游资源包括江湖文化、隐逸文化、庐山文化、音乐文化等都是具有很大本土特色的，而且几乎囊括关于传统文化中与旅游有关的元素，这些元素也是九江吸引游客的根本，是九江不同于其他地方的特色，其他地方不具备与九江相抗衡的实力，所以在九江做旅游首先就是要巩固自己的旅游特点，再去借鉴外来的新旅游元素。这点九江不同于上海，上海百年历史，文化底蕴和根基不如九江，而上海的建立本身就是吸收外来文明的结果，传统文化在上海旅游中占的比重不会很大，所以上海的旅游可以主打主题公园，而九江则不同，九江的根就是悠久的传统文化，所以游客来九江就是要体验九江的传统旅游，表现在市场上，则是要先抓住传统的客流人群，首先要守住传统游客市场，守住传统旅游资源，然后再开辟新市场新资源，这就是诸葛亮先守后攻的战略。

各个击破。对不同的人采取不同的方法击败对方，是诸葛亮舌战群儒的又一大特色，对不同的诘难采用的对答方式也不一样。比方说对张昭，因为他是东吴的重臣，一定要先说服他，所以诸葛亮采取擒贼先擒王的策略，娓娓道来，严密防守之后大举进攻，对答非常详细，引经据典，详陈事实，有理有据，最后使张昭无一言可对。反驳洋洋洒洒，周密细致，丝丝入扣，而对余下诸儒则多以简洁明快的对答迅速结束战斗，不与多做纠缠。对一些有恶意的提问，诸葛亮则是嬉笑怒骂，凌厉回击，攻守有度，时而泰然自若，时而慷慨激昂，时而不屑一顾，时而严厉辛辣。详略的不同、论辩方法的不同显示出诸葛亮的机动灵活，详答老辣者，略对浅薄者，挥挥洒洒，左右逢源，嬉笑怒骂，皆成文章，着实令人叹服。

各个击破的意义就是对什么人讲什么话，见什么人办什么事，迎合所需。这点在九江的传统餐桌上表现得非常到位，比如九江的美食既有昂贵的鄱阳湖大闸蟹，也有便宜的诸如盐茶鸡蛋这样的小吃，吃蟹是将复杂的东西简单化，吃蛋是将简单的东西复杂化，看来街头巷尾的小吃带给人的享受并不比达官显贵们桌上的山珍海味逊色。九江叉烧质感松嫩，味道浓不油腻。醉香鸡肉中难觅酒味，细嫩清爽。九江菜系最大的特色就是它的材料上品种繁多，口味上又包罗万象，每个阶层的人都能在九江美食中体验到自然带给人们的愉悦，体验到九江人用当地物产制造出来的享受。

同样，九江的旅游要先抓住不同人的心理，再去逐个击破，这表现在针对不同需求的客户群打造不同的旅游产品，满足每个层次的不同需求，比如为山水美景而来的人，目的是休闲度假，则美食美酒，或者温泉等让人感到放松的旅游产品就是他们最大的需求；为九江特殊的历史文化而来的人群，庐山的建筑、白鹿洞书院等历史文化遗迹就是最大的吸引力。总之一句话，那就是让不同年龄阶段、不同文化背景的人来到这里，都能找到适合自己的东西，都能陶醉在九江丰富的旅游产品中。把每篇文章都做足、做大、做好，这就叫各个击破的策略。

舌战群儒最重要的就是两点：自信，气势。这两点也同时是九江旅游最大的卖点。自信是因为本身具有优越的条件，有着深厚的底蕴，是内修，气势则正是将这种先天的优势有足够的信心转换为力量和威势。

这种兼容并蓄，保守与开放并行表现在旅游产品上就是要将各种不同的文化元素糅合在一起，要努力将文化元素和文化体验加载到旅游产品中去，提升旅游产品的文化内涵。充分发掘九江、庐山名人文化内涵，保护和传承历史文化遗产，坚持有题必作、小题大做、大题炒作、无题创作，精心打造源远流长的山水文化、波澜壮阔的历史文化、神秘深奥的宗教文化、厚重深远的商业文化等特色文化品牌，使蕴含在旅游资源中的文化潜能得以充分释放，提升九江旅游的品位。展示庐山、柘林湖水的灵性，弘扬山水文化，依托陶渊明、黄庭坚、江万里以及李白、白居易、苏东坡等历史名人，弘扬名人文化；以史料为基础，弘扬历史文化和战争文化。重点是以点将台为背景的"三国文化"，以浔阳楼为依托的"水浒文化"，以明鄱阳湖之战为背景的明史文化等。

## "烘云托月"——重点产品的打造方法

九江是中国隐逸文化的诞生地，在这里陶渊明写下了著名的《桃花源记》，众多隐逸文化元素也集中在庐山。隐逸是中国独有的一种文化现象，自诞生之日就成为独具特色的一道风景，九江是古时隐逸文化的繁荣胜地，丰富的历史故事和文化底蕴使得这里给人留下了隐逸之乡的印象，而九江的风景又与隐逸所要求的山水、田园环境相契合，因此开发以隐逸为文化背景的旅游项目是九江旅游的发展方向。

"烘云托月"的"云"就是九江的隐逸文化，真正的"月"是九江的休闲度假类产品，隐逸文化再怎么高明，最终还是要落实到旅游产品上的。举个例子，如果说煎炒烹炸这些手法是做一道菜的"云"，那么"色、香、味、形"就是一道菜的"月"；"食、住、娱、游、养"是九江旅游产品的"云"，那么隐逸文化代表的休闲养生就是九江旅游策划中的"月"。

构思隐逸旅游，是一件特别风雅的事，需要考虑不少元素。隐逸文化旅游在很大程度上宣扬了传统文化，游客在享受休闲度假旅游的同时，也增长了知识，这便是隐逸文化旅游的附加值。俗话说万变不离其宗，文化旅游首先一定要有好的文化，否则便是故弄玄虚；其次，看品相，旅游产品不一定要多精细，但一定要有所指，具有"象形"的作用；再次，看氛围，对于景区的配套，比如人员着装、用餐器皿、基本设施等，都要给人以一种呼应的文化氛围。如果要给隐逸文化旅游设定个要素的话，就是品好的景色，用合适的文化包装，在上佳的环境中，和投缘的游人共享。因此，隐逸文化旅游，"闲"的心态是"云"，"隐"的体验是"月"。

在这里我们列举在嘉善做过的案例来说明如何"烘云托月"来打造隐逸文化类的旅游度假产品。做隐逸文化的难点在于，隐逸并非是一种显性的大众文化，而是一种比较私密的小众文化，这种文化体现在旅游产品中，就要做到雅致、精巧，这和一般大众化的游乐项目有着根本的不同，在这里"云"是本土的众多文化元素，"月"是指隐逸代表旅游度假概念，"云"最终是要推出"月"。

嘉善以一派江南水村风光，田园生活的悠远意境，打造了一个隐逸式的田园度假村。新鲜尝试，人人都喜欢，但是世上的东西，比如水果、海鲜、花朵，越新鲜，保质期就越短，当来尝鲜的游人惊叹完大自然的鬼斧神工、参观过震撼人心的古人遗迹，在各个经典景点合影完毕后，基本上什么新鲜劲儿都会消失了，要想让游人进行二次消费，就要制造可以让游人留下来的理由，要给游客创造可以融入当地风土人情的项目。我们以江南水乡为环境背景，深入挖掘汾湖地方文化，整合旅游资源，打造田园隐逸生活，形成与西塘古镇互补合作发展的，集高尚隐居度假、水乡文化体验、田园商务会议、湖珍美食享受、水上运动休闲于一体的生活式的田园度假村，让来到这里的人不是走马观花，而是接近水乡原住民生活，感受江南水村的真趣，体验村居生活的闲适。通过这些项目的打造，大大增加了游客在嘉善的停留时间和消费额，既给了游客更加丰富的旅游体验，又为当地创造了经济价值。

第九章

潮州——古韵情动　活力彰显

城市旅游

破土千节

杨力民画作

最静谧的山谷往往隐藏着最灿烂的星光，最厚重的土地往往孕育出最热情的活力。来到潮州，袅袅茶香，云淡风轻，悠悠岁月带来的是新的生活乐章，古韵与活力在这里交织融合，在漂泊中分离又重逢，各自在自己的路上，就这样行走在美丽的潮州。

潮州东南临海，潮涨潮落是这里看惯的风景，惊涛骇浪在这里掀起开拓的气魄，因而这座城市也沾染了一种海潮的风范。这是一种无惧无畏，敢于领先的精神，是一浪接一浪的执着，也是一种追逐的快乐。

潮州的美表面看似是柔软的、细腻的，有着一种天人合一的意境美，她的意态神韵仿佛会慢慢融化游人内心最坚硬的部分，但是潮州骨子里又是坚韧的。潮州人的坚韧似乎天生带来，知难而上仿佛是一种惯性，就像一种瘾。所谓瘾，并不只是简单的欲罢不能，而是一种飞蛾扑火的执着，杜十娘投江的魄力。但凡是人，都有不同的瘾头，潮州人的瘾，是一种爱不释手、欲罢不能的坚持。孟子说"虽千万人吾往矣"。这就是浪潮的精神，勇往直前、粉身碎骨的气魄。

潮水激起千重浪，一浪拍出千朵花，这可以说就是潮人的精神。抓住一个契合点不断延伸和扩展，形成浪潮，潮商在商场上的作风最能体现出这种海潮的大气魄。潮商总是善于捕捉商机，把握契机，然后经过智慧的运作，促使小财变大财。将潮商的这种智慧应用到旅游中，就是关乎旅游的营销问题。在旅游营销中，一个引爆点就能炒红一个旅游景点，从一个景点又能带动整片区域的旅游发展，旅游业的发展又带动了其他关联产业的兴盛，这就是营销能带来的浪潮。其中的关键就在于要抓住这个契合点，就是引爆点，这就需要我们旅游策划人员拥有敏锐的目光和敢为的魄力，及时发现契机，抓住契机。

潮州也是个创造细腻的地方，代表的是一种平民成功的奇迹。所以什么东西到了潮州人手里，都能变出乐子来，都能变出情趣来，而且那么潇洒，那么自然。这就是岭南的真性情。不知道你看过潮州人喝功夫茶没有？小小的一壶茶，通过潮州人的手冲泡出来就是一种心灵和身体上的双重享受，正所谓"半枕松风茶未熟，吟怀潇洒满腔春"，小小茶壶中大有乾坤，让你拍案叫绝。潮州人的生活艺术中，随处可见这种信手拈来的雅趣。潮州就这样，不刻意，不造作，漫不经心的，却总能把大俗大雅融合得那么圆润，融合得那么清新自然。

如果说要用一个字来概括潮州的话，那非"潮"字莫属了。潮州因地临南海取"潮水往复之意"而命名"潮州"。韩愈《劝鳄文》中说："潮之州，大海在其南。"潮州滨海而生，潮州人开拓的精神就像海潮一样充满动力与渴望；潮州因水而兴，所以潮州又如水一样细腻儒雅。坚韧与细腻是潮州人给人最深刻的印象。王充《论衡》中这样解释"潮"："水者，地之血脉，随气进退而为潮。"潮是一种豁达的心态，北宋豪放派大词人苏东坡有"寓身化世一尘沙。笑看潮来潮去，了生涯"的诗句，表达的就是一种看破尘俗，放下一切的心态，这正是我们现代旅游中休闲的概念。

# 心　潮

"鼻香茶熟后，心潮逐浪高"，独特的地理环境和温润的气候孕育出潮州人特有的一种生活方式——喝茶。潮州人总是愿意花很多时间和精力去烹煮那一壶小小的茶，将之称之为功夫茶真是恰如其分——实在是很费功夫啊！三五好友坐下来，品上一杯，再评论一番，新友也能马上变成知己。潮州喝茶，是一种极富雅致的社交方式。潮州以生意人著称，做生意自然离不开频繁的社交活动，而茶正好成为社交的一种介质，"潮人之意不在茶，在乎生意之利也"，这也是功夫茶可以在潮州得以发扬光大的原因吧。

一壶功夫茶，可以一人品，也可以十人一起喝。一人独啜可以自得其乐，也是给自己一颗平静的心来审视自我，关注自我，这是独乐；十人一起喝是交朋谈友，注重的是一种与友同乐的氛围，茶倒成了助兴的配角了，这是众乐。可独乐，亦可众乐，这是功夫茶的一个特点，也是潮州旅游的一个特点。潮州的旅游，适合一个人自娱自赏，体验独乐之雅；也适合家庭游，团体游，享受众乐之趣。这是潮州旅游的大众性，这种特性使得它的旅游市场于无形中扩大了。

茶文化是中国礼仪文化的一种具体表现，茶文化的精神内涵即是通过沏茶、赏茶、闻茶、饮茶、品茶等一系列规范性的流程来表现。礼在中国古代用于定亲疏，决嫌疑，别同异，明是非。在长期的历史发展中，礼作为中国社会的道德规范和行为准则，深刻影响了汉族精神素质的修养；同时，随着社会的变革和发展，礼被不断赋予新的内容，形成了诸多富有中国特色的文化现象。

旅游要像功夫茶一样讲究"礼"，这是一种和气，是中正平和，心胸舒展，有条不紊的概念。功夫茶是新生活方式，是人人都能接受的方式，因为功夫茶开发出来的茶具比比皆是，这说明功夫茶开启了人们新的生活方式。新的生活方式在现在是一种新现象，比如国人会组团去韩国做美容，商人会组团去海岸打高尔夫，高端星级酒店都要为尊贵的客人泡功夫茶，这就是新生活方式，它脱离于过去那种简单单一的生活模式，被赋予了新的文化精神内涵。如何提升地区影响力，是很多城市都在考虑的问题，潮州有功夫茶、潮州菜、潮商等很多具有影响力的经济、文化元素，将这些元素整合利用是潮州旅游的出路。举个例子，普洱市的宣传就利用了普洱茶进京和恢复茶马古道的事件进行营销，从而炒热了普洱茶、普洱市。潮州的有利元素远比普洱市多，潮州应该走出一条更加美好的道路。

中国人爱喝茶，也由此产生过很多与茶相关的故事，故事中有欢笑有泪水，也有做人的道理，所以说品茶如品人生。相传，宋代大诗人苏东坡有一次外游，来到一座庙中小憩，庙里主事的老僧见他衣着简朴，相貌平常，对他非常冷淡，顺便说了声"坐"，又对小和尚说"茶"，待苏东坡坐下交谈后，老僧方觉得客人才学过人，来历不凡，又把东坡引至厢房中，客气地说道："请坐。"并对小和尚说："敬茶。"二人经过深入交谈，老僧才知道来客是著名的大诗人苏东坡，顿时肃然起敬，连忙作揖说道："请上座。"把东坡让进客厅，并吩咐："敬香茶。"苏东坡在客厅休息片刻，欲告别老僧离去。老僧忙请苏东坡题写对联留念。东坡淡然一笑，挥笔写道："坐请坐请上坐；茶敬茶敬香茶。"老僧看罢，顿感面红耳赤，羞愧不已。其实茶讲究一个"礼"字，这点在潮州功夫茶中最能得到体现。

喝过潮州工夫茶的人都会被其烦琐复杂的仪式和过程所感动，眼见泡茶者亲历那些烦琐的过程，每个细节都如此到位，表现得恭谨有礼，茶水还没喝下，却已经感受到了泡茶者的心意，这就是潮州功夫茶最大的特色。"夫礼之初，始诸饮食。"（《礼记·礼运》）礼，是儒家的道德规范之一。自古以来，中国就是礼仪之邦、礼仪之国。无茶不成礼，儒教伦理是潮汕工夫茶礼制的基石，正是在这一精神影响下形成了功夫茶儒家礼教思想的茶礼，功夫茶茶饮程序逐步演变为合理的礼仪和礼俗。功夫茶茶礼，各种谨严的茶饮礼节，饮中有礼，礼中有饮。以功夫茶为道具的伦礼教育体系，尊卑有序的茶饮礼节，与历代统治者提倡的伦理纲常思想一脉相传，是宗法制度与茶饮文化相结合的产物，是数千年宗法制度的灵魂和核心。潮汕是宗法制度较为发达的地区，功夫茶茶礼对潮汕民系心理素质的修养起了重要的作用。礼是尊重，是自觉卑微，是见过世界的广阔，才会感到自身的微小。正因为知道天外有天，人外有人，所以才能放低身段，才能满怀谦卑的学习之心，不然一个目空一切的狂徒是不会将对他来说陌生的文化放入眼中的。所以潮州的功夫茶和潮州的海洋胸怀有着一定的联系，都讲的是胸怀世界。放到旅游规划的概念中，就是要树立全局的概念，从宏观大局着眼。在潮州，就是首先要树立城市旅游的概念，旅游景区的规划要符合潮州城市主题，使得整个城市形成统一的文化氛围。

功夫茶确实是既考究又科学的饮法中的极致，是对《茶经》"精极"精神的继承与弘扬。"和、敬"之为茶德，古今中外皆同。客来敬茶，以茶示礼，增进情谊，互爱同乐，是茶德的基础。但是，这种"和敬"的情调，在普通饮茶法中，只能借助外在形式予以体现，难于融入茶艺本身。功夫茶的冲罐有单杯至四杯等规格。一般是：三人用二杯壶，四人用三杯壶，五人以上用四杯壶。这样，当每一轮茶洒罢，总有一位座客要轮空。因此在斟完首轮茶之后，小辈必敬长辈，主人要让客人，便成为不成文的品茶规范。其后，则主客互让、长幼互让，谦让之声不绝于耳，和融气氛充溢茶座，"和敬"的精神得到最充分又非常自然的体现。

《礼记·中庸》："喜怒哀乐之未发谓之中，发而皆中节谓之和；中也者，天下之大本也，和也者，天下之达道也。致中和，天地位焉，万物育焉。"中正平和，顺乎自然，保持身心的平衡。这就是中的精神，和的精髓。其实，"中和"的思想，不光道家讲，儒家也在讲。人的喜怒哀乐没有表现出来，叫作"中"；表现出来如果合乎规范，恰到好处，就叫作"和"。"中"是天下最大的根本，"和"是天下通行的大道。达到了"中和"的境界，就会天地有条不紊，万物发育生长。我们在生活中常讲的"一脸和气"、"和气生财"，其中的"和气"就是"中和之气"。所以礼带来的是一种和气，进而是一种中正之气，这种气对人本身有着莫大的好处。

其实旅行就是一种讲求礼的过程，所以潮州做旅游要像潮州功夫茶一样讲求"礼"。现代人追求仪式化，所以现代人喜欢过各种节日，如圣诞节、情人节等，就是希望在仪式中找到精神寄托和安慰。这表现在旅游上，就是要追求一种仪式化的程式。礼是一种用心的表示，只有用细致入微的服务去打动游客才会让人有宾至如归的感觉。有礼才会有一团和气，才会有中和之气，旅游的过程才会更加健康、开心。

潮州的旅游是高雅之旅，也是雅俗共赏之旅。

功夫茶不仅是一种品茗方法，也是一种生活方式。这种生活方式讲究品位，注重审美，拒绝生活粗制滥造。旅游也是在追求一种有品位的生活，追求一种审美的生活，旅游的过程也是审美的参与过程，我们旅游规划者就要为旅游者营造有品位的、审美的环境和氛围。

饮功夫茶，在满足生理需求的同时又能给人以各种各样的精神享受，这种享受就是"趣"。历代士大夫皆视品茶为风致高雅之事，须有幽雅的品茶环境，这可称为雅趣。这种雅既是高雅，即高端旅游的概念，也是雅俗共赏的概念。旧时把文化水平高称"雅"，把没文化称"俗",形容既优美又通俗就叫雅俗共赏,这是一种高的艺术境界,放在旅游上就意指不管年龄阶段,文化层次都可以接受。饮功夫茶亦要求有窗明几净、小院焚香一类的氛围,但它又不拘泥于精致的环境。农院中、工棚内、荧屏侧、宴会间、泉石林亭、集市商店、工余酒后、假日良宵……到处都有提壶擎杯、长斟短酌的人群。甚至在从前潮郡民间的游神过程中,身处鞭炮轰鸣、鼓乐喧阗、万头攒动的场合,边走边吹拉弹唱的游行队伍,亦不忘抽暇饮上几杯由随队进退的专职人员所烹制的功夫茶。品茶,确已成为潮州人日常生活中不可或缺的重要内容。功夫茶既是可登大雅之堂的饮茶艺术,又是跳出了狭隘的文人圈、扎根于大众沃壤的民俗。雅中有俗,俗中有雅,雅俗共赏,大雅而大俗,这正是它的魅力与生命力之所在。人们从它身上既可寻求理趣,更可得到愉悦与怡乐。正是一种为潮州人所认可的"茶中有乐,乐在茶中"的观念。如果说,和与敬是功夫茶的总体精神的话,那么,"精"字就是功夫茶的本色,而"乐"字便是功夫茶的灵魂。从旅游策划的角度来说,我们也是在追求"精"和"乐","精"是精心的策划和精致的景观,"乐"是目的,是策划追求的效果,也是旅游度假的灵魂。

潮州的旅游之路就也是养身之路,养生之路,是深层次的心灵休养。

潮汕传统文化是典型的伦理型文化,功夫茶作为儒教礼仪的表象和补充,是儒雅文化本土化的标志反映,与中国的"饮德食和"有同工异曲之妙。杜甫诗曰"食德见从事,克家何妙年"。《庄子·则阳》里有"故或不言,而饮人以和",可见"饮和食德"就是饮食讲究均衡调和,滋养身体,即包含与时间和空间的平稳、协调,以求达到自身小宇宙与天地大宇宙的调和,饮食与五行相匹配。所以潮州的旅游之路也是养生之路。潮州的功夫茶体现的是中国儒学传统思想。儒学是中国学术的主流,隋唐时期却不断受到佛教、道教的冲击。唐中叶韩愈等人发起的儒学复兴运动,使儒学进一步发展、提高,更加充实、丰满起来。韩愈曾经被贬潮州做官,对潮汕哲学、文学、生活等方面都产生了重大影响,特别是后来功夫茶道精神的形成,与韩愈奠定的中原传统文化密不可分。韩愈治潮兴学,山为韩山,水为韩水,潮人世代尊韩。韩愈在潮州的事迹与政绩,归根结底体现了两种精神,一是维护儒家道统,积极济世的精神;二是兴学重文的精神。在潮期间,他重教兴学,驱鳄除害、关心农桑、赎放奴婢等,对潮州的历史文化的发展产生了深远的影响。《桃花扇》中有"蚤岁清词,吐出班香宋艳;中年浩气,流出苏海韩潮"一句,形容的是苏轼、韩愈两家古文皆具雄浑豪迈风格,故以海潮为喻。谓文章波澜壮阔,纵横自如。开阔胸怀,包容一切就是使得五行调和，最终就能达到养生的目的，而潮州小小的茶壶里，看似波澜不惊，却暗潮涌动。"古今多少事都付笑谈中"，笑看风起云涌，潮涨潮落，这就是最高层、最宏观的养生概念，潮州的功夫茶就是儒家文化养生体现。

潮州旅游要丰富多彩起来，实现多样化，使之逐层展开时令人有大开眼界、览之不尽、层出不穷的纵深感；同时要努力做到不停地更新产品，从传统观光旅游的狭义范围向大旅游转型。这是功夫茶给予潮州旅游的启发。

《道德经》里有"道生一，一生二，二生三，三生万物"，讲的是天地万物衍生的大道理，其实在潮州功夫茶里也蕴含这样深邃的哲学寓意。潮汕素有"茶三酒四"之讲究，"潮人嗜茶无贵贱，饮酒四人茶宜三"。功夫茶的形式是三人围坐，能够有具体沟通交际的成效，社交化的作用极其明显，对协调人际关系，调节日益复杂的社会关系具有积极的现实意义。"醉翁之意不在酒，在乎山水之间也。"潮人之意不在茶，在乎生意之利也。在浓厚的商业环境中成长的潮汕人，以茶为道具广结人缘，广开财路。潮汕的酒文化相对疲弱，功夫茶文化的扩充则填补了这一空间，代替酒的交际功能，潮汕人把功夫茶道与商业行为紧密联系在一起。潮汕人不断增长的物质文化，促成了这种结合。功夫茶是潮汕民系走遍天下最大的本钱，足以超过任何货币的含金量。潮汕人抱团，有较强的凝聚力。功夫茶植根于潮汕文化的土壤中，充分发挥功夫茶特色文化的凝聚作用。功夫茶文化的功能体现在对内的增强团结，对外的整体竞争。儒雅文化与潮汕海盗文化重叠后，演变成中国独一无二的群狼文化。潮汕功夫茶见者有份，是潮汕民系的黏合剂。实际上，潮汕工夫茶的"三"并非实数，三个杯是一个可以变通为"N"个杯的虚数，可见功夫茶道的世界之大。中国的文化中"三"是个经常出现的数字也是最为广泛运用的数字。中国有佛道儒三教，佛家有佛法僧三宝，历史有三国演义，三皇五帝，三英战吕布，三气周瑜，三顾茅庐，三让徐州，文学作品有三打祝家庄，汉字有鑫、犇、鱻、蠱，成语有狡兔三窟、三阳开泰、三山五岳……三字真的是变化无穷，可以衍生出众多的文化元素，老子说的"三生万物"的"万物"，指的是当人们的认识已经非常接近自然本质的时候，此时的认识层面上的"万物"和"道"中蕴含的"万物"才相符。"三"只是中国数字里习惯的虚指而已。指对同一事物，分解开来，换一种思路和做法，可能会得到额外的收获。

策划实践中对于一个特定的项目或项目资源，显然要努力做到价值最大化、利润最大化和成本最小化。这就需要对项目和资源做最佳的安排和利用。一是如何把资源用到最合适的地方，二是如何把资源做最佳的多层次使用。好的旅游就像好茶，"酽、热、香、滑"，人各一杯，不玄虚，不造作，平易自然，变化无穷。这就是我们在旅游策划的时候，可以把旅游策略设计得环环相扣而天衣无缝，如孙子所谓"无穷如天地，不绝如江河"，可以相互支撑得巧妙而长久，而不是一览无余，了无伸展余地。

从功夫茶的角度还可以看出，潮州的精神就是可以将简单的东西复杂化，又可以将复杂的东西简单化。潮州人似乎总是很擅长此道。为什么韩愈被潮州人记住？因为韩愈做的是贴近百姓的事情，注重文化，治理鳄鱼，教潮州人如何建房，所以韩愈在潮州人眼里是"神"。简单和复杂的结合，反映在旅游上就是绚丽的美，喝功夫茶的过程就如同在体验潮州千年文化，一个人可以独品，多人可以众品，上升到旅游层面就是一两人可以接受，千万个人也可以接受，这就是雅俗共赏的概念。潮州功夫茶在工地里可以喝，在国宴上也可以见到它的身影，潮州菜也是如此，潮州戏剧也是如此。总之，雅到极致，雅俗并行，这就是潮州精神的体现。简单的美和绚丽的美二者融为一体最难能可贵。旅游策划就是将复杂的文化内涵用简单明了的方式呈现给旅游者，让旅游者在游览过程中能轻松愉快地了解当地文化，获得知识。因此，旅游策划也是一个从复杂到简单的过程，如何把握这个过程其中的表现方式和度，是我们旅游策划者需要修炼的功夫。

# 味　潮

潮州人的生活法则如同潮汕菜，讲究食材和生活的原味，在这待久了，不仅嗅觉和味蕾得道，就连在大城市里养成的急火攻心的心性，也会在飘逸的街巷里炼到"真水无香"一般的超然。

"真水无香"说起来还源于道家思想，最美妙的香味应该是最自然的味道，甚至达到无香的境界。潮州的菜品也是出于这个道理，潮菜的味道概括起来就是"大味必淡"。最高贵的也就是最平凡的，潮州菜喜欢清煮，讲究发挥食材的原味，保持食材的鲜味。平凡中有神奇，这就是潮州的文化，从一个人到十个人都可以按照这个逻辑来梳理，潮州就是擅长将比较平民化的东西转化为奇迹。潮菜喜水煮，这是由于潮州地区大多以河洛人为主，是外来迁移过来的人群，这样在长期的迁移过程中就需要用简单的工具来解决饮食问题，但是平凡的饮食得到了发挥，所以潮州的粉粿、蚝仔烙，都是在这种指导思想下产生的美食。潮州美食以海鲜为主，海鲜的制作也多是在渔船上进行的，烹调以水煮为主，但就是这样简单的烹调，最终将潮州美食推向了全中国，以至全世界。这种形成于潮州渔船上的菜系，如今已经走进了国家宴会厅。潮州旅游就是要做到这点，将平凡的东西转化为最吸引游客的东西。我们旅游策划者都应该有这种化腐朽为神奇的力量，要修炼这种将稀松平常之物经过奇妙构想变为趣味盎然的艺术品的能力。

韩江边的潮州古城可没有小兴安岭的粗犷与野性，南国的冬季也无须把自己裹成棉花团，相反，懒在这座慢性子的美食古城里，你很可能把自己吃成棉花团。在潮州古城里的巡游，绝对称得上一场由百味嗅觉和奇幻视觉组合而成的特别旅行，而且绝对自然生长，绝不迁就原本就不多的游客。香油店里还在用古法炼制麻油，香油味飘到邻家茶叶铺，和本地凤凰单枞茶的清香搅拌在一起；再走几步，闻到莫名的腥香味，原来是海鲜干货店的老板正在把白花花的花胶直接摊在人行道上晾晒，丝毫不担心路人顺手将名贵的"海八仙"牵走。除此以外，还能陆续闻到"潮州三宝"（老香黄、老药橘、黄皮豉）的药香，以及草鱼松的鲜香、潮州小米的糯香，就连路过陶器店时，也能嗅到潮州红泥特别的土香味。

潮州人敢于拼搏，敢为天下先，所以潮州文化自成体系，文化系列要素也是特色鲜明，这个鲜明特点，就是潮州文化本质内涵精细工巧，而其主要表现形式则是潮州美食，潮菜的特色大体上可用五个字来概括："清、巧、博、雅、和"。

潮菜的"清"，主要表现在菜肴的色泽清淡、鲜艳、有光泽；在调味方面注意控制各种调味品的分量，特别是有刺激性的调味品，使菜肴的味道偏于清鲜。例如潮菜的汤菜，大部分使用"隔水炖"的方法，所用肉料炖前均要经过焯水漂洗，因此上桌的汤菜，常常清澈见底，面上漂着几点油花，散发着淡淡的芬芳气味。由于潮菜特别强调"清"的特色，因此在传统潮菜中，有不少菜名都是冠以"清"字，如"清鱼翅丸"、"清汤虾丸"、"清汤蟹羹"、"清炖白鳝"、"清莲花豆腐"等。潮菜之所以突出"清"的特色，是和潮汕的地理自然环境、潮汕的传统历史文化分不开的。潮汕地区位于热带和亚热带之间，每年降水量多且集中，地气温湿。为了使身体适应这种地理自然环境，潮汕人特别注意自己的饮食起居，因而在饮食上相对就保持清淡。

在中国文化中，清，是一种高雅脱俗的概念，所以周敦颐在《爱莲说》中形容莲花"濯清涟而不妖"，这是一种非同一般的高雅品格；清，代表着思想上的独立与高尚，心性纯正恬静，安静，不嘈杂，所以有圣人的"举世皆浊我独清，众人皆醉我独醒"；清，意味着最终的平和，所以即使在悲剧《玉台新咏·古诗为焦仲卿妻作》中，焦仲卿之妻被家人所迫又不想背叛丈夫，只有"举身赴清池"；道家文化中最高的神叫"三清"，指道教所尊的玉清、上清、太清三清境，也指居于三清仙境的三位尊神，即玉清元始天尊、上清灵宝天尊、太清道德天尊，其中所谓玉清境、上清境、太清境是所居仙境的区别。清是一种不同于低俗的理念。

所以从潮州菜中体现出来的"清"的概念可以看出，清就是指高端度假生活，脱离平凡，远离尘嚣，但是又心怀坦荡，这就是高端度假的概念。同时这种清又是一种与众不同，这里的旅游要与其他地方区别开来，这里的度假要不同于那些平淡无趣的度假产品，要做到清静悠远。

潮菜的"巧"，一方面是潮菜选料的"巧"。如潮汕名菜"护国菜"，其选料用的是番薯叶。番薯叶历来的价值低，农民都是用来饲养家畜，在潮州菜中，却成为席上珍品。另一方面是制作方法的"巧"。潮菜的主要烹调法有焖、炖、煎、炸、炊、炒、焗、泡、扣、清、淋、灼、烧等十几种，其中焖、炖独具风味，焖的主要特色是物料先用旺火，让气流击穿物料的机体，瓦解其纤维，然后改用慢火收汤，使物料逐渐吸收辅料之精华，融为一体，使之浓香入味，烂而不散。爆炒爽脆香滑，炊、清、泡、淋尤为鲜美，保持原汁原味。潮汕人饮食崇尚自然，在菜肴的形、色、香、味诸方面尤其注重保持自然之真。如菜的形状。潮汕筵席中上龙虾、上全鸡、上全鱼，虽然它们都是经过精心烹制的，上盘仍然要砌成龙虾、鸡、鱼的原状，头、脚、尾，一样也不能缺少。这里面就包含着展示自然、回归自然、感谢自然赐予的深层寓意。又如菜的色泽。潮菜在色泽上追求的是鲜亮。潮汕人炒青菜，最讲究厚油热鼎，只有用这样的方法热炒、快炒，菜蔬才能保持青翠，保持自然的原色，使人乐于亲近。高堂菜脯在潮汕很有名，要在沙地挖坑，一个萝卜一个坑，白天晒太阳，晚上把腌萝卜放坑里，还要人光着脚在上面踩。此法腌制出来的菜脯，要比寻常品种更加脆爽，加之潮汕人最爱白粥，两两相加终成绝配。说起白粥，潮州话里唤作"糜"，可以追溯到《说文解字》里所说的"黄帝初教作糜"。在各地相继把"糜"改称"粥"的时候，潮汕人依旧承继炎黄习俗，在白糜中返璞归真，不光早上喝，晚上喝夜糜才是真正的潮汕性情。又因为靠海的缘故，若在入夜的潮州古城里见到路边小食坊里有人用鱼饭（用海水煮成的各种海鱼）就着白糜喝到不亦乐乎，千万不要大惊小怪。这种"巧"的概念在潮菜里比比皆是。

《墨子·贵义》中这样解释巧："利于人，谓之巧。"可见巧的首先成立条件就是要对人有利。"工"指工匠，"丂"义为"久经岁月磨难"。"工"与"丂"联合起来表示"久经岁月磨难的工匠"。本义是从业时间长、经验丰富、技艺高明的老年工匠。引申义指技术精湛、娴熟。司马迁在《史记·货殖列传》中形容商人的头脑就是"巧者有余"，可见在史学家的眼中巧是一种智慧的象征，是一种能力的体现，所以成语有巧夺天工、百巧千穷、藏巧于拙、大巧若拙。巧是一种哲学，是少走弯路，直达目标。

这种"巧"运用在旅游上，就是第一要做到众星捧月，"月"就是潮文化，"星"就是其他文化，好比潮菜讲究必须要有主菜，即护国菜。一道主菜精心打理，精心炮制。只要做好了这一主菜，其他都属于配菜，起的是衬托的作用，级别与好坏一定是从主菜中体现出来。所以一定要做到重点突出，那就是要突出潮文化，一盘散沙的概念堆砌是没用的，必须突出一个主题，这就是巧的运用；第二巧的旅游策略境界是，在众多的竞争者中将自己做成主菜，以他人为配菜，由此众星捧月不仅逃离了同质性竞争的窘境，反获烘云托月之妙；第三巧就是要拔出萝卜带出泥，在获取所需目标的时候，会不经意带出许多隐藏的、关联的、具有深层次意义的东西，如何有意识地挖掘这些背后的奥秘，有效利用这些顺带的成果，则显示出不同的境界，就像潮州菜会将一些边角废料巧妙利用变成美食一样，旅游也要做到巧妙的整合资源。

潮菜的"博"，主要表现在用料广博。其一，水产类品种多。如前所述，韩愈在《初南食：贻元十八协律》诗中，记录了当时潮汕人喜食水产品有章鱼、蚝、蒲鱼、江瑶柱、蛇等，还有其余数十种是他不认识的，令他大为惊叹。另据清嘉庆年间的《潮阳志》所载，"邑人所食多半取于海鲜，鱼、虾、蚌、蛤，其类干状，且蚝生、虾生之类辄为至"。可见千百年来，这些海产品一直是潮菜的主要用料。其二，素菜多样。潮菜素菜既可素做亦可荤做，食客食之，饱含肉味，见菜不见肉，素而不斋。素菜用料随时随季节而变。名品有"厚菇芥菜"、"玻璃白菜"、"护国素菜"等数十种，是广东菜系中素菜类的代表。其三，甜菜品种多。潮州地区历史上是蔗糖的主产区之一。潮汕人民很早以前就掌握了一套榨制糖的方法，为制作甜菜提供了基本原料。在烹调技术的运用上根据原料各自的特点，采用一系列不同的制作工艺，使品种多姿多彩。代表品种有金瓜芋泥、太极芋泥、羔烧姜薯、羔烧白果、皱纹莲蓉等。其四，酱碟作料多。潮菜中之酱碟佐食是其他菜系所不及的，上至筵席菜肴，下至地方风味小食品，基本上每道菜都必配以各式各样的酱。而且，潮菜酱碟的搭配也比较讲究，如明炉烧响螺须搭配上海羔酱和芥末酱；生炊膏蟹必配姜米浙醋；生炊龙虾应配上橘油；肉冻、蚝烙要配上鱼露；卤鹅肉且要配蒜泥醋等，充分发挥酱料的辅助作用，在烹制工艺达到色、香、味、形俱佳。其五，特色小食多。潮汕美食除宴席上的潮菜外，还包括成千上万个品种的潮汕小食，如鼠曲粿、乒乓粿、小米、笋粿、牛肉丸、鱼丸、猪肉丸、卤味、熟鱼等，是其他菜系无法比拟的。

《说文解字》等字典释"博"为大通也。荀子在《劝学》中说："君子博学而日参省乎己，则知明而行无过矣。"意思是说要广泛地学习。《东周列国志》第七十八回："自是孔子博学之名，传播天下，人皆呼为圣人矣。"《周易》言："地势坤，君子以厚德载物。"坤卦上下体由"八卦之坤"重叠而成，八卦之中，坤为"地"，上下皆地，地有涵养万物、厚实和顺之德，君子要效法地德，以博大胸襟容载万物，看来博往往都是与君子和圣人联系在一起。博就是要把不同内容、不同性质的东西收下来，保存起来，做到兼收并蓄。

潮州的旅游策划内容上要博大精深，方式上要博采众长。博大精深要像潮州的老火靓汤，讲究慢工出细活，这也是旅游策划的火候与品质的关系。潮州旅游项目的成功引爆不是一日之功，一个好的策划绝非急功近利、一招一式所能成就；一个品牌更需精心打磨，方成大器。同时，博采众长就像老火靓汤，其深层次的意义更在于老火靓汤所表现出的"汤"的状态——你再也区分不出汤里的营养或味道究竟是哪种配料的贡献，这已经是所有的汤料一体化的综合结果，将所有的旅游度假体验融在一起，这是所谓炉火纯青、臻于化境的状态，是无招胜有招的状态。

潮菜的特产粿最能体现"和"的概念。在潮汕地区，凡是用米粉、面粉、薯粉等加工制成的食品，皆可称为"粿"，而且"粿"然好味。潮汕地区有这样一段顺口溜：潮汕人，相食粿，油粿甜粿石榴粿，面粿敢粿油炸粿，菜头圆卡壳桃粿……"粿"在潮汕人心目中位置显而易见。潮汕的粿品从结构上讲，有皮包馅的，如豆沙粿、韭菜粿、笋粿、鼠曲粿；也有主料和馅糅合在一起的，如菜头粿、芋头粿等。这种主料和馅糅合在一起的制作方法，是潮汕粿品的一大特色，虽然北方点心中也有如此做法的如枣糕，但不如潮汕粿品丰富。这样做粿象征着一种传统文化理念：和为贵，"和"即"融合"。潮汕先民融合了中原文化、闽文化形成了自己的文化，潮人祖先为求生存开拓到海外异国去打天下，吸收了异国文化，海外潮人因此发展壮大。有容乃大，容纳各种品味，最后形成一种独有的风味，这就是粿文化的精神所在。由上述可见"粿"是贯穿在潮人的整个生活图景中，牵扯着他们心中的乡情、亲情，与他们的欢乐和悲苦紧密相连。潮汕的粿，不仅是满足口腹的精美食品，而更凝结着一种本土文化，体现着潮汕的"和"精神。

"和"是对立事物之间在一定的条件下，具体、动态、相对、辩证的统一，是不同事物之间相同相成、相辅相成、相反相成，也是互助合作、互利互惠、互促互补、共同发展的关系。"和"是合理开发旅游资源，实现旅游业可持续发展，旅游的发展与自然生态环境关系密切，相辅相成。"和"体现在旅游上就是潮州的旅游不仅要自己做而且要和周边形成互动，避免同性竞争，做差异化，与周边市场形成互补的局面，这样才会使得潮州的"和"文化历久弥坚、历久弥香。

# 文 潮

潮州文化是典型的岭南文化，有着浓郁的南方风情，又有着一股只有潮州才有的浓浓的潮味。潮文化的潮，潮在一个"雅"字上，这个雅，不仅是精神上享受到的雅，更是生活中能真真切切感受到的雅。

先说语言文化。潮州话自成一体，沿用至今，并且名声在外。有学者把潮州话称为古代汉语的活化石，是古而不土的文雅语言。潮州话由揭阳话嬗变而来，至今已存在2000多年，丰富的内涵和深厚的历史沉淀是它的古；潮汕话有八个音调，最适宜抑扬顿挫吟诵古诗，语言学家们极力赞美它的适宜朗读古诗，十分押韵，这是它的雅。既古又雅，古而不土，这不正是我们开发历史遗迹和文物旅游所追求的效果吗？也许我们可以从探究潮州话的演变过程得到启发。

潮州民居是潮州文化的重要组成部分，也是展示潮州文化和历史的一张最好的名片。潮州民族有着独具一格的外形美，同时又包含着许多中国传统思想精髓。据清府县志载："望族营建屋庐，必建家庙，尤加壮丽。""雕梁画栋，池台竹树，必极工巧。大宗小宗，竞建祠堂，争夸壮丽，不惜赀费。"这正是说潮州民居的极尽壮丽和精巧。古时的潮州农村受封建社会思想影响，多依族系聚群而居，而整个村寨，包含着丰富的风水观念、美学观念、人居观念。同时潮州民居又体现着对大自然的敬重，在民居建筑中顺应"天时、地气、顺风"，体现出天人和谐的统一境界和高尚心灵意境。潮州民居是一种理想的人居环境和生活方式，是人文和自然完美融合。潮州的旅游也应该是人文景观和自然景观的完美融合，在打造景区的时候，要着重汲取这种对自然的巧妙利用和文化与自然关系的和谐处理的方法。

潮州民居的美离不开潮州的木雕、石雕、彩绘、嵌瓷等工艺的应用，这些工艺也是潮州文化的另一张名片。潮州工艺类目繁多，工艺精湛，是潮州人灵巧与精致的风格。潮州木雕在漫长的发展过程中不断汲取绘画、泥塑、潮剧等的特点，经过推陈出新，成为今天潮州的一道亮丽风景。潮州木雕不仅美观，同时实用。潮州木雕可用于各种家具的装饰，建筑装饰，案头摆饰等，深深地融入人们的日常生活中，是生活中的美丽点缀。旅游活动也是我们现代生活不可或缺的点缀，它不仅使人们获得精神上的享受和升华，也是人们体验生活，感受世界多样性的一种方式。这也成为我们旅游营销的一个有力卖点。

潮文化当然少不了潮菜，潮菜的"雅"，亦表现在两个方面。一方面表现在烹调工艺上的雅致，例如，潮菜食品雕刻中的"蟹篓"、"虾篓"等作品，原料是采用小个圆形的南瓜，镂空刻成蟹篓、虾篓，再用红萝卜或白萝卜刻成小蟹、小虾点缀其上，在潮菜筵席中作为彩拼出现，与潮州木雕艺术有异曲同工之妙，很受食客的欢迎。另一方面表现在食物品位上的高雅。潮汕人在饮食上十分注重养生，深受"医食同源"等学说的影响。人们吃每样菜都要考虑它的寒、凉、热、燥，在配菜上取其和；下每种料都要考虑它的咸、甜、苦、辛，在调制上取其甘。潮式筵席讲究环境气氛，禁暴食暴饮。用餐过程中还时时用功夫茶除烦去腻。菜和茶道很少有像在潮汕饮食文化中呈现出如此紧密的结合，潮州菜席间上功夫茶，既能增添潮菜地方色彩，又能解肥腻，以便食客更好地品尝下一道菜肴的美味，使进食富有节奏。

雅，在中国文化最早出现就与高贵有着密不可分的联系。这不单是一个形容词，而是一种文学体。《诗经》确立的具有中国文化特色的诗歌创作原则。不是指风雅体裁，而是指体现在《诗经》"风"、"雅"中的艺术创作精神，即诗歌创作的高尚意义和严肃性。《诗经》表现出的关注现实的热情、强烈的政治和道德意识、真诚积极的人生态度，被后人概括为"风雅精神"，直接影响了后世诗人的创作。汉乐府缘事而发，建安诗人慷慨之音，都是这种精神的直接继承。后世诗人往往倡导"风雅"精神来进行文学革新，它引导后代文人在感情抒发上寻求一个健康的人生观念，培养良好的审美习惯和道德情操。"雅"成为美好和华丽的一种经典存在。"正而有美德者谓之雅"说明雅是一种和谐，类似于美丽，只不过雅是艺术的产物。优雅从文化的陶冶中产生，也在文化的陶冶中发展。何谓优雅？优雅意味着怀揣梦想、不张扬、有品位、懂得欣赏、内敛、注重生活品质。这也是潮州旅游要带给人的精神体验，那就是优雅的栖息，率性随意，不做作。潮州自身的儒雅气质既是历史文化类的旅游产品，又是要带给游客的文化内涵。

## "倚古卖新法"——从地方文化中创造商机

潮文化是潮州地区特有的文化，而引领潮流是潮州的发展方向，潮州要做的就是找到潮文化和潮流文化之间的结合点，用古老的地方文化营造独特氛围，用领先的潮流文化创造商机，这是我们要抓住的"新"。潮州的旅游要以潮文化为依托，否则就像无根的浮萍，陷入人云亦云的迷途。这是我们可以依靠的"古"。倚古卖新，是对当地优势资源的充分发掘和有效利用。

地方古老的文明是一个地域不可模仿、不可复制的资源，也正是旅游为之依赖生存的根本。我们倚老，倚的就是这种地方文化的独特性，这是旅游吸引力形成的最重要原因。因此，我们决不可被五花八门的旅游项目迷住了眼，反而摒弃了自身的优势资源。我们倚老，而并不卖老。我们是要借"老"创造"新"的价值。倚老卖新就是借地方文化氛围，以创意为切入点，从当代人的消费需求出发，找准历史文化元素与现代消费时尚的契合点，从而创造新的商机。

举个我们做过的潮州龙湖古寨的案例来说明。龙湖古寨旅游区地处潮汕平原，韩江中下游西岸，境内无山，地势平坦。古寨呈带状，南北走向，面积约1.5平方公里，寨内辟"三街六巷"，从门到街巷显得设计有致，布置明朗，俨然一座小城，其地形及建筑风格与古时潮州府相似，故有龙湖是潮州小城之称，潮州文化历史悠久独具特色，潮州文化是海内外潮人的根，在潮州地区做旅游策划就要紧紧抓住"潮"来做文章，潮州打造国际旅游文化名城，文化创意旅游建设方兴未艾，在这个背景下，我们以潮文化为主题对龙湖古寨进行了全新的包装。

这个策划最大的特点就是将古老的潮州民俗利用现代旅游元素呈现出来，以龙湖古寨及岭南水乡风貌为依托，围绕保护性开发及可持续发展的基本原则，打造以建筑文化、书香文化、传统手工业、潮汕民俗等为特色的"潮文化"千年古镇品牌，实现与潮州古城文化旅游区的"古城＋古镇"的联动发展，带动周边乡村产业结构的升级与优化，逐步将该区域打造集古寨观光、文化体验、农业休闲等于一体的综合性乡村旅游度假区。我们确定我们的形象定位为"千年潮寨，龙湖水乡"。千年潮寨指历史悠久底蕴丰厚的古寨，具有潮汕文化韵味的古寨；龙湖水乡指龙湖代表古寨的风水结构，水乡是指优美的水乡环境及居住环境，形成具有地域特色的岭南水乡。

在整个景区规划中，我们主要突出了两个重点项目规划。

其中活态民居博物馆项目主要是探索古宅大院背后发生的故事，展示潮州悠久的历史文化、书香文化和精湛的建筑艺术。策划该区以"古宅"为形象，完善项目的生态景观绿化，在文物保护的前提下，开展古民居院落参观等活动，展现各大宅院的建筑文化。在各个院落中通过实物、图片、解说等方式展示各院落的价值及主人的历程，并展示相关的历史文化，让游客在参观的过程中同时了解院落的历史；选择合适院落，在保护文物的前提下，设置品茗类旅游项目，以增加参观的参与性和休闲性；对院落的文化表现可采用具有地方特色的评书或戏曲，增加院落参观的趣味性和文化性。

龙湖三街六巷项目主要是挖掘和恢复潮州（古寨）传统的商业文化及展示古潮州市井民俗文化。策划该街道以市井文化、民俗文化进行包装，街道复原原有的市井业态，展现古街的古韵和生活气息，通过老手艺、老字号、老街区共同构成古寨的"老印象"。该项目各类业态的设置也将成为旅游接待的载体。选择部分街巷古宅进行外部修缮及内部主题装修，或以状元文化为主题，或以进士文化为主题，或以古代军事行政机关名称命名的，或以名人名字命名，成为主题府第客栈，让游客经历不一样食宿体验，成为旅游区一大亮点。设置以状元文化为主题的内外装饰，如状元灯笼、状元家具等，渲染文化氛围；开展与书香文化为主题的相关活动，如品状元宴、升学宴等，丰富产品内涵。

潮文化深厚的历史根底使得它内涵非常丰富，所涉及的领域包括风俗、建筑、民间艺术、信仰等，繁复多样。如何将之理清脉络，并从中选取出符合项目需要的部分是能否成功地利用潮文化的首要条件。在此，我们举出桑浦山潮文化生态旅游示范区的例子来说明潮文化的分解、延伸和创新，希望能抛砖引玉，给旅游策划者们以启发。潮州文化博大精深，该如何梳理这些元素为我们的策划所用？

我们确定我们的文化主线为从传统农耕文明走向海洋商业文明的潮文化发展脉络，总结出潮文化从陆地走向海洋经历的九大节点："潮源、潮耕、潮神"，以上三点体现潮汕农耕文明发展历程；"潮祈、潮业、潮庆、潮聚、潮荣"，以上五点反映潮商筚路蓝缕走向成功的创业征程；最后一点"潮兴"，这是轴线的转折，对应从农耕文明向商业文明的转折。九个节点在时间点上道出了潮州文化发展的脉络，在表现形式上则体现了潮文化的各种元素，表现的是从陆地文明走向海洋文明的过程。梳理出这九个节点，整个旅游规划的脉络也就清晰地展现出来了。文化梳理的过程也就是我们对地方旅游规划灵魂探求的过程。

第十章

汉中——千年汉世情

城市旅游

漢中

汉中是精美的诗词，清新悠长，漫过四季如歌；汉中是优美的乐曲，和谐悠扬，吟唱温馨暖语；汉中是流淌的江河，奔流向前，浸染尘世情怀。诗之美在格调，歌之美在韵律，江之美在气势，人之美在心，心之境，在于情。千年汉世情，汉中最美的诗。

朝露艳霞

杨力民画作

　　汉中位于中国版图的地理中心，历经秦汉唐宋三筑两迁，从来都是卧虎藏龙之地，那里的每一块砖石都记录着历史的沧海桑田，每一个细节都证明着民族的成竹在胸，每一个时代都有属于自己的一份诗意和美感。得天独厚的地理条件，使汉中人更多地得到了生活中堪称美好的那个侧面。汉中人的巨大耐受力，表现在总是能够把那些被称之为苦难的经验，化解在对于生活的精细享受之中，使它们在质地和密度与量的大小上，至少变得能够承受。久而久之，便培养了面对生活的诗意态度。汉中的山川，终不似北方大地那样壮伟、辽阔，却也不似北方那样萧索、干枯、空寒和寡淡，乃是丰腴温软，淡而有味，这是一种成熟雅致的美；有一种安静和阴柔，有一种信笔所至、随意挥洒的自由和灵动。

　　汉中在秦岭的怀抱中，就像是一个被母亲拥抱着的娇子，所以这里与陕西大部分地区都显得不同，少了一分黄土高坡的苍凉气韵，多了一分江南水乡似的娇嫩柔情。汉中人喜好时尚。这里的人们接受新事物很快，一般在上海、广州、成都、西安等大城市有什么时尚的东西，这里很快就能看到。汉中城市不大，但人们大多打扮时尚，大都乐呵呵的，很少见愁眉苦脸的面孔。城市里的影院、茶楼、棋牌室、公园、广场、夜市常常人流不息。是的，汉中是一个让人感到矛盾的地方，它是美丽的。青山绿水，温和清新，人们皮肤水嫩，眼睛明亮，率真热情，灵秀而不柔弱，粗犷而不伪饰，它又是闲适得近于慵懒的地方。人们不紧不慢，不慌不急，经常围坐、漫谈、吃肉、喝酒、打牌、游玩。不分男女老幼，见面大多会问：最近发现什么好玩好吃的地方没有？汉中人的休闲享受是如此自然，让人很容易想到安于现状、不思进取。但汉中人又是那样喜好读书，追求有品位的文化娱乐。汉中真是一个独特的地方，生活的安逸与读书的勤奋被汉中人矛盾地统一。

　　生活在这里的人们，爱吃爱穿爱玩，实实在在做人，快快乐乐生活，自由自在做梦，活得舒展自在；汉中女儿尽得山川灵气，清纯、美丽、灵秀，无论城乡，自带几分仙气；也许不似大都市美丽仕女的富贵雍容，却无不钟情而敏思，智慧而勤劳，清纯脱俗艳而不妖，自有一派非凡的见识和气度。梦幻的、写意的、空灵与至美的空间特点，也赋予汉中以独特的诗人浪漫气质。汉中大地山无不青、水无不绿的细腻与温润，与密如繁星的两汉三国及道教文化遗迹密密地交织在一起，其独有的地理文化氛围，已经在骨髓的深度上构成了汉中的生命类型。

神奇的土地名人辈出，震撼着千年的民族文化，多彩的旅游资源，概括起来是两个字：古、绿。我们的"古"，是民族文化发源之古；我们的"绿"，是世界级和国家级之绿，是"地球同一纬度生态环境最好的区域"。可以说我们的古和绿有着自己独特魅力，它是可以在市场上与别人叫板的资源，而不是其他城市简单的古和绿。古中有绿，绿中有古，古绿交融。

　　古和绿概括起是一中，二源（源、原）。


# 中


　　汉中的"中"最能代表汉中人的性格特征。汉中人既有南方的灵气又有北方的粗犷，是两种性格完美的结合体，这大概与汉中的地理位置有关系吧。中庸这种元素在这里也就随处可见，汉中性格、汉中美食、汉中地理等无处不体现着中庸的精神，这也是汉中旅游策划的出发点。

　　厚重的秦岭山脉是汉中北部天然的绿色屏障，逶迤的大巴山脉是汉中南部天然的绿色屏障，清澈浩荡的汉江穿行其中，穿越汉中城区，蜿蜒东去。这两山一水护佑和润泽了汉中盆地四季分明、山清水秀、物产丰饶，素有"西北小江南"和"西北鱼米之乡"的美誉。既不过于干燥、寒冷、粗犷，也不过于湿润、闷热、娇弱，如同秦巴山脉是中国气候、地域的分界线，位处其中的汉中盆地似乎自然而然就有了中国南北气候、南北文化之所长。它是阴柔灵秀的，亦是阳刚粗犷的，这就是汉中中庸精神的由来。人文的气质与自然的气质是相应的，汉中人喜吃麻辣味，但也不排斥清淡食品；汉中人安静时贤如淑女，张扬时无所畏惧；汉中话以川腔为主，但又融合了关中大地的秦音，听起来特别有味；汉中的风情民俗很接近四川，但你分明又能感受到关中平原，中原大地的气息，就像这里的民居和用具，既有四川大地常见常用的茅草屋、阁子楼、棕箱、竹椅、芭蕉扇，也有关中大地常见的厦房、平房、四合院、木柜木椅。

　　说起中庸就不得不提刘邦。刘邦深得中庸之道，就是明白什么时候该糊涂，什么时候不该糊涂。刘邦手下的头号大将韩信在占领齐国之后认为自己功劳甚大，于是派出使者面见刘邦，希望刘邦能够封自己为齐王，而且找了一个冠冕堂皇的借口，说是齐国刚被平定，齐人需要一个代理假王来管理，这分明是谋私要挟，刘邦刚听韩信的使者这种说法后，首先大怒大骂韩信，但是被身边的张良、陈平踹了一下，马上反应过来自己还要依靠韩信，不如顺水推舟，又改口道："大丈夫建功立业要当王就当真王，当什么假王。"不极端，这就是刘邦善于权变的中庸之数。

中庸是儒家的一种主张，意思是"执两用中"，"中"不是中间的意思，不是在两个极端中间找到中间的那一个，而是找到最适合的那一个。中庸之意其实就是在处理问题时不要走极端，而是要找到处理问题最合适的方法。孔子曰："中庸之为德也，其至矣乎！民鲜久矣。""天下国家可均也，爵禄可辞也，白刃可蹈也，中庸不可能也。"其中庸即为适合，也可以解释为完美。或者在面对人、事、物的时候套用《论语》中所提到的这句话："择其善者而从之，其不善者而改之。"中庸不是懦弱，也不是忍让，而是一种宽容。宽容是一种坚强，而不是软弱；宽容是以退为进，是积极的防御；宽容所体现出来的退让是有目的有分寸的，主动权掌握在自己手中。宽容是水，给人以清爽；宽容是秋，给自己以成熟；宽容是德，宽恕所有令自己能接受或是不能接受的是是非非。中庸是不争，《道德经》中称："以其不争，故天下莫能与之争。"不争，并非一种消极逃避，百事退让；不争其实是一种低调的"争"，是一种"善胜"的"争"，是"天下莫能与之争"的符合天道的"争"。低调是大智若愚，大智若愚是一种低调，是在平凡中表现不平凡，在消极中表现积极，在无备中表现有备，在静中观察动，在暗中分析明。因此，它更具有优势。中庸就是既不善也不恶的人的本性。从人性来讲，就是人性的本原，人的根本智慧。中庸之道也是汉中的旅游规划之道，不偏不倚，采众家之长补己之短，这是中庸之道的精神，所以占据汉中的刘邦就是利用这种不争，在自己实力不足的时候等待机会。

汉中的旅游起步较迟，与国内其他已经具备一定基础的城市相比还存在一定差距，但是这不意味着汉中旅游就永远会走在别人后边，中庸之道的精华之处在于能找到自己的优势然后加以发挥，避重就轻，找到属于自己的出路。汉中的中庸之道在于中和，一方面汉中旅游的中庸之道就是要找到自己的位置，自如游走于传统文化资源与现实生活片段之间，将中国的"中庸"智慧在充满哲理的历史遗迹旅游以及富有魅力的自然风光旅游中徐徐展开，其中穿插的关于中国文化传承、道德问题、历史启示从而令人深受启迪；另一方面中庸之道就是中庸做事，不仅可以保护自己，融入人群，与人们和谐相处；也可以让人在暗中蓄积力量，然后悄然潜行，在不显山也不露水中成就事业。表现在旅游策划上就是要找准自己的市场定位和目标定位，进行差异化竞争。

汉中人讲吃，饮食习惯接近四川。汉中家家户户都有泡菜坛子、熏腊肉、灌香肠、蒸卤肉、涮火锅，隔三岔五聚一次是很普遍的。即使在秋冬季节，来汉中拉蔬菜瓜果的大车络绎不绝，这里仍然有吃不完的瓜果蔬菜，随处可见瓜园、菜地、水稻、竹林。即使到工业化迅猛的当下，汉中城郊依然是一望无际的水稻、蔬菜、竹林、草坡，丰饶而浓郁。

汉中小吃很多，米糕馍、油糍粑、核桃馍、锅贴、水煎包、梆梆面、粉皮、米皮……最有名要数汉中米皮。在汉中，米皮店遍布大街小巷，个个都有不错的生意。人们有的早上吃，有的中午吃，有的晚上吃。一碗米皮、一碗菜豆腐稀饭或者花生稀饭或者绿豆稀饭或者黑米稀饭，再加一个饼或一个馍，就会吃得美美的，饱饱的。热面皮，薄、软、劲、光，入口温软、入胃舒适，再配上汉中人独到的辣子、调料，真是色香味俱全，百吃不厌。你要是问一个从外地回来的汉中人，问他们到汉中最想吃什么？大都会说：热面皮。汉中人知道自己其实喜欢的是面皮一样简单、真切的而不是灯红酒绿的生活，知道自己的内心其实是充满了一个时代更有家常味的温情。

汉中的旅游就是汉中的热面皮，要做到口感鲜香麻辣，面皮筋道适合各类人群食用。热面皮给人的启示有四个"一"：一鲜，就是适合味道刺激，让游人能感到胃口大开，充满新鲜感；一韧，就是有嚼头，有味道，那就是将历史文化融入旅游中，让游人回味无穷；一易，就是做到一年四季都能吃，冬天吃面皮能保暖，夏天吃能消暑，春天吃能解乏，秋天吃能去湿，真可谓四季皆宜，不可多得；一变，面皮可以搭配辣椒，可以搭配醋，可以搭配香菜，苦辣酸甜全凭自己选择，汉中的旅游也要这样多样化，针对不同人有不同阶段的产品，丰俭由人，老少皆宜。

# 源

汉中厚重的历史感有时候让它略显沧桑，它似一个历经风尘的行者，带着满身的故事，却仍保有天真质朴。汉中隶属秦岭江汉平原，是中国文明的发源地之一，有着悠久的灿烂历史和原生态的自然景观。汉中，既有着文化之源的古老，又有着本原之原的艺术美。汉中是块古老而神奇的土地，据记载，汉中与"华夏"一词密不可分，古时称秦岭为华山，称汉江为夏水，而秦岭呵护和汉水滋润着的风水宝地就是汉中。古人称汉中为"天汉"，"天汉"指天上的银河，古人认为横卧九州大地正中的汉水是横贯夜空的银河在地上的对照。换句话说，银河是天上的汉水，汉水是地上的银河。

对于相信天命的古人来说，"天汉"一词具有不可抗拒的感召力，拥有这样美称的地方一定是神圣吉祥，前途无量，天命所归的。所以汉中人似乎天生就有着一种幸福感，因为他们是被上天祝福的人。汉王刘邦以汉中为发祥地，在汉中筑坛拜将，明修栈道暗度陈仓，举雄才出奇兵，北越秦岭，决战中原，一统天下。为了怀念帝业兴于"天汉"的汉中，为了取天汉的美意，特意将他所统治的朝代定为汉朝，强盛的汉朝绵延400多年，是我国历史上一个非常重要的时期，在这个时期形成的"汉朝、汉族、汉字、汉文化"一直延续至今。

汉中是汉文化之源。曹操在《观沧海》里对浩瀚的大海有过这样的感慨：日月之行，若出其中；星汉灿烂；若出其里。意思就是在天地之间运行的日月和灿烂的银河星辰都好像出自这广袤无垠的大海。日孕育万物，月赋予万物灵气，而星辰带来思考。日月星辰都出自大海，大海就是这世间万物之源。而汉中，则是浩瀚的中华汉文化之源。汉中一直有着"汉家发祥地，中华聚宝盆"的美誉，古称"汉"。说到汉，就能联想到很多中国色彩浓烈的元素：中国人古称汉人，中国人数最多的民族叫汉族，中国著名的鼎盛王朝叫汉朝，中国人沿用至今的字叫汉字，中国人说的话叫汉话，中国人穿的衣服叫汉服，等等。"汉"，已然成为中国的代名词。而汉中，正是"汉"之祖。这些"汉"元素，从社会、文化、经济、政治等各个方面都深刻地影响了中国，及至今日，汉文化仍是我们生活中不可或缺的一部分。

道家有"人法地，地法天，天法道，道法自然"的说法，这种中国土生土长的文化主张"天人合一"，这种生态观念是说人只是宇宙很渺小的一个分子，尊重自然规律，顺从环保理念，是人类应当遵循的法则。唯有自然万物得以健康生存，才能有人类的健康生存，在汉中转换为旅游产品就是打造养生的概念，利用本土优势的自然资源，打造养生旅游产品，叫每个来这里的游客都能沾沾上天的灵气。

文化之源源于水。汉中起源于秦惠王置汉中郡，至今已有2300多年历史。汉中之名，由来甚古，亦甚美。汉名起于水。因长江最大的支流汉江流经此地，故称汉水。萧何说"汉"语曰天汉，其称甚美。中国向来推崇水文化。《易经》有云："天一生水，水生万物"，奉水为万物之灵，古人认为，水由天生，万物由水生。水不仅孕育万物，并且滋养万物。而中国最古老的、最灿烂的文明同样离不开水的恩泽。文化斐然的中国文明发源地即黄河和长江。黄河文明和长江文明发展史即中国农业文明的发展史。农业是古代的主要产业，古老的河流，培育灌溉农业，催生社会文明。

汉江，这条静静流淌在秦岭南麓的大江，即使在工业化空前的今天，依然如诗画般地清澈、安宁、美丽，它所衍生的中国传统文明依然富有活力、生生不息。汉中深受汉江的影响，从地理上分析，汉江是长江支流之首，是长江的主要源头之一。从文化上分析，汉中是黄河文明和长江文明的融合地带，是秦陇文化、巴蜀文化、荆楚文化等多元文化的交汇之处。横跨汉江的汉中由此形成了极具特色的汉文化景观。汉中是南北文化交界之地，也是南北文化分野之地。在南北文化的相互交融中，催生了产生于江汉潇湘间、以泽国为主要地理特征的道家学说。老子是道家的创始人和代表人物，他曾这样形容水："天下莫柔弱于水。而攻坚强者，莫之能胜。以其无以易之。弱之胜强。柔之胜刚。"这句话的意思是天下没有比水更柔弱的东西，但是也没有比它更能攻克坚强的东西。水本是天下最柔弱之物，它只是自顾自地流淌，顺形就势，遇石激浪，遇洼成潭，最后却能以弱胜强，以柔克刚。水看似无为，实则有大为。这与道家所提倡的无为而治的思想正相契合。道家认为天地万物都由道化生，而道的最根本规律就是自然而然，所以人类应该仿效大道，顺其自然。故老子主张"人法地，地法天，天法道，道法自然"，黄老道家也主张"以虚无为本，以因循为用"，所谓因循就是因循万物天性，即自然而然的状态，无为而治，让事物按照自身的必然性自由发展，使其处于符合道的自然状态，不对它横加干涉，不以有为去影响事物的自然进程。也只有这样，事物才能正常存在，健康发展。因此，明智的人应该采取无为之道来养生治世，也只有如此，才能达到预期的目的。

无为是策略和手段，无为的目的是有为。无为不是什么都不做，而是要做得"柔"。不要一味地跟风，看到丽江古城红了就去做仿古建筑，看到欢乐谷赚钱就投资游乐园，看到世界之窗热闹也去搞主题公园，蛮横地将这些不符合自身气质的东西加之于身，结果只能是邯郸学步，落得个不伦不类的下场。汉中旅游也应该学会水以柔克刚之道，用无为而治之法，顺应自然和文化的发展规律和趋势，不擅加人为的破坏，切实做好保护自然环境和保护历史文化遗迹的工作，深入挖掘和理解汉文化，发扬汉文化，以汉文化为旅游之源。汉文化源远流长，这是汉中"柔"的力量源泉所在，也是汉中旅游业能以柔克刚的最大力量。

文化之源源于人。提到汉中就一定要刚提到汉高帝刘邦。刘邦成功的原因，最大的两个因素是：一是百折不挠。刘邦是中国历史上第一个平民皇帝，在与项羽的斗争当中一直处于下风，但愈挫愈勇，终于在垓下一战中击败项羽，夺取天下。汉中的旅游资源是有优势的，旅游业还有很大的发展余地，仍大有可为，所以汉中的旅游要做大做强需要的就是刘邦这种奋斗不息的精神。二是知人善任。刘邦本人是个不通诗书的领导者，但是他能放手任用各种出身的人才，博取众家所长，使人尽其才，汉中的旅游如何将各种资源的优势最大化发挥是刘邦知人善任给我们的启示。

刘邦本一介布衣，从汉中起步，历经坎坷最终坐上皇帝宝座，打破了汉以前中国贵族主导中国政治的局面。刘邦来自民间，事业也起于民间，是由普通走向不平凡的典范。汉中旅游资源丰富，但是旅游业发展有待提升，这也是一个从平凡走向不平凡的过程。如何更好更快地走好这一段路，需要我们学会从民间汲取养分，发掘和利用好民间旅游资源。汉中的旅游，从民间来，又到民间去，所以汉中的旅游要做到贴近平民，让平民在汉中也能有皇帝般的体验，得到至高无上的乐趣。

在《诗经》中有《云汉》一篇，其中说道："唯天有汉，鉴亦有光。"天汉，即天上的银河。在古人眼里，天上的银河和地上的汉水是相对应而存在的，汉水也如天上的银河一样灿烂生辉。天汉是雄视宇宙的象征，也是汉中的象征，因而汉中也成为历代皇帝的远望祭祀之地。蛰居汉中之人，也如星汉般不甘平庸，有着傲视群雄之心，追求辉煌而璀璨的人生。如今的汉中人仍残留此古风，胸中有大气魄，不拘泥于小节。中华民族在其发展过程中有周秦汉唐四个让后人千古敬仰的朝代，但唯独汉朝的出现，使我们民族在"华夏"的称呼上又多了一个"汉"，其蕴含着丰富的文化内涵和深厚的民族集体心理，包含中国古人广阔的胸襟和恢宏的气度。在秦岭山脉中，有一条贯穿关中平原与汉中盆地的山谷，其南口曰褒，北口曰斜，沿行贯穿于此山谷中的一条栈道名曰褒斜栈道。栈道沿着山体挂靠其上，蜿蜒险峻。是汉中与关中的交通要道。刘邦，既有着雄霸天下的雄心，又有着沉着收敛的忍耐心。胸中存大气象者，方能有看得长远的眼光，不拘于小节，隐忍于小辱。也许是汉水灵气的滋养，汉中向来能养此种沉敛的气质。刘邦是一个，诸葛亮是一个，张骞也是一个。诸葛亮蛰伏汉中八年，六出祁山，鞠躬尽瘁，死而后已，最后葬于汉中。武侯墓至今仍为后人所膜拜。生于汉中的张骞，开丝绸之路时也非一帆风顺。丝绸之路起于长安、洛阳，达于中亚、西亚，张骞在此期间几经磨难，屡次在中途遭挫滞留，最久时竟长达 10 年，若无坚强、坚定的沉着之气，必无法走完。无论诸葛亮蛰伏八年而出，还是张骞的屡挫不馁，不都表现了汉中这种沉敛的气质吗？

盛世已不再，唯有璀璨文化残留的汉中，好比正在汉中休养生息的刘邦，也仿佛蛰伏汉中的诸葛亮，是否能沉着敛气，静修内功，外扬名气，是决定其能否再次腾飞的关键所在。汉中有着深厚的历史文化沉淀，但由于年代久远，许多历史遗址、文物都已不再光彩如昨，而古汉文化的魅力也在现代时尚流行文化的冲击下渐趋减弱。汉中旅游的静修内功，就是要修葺完善和恢复汉中的历史文化遗迹，构筑一个能体现汉中文化城市的城市形象，将旅游形象上升为城市形象；外扬名气，即围绕汉中的核心文化价值，围绕文化城市的主题形象做文章，打好文化牌，经营好文化城市的旗号。

# 原

"源"说的是文化之源，文化是精神层面的东西，满足人民的精神需求；而"原"则是生态的原汁原味，生态是物质层面的东西，满足人们的生理需求。

汉中有两张名片，一张是文化名片，一张是生态名片。汉中不仅文化灿烂，自然风光同样极具魅力。身处秦岭一带，仅秦岭山脉就分布着众多秀美的大山。在长青自然保护区，"苍茫蜃气晴疑雨，淅沥寒声夏亦秋"，不仅景色有高、寒、奇、险、秀的特点，而且生活着众多珍禽异兽，是一处生态环境独特的自然综合体，有崇山峻岭，有飞瀑流泉，有奇花异草。位于秦岭中段的陕西佛坪国家级自然保护区，境内山清水秀，自然风光雄奇秀美，52 万亩原始森林完好无损。其最具特色的是生活着大熊猫和各类稀有的野生动物，是野生动物自然保护区。在佛坪，可避暑、度假、观光、狩猎、探险。这些资源为汉中围绕"原"打造旅游提供了先决条件。

原生态生活是都市人在喧嚣浮杂的城市生活和职场竞争压力中释放自我的既是精神上，也是身体上的追求。自然风光使人心灵愉悦，原生态生活使人身体舒畅。向往大自然中那种纯天然、顺应天理、毫无矫饰的环境，并且切身融入其中一直是人类灵魂深处的追求。雨从天上来，流水源于高山；树木汲日月精华成长，猿鸣于耳，鸟栖于林；山风穿林，飞瀑垂崖，人怡然游于其间，无论什么样的烦恼都能霎时抛诸脑后。产生于南北文化分野中的道家学说，崇尚虚无，活泼进取的生活状态，"大抵遗弃尘世，渺视宇宙，以自然为主，以谦逊为宗"，他们学"究天人之际"，深探"天地与我并生，万物与我齐一"的宇宙精神，体现了人与天、地、道同大的自觉意识，又具有齐同物我、平视神人的博大眼光。天地并生，万物齐一所追求的境界就是人与自然的和谐。和谐不仅是人与自然相处的境界，也是人生品位的境界。

在汉中的旅游规划中，要"知天"，也要"畏天"，两者合于一身；要"爱人"，也要"利物"，两者融于一体。要做到时时注意、处处留心，在利用自然的同时，以保护自然环境为己任，遵循天道，做到开发与保护两手并抓，构建一个集温泉、森林、湖泊、民俗于一体的高端度假养生胜地。

原汁原味就是说在策划中要保留本土气息。一方水土养育一方人，汉中古老的文化一直感化着这个传奇的地方，而原生态的自然环境也孕育了淳朴、率真的汉中人。汉中的男子性情豁达，不拘小节，他们说话率真、直接，怎么想怎么说。江南人的吴侬软语，细细柔柔，婉转绵长，一句话分成三句话说，他们是受不了的。如西北的烈性酒，每一口喝下去都是扎扎实实地烧，虽然烧，但还是要大碗大碗地喝。他们话说得直截了当，事做到干脆利落。跟他们打交道，少有猜忌揣测，拐弯抹角，直入主题是他们的处世风格。做旅游也要学学汉中人，个性明朗的旅游形象，主题鲜明的旅游景区，不仅能给旅游者留下深刻的印象，更能把旅游形象发展成为城市形象，将当地的旅游业提升到一个新的层次。

汉中给人感觉是一个女孩子很多的地方。放眼街头和学校，好像女孩子总是多于男孩子。汉中都是欢快、浪漫和清新的，人们满面春风笑意盈盈，也许是高峻巍峨的秦巴山脉的阻隔与护佑使得这里风调雨顺安然自适的缘故，也许是两山一水的相对封闭与润泽使得这里的万物生灵较少有外界世俗的约束而较多展现本真率性而为的缘故。汉中的女人质朴得可爱，她们的表达大胆直白，热烈奔放，好像她们唱给情郎的歌《太阳大了一把火》："太阳大了一把火，奴家晒得焉妥妥，我把草帽给你戴，愣叫太阳来晒我……"太阳是像火一样的，晒得人无精打采，但是姑娘们的热情似乎比太阳更热，连草帽都要让给情人戴，宁愿自己挨太阳晒。这样的歌曲经汉中女人不加修饰的嗓音唱出来，便有一股子浓浓的西北农家味道，还散发着江汉平原的土地的气息。质朴、纯洁的农家气息，像火一样的热情，感染着来到汉中的每一个人。让来到汉中的旅游者，追溯古老的汉文化，重温圣人遗事，神游秀美自然风光，体验原法原味的汉中人生活，听热情四溢的陕南民歌，与率真淳朴的汉中人打打交道，远离喧嚣，坐拥清闲，应该是汉中旅游未来的发展方向。

汉中人的这种气质，是道家所推崇的返璞归真的气质。《道德经》里说："见素抱朴，少私寡欲。"即要抱道守真，颐养生命的真元，使之不为物欲所诱惑，不为私心杂念所困扰，使生命回归到真道的状态，方能成仙得道。在返璞归真的修行道路上，有过诸多道德高深的名士。汉末魏伯阳真人，"挟怀朴素，不乐权荣"而专心修炼。葛洪真人不随世变，言则率实，杜绝嘲戏，终日默然，并提出应"全大宗之朴，守真正之源"，被邦人咸称为抱朴之士。晋代嵇康好道，亦以"贱物贵身，志在守朴，养素全真"为修行宗旨。"道"指的是一种质朴的状态，是真常之道的本来体性。璞，本义是蕴藏有玉的石头，也指未雕琢的玉。汉中正像一块璞石，虽外表质朴，但内含美玉。"返璞归真"启示我们，当事物上升到一定的境界和层次后，矫饰往往成为累赘，回归本原成为最后的选择，质朴的状态才是境界的最高层。蝉噪林逾静，鸟鸣山更幽，任何华丽的辞藻的描述都比不上自然中一只蝉、一只鸟的鸣叫更能让人体会到山林的静美。

同样道理，汉中作为汉文化之源，有着秀美的自然风光，有着原汁原味的山西民俗风情，本身已极具艺术美感，任何华而不实的东西加之于它都会显得格格不入，我们要做的应该是将自身的艺术美提炼、完整、优化、提升，将最真实、最深入民间、最原汁原味的汉中风景与民俗更好地展示给旅游者。汉中旅游不仅要有玉的内涵，也要有玉的自信，要充分认识自身的优势所在，深度发展文化旅游，积极开拓养生度假旅游，引领旅游者回归自我，回归生命，回归本原。

返璞归真的精神加上汉中难得的自然条件可以重点打造养生类的旅游产品，其中心思想就是顺其自然，在养生的过程中，既不可违背自然规律，同时也要重视人与社会的统一协调性，适度开发与保护相结合这是汉中旅游的宗旨。养生不拘一法、一式，应形、神、动、静、食、药等多种途径、多种方式进行养生活动。此外，也要因人、因地、因时之不同用不同的养生方法，正所谓"审因施养"和"辨证施养"。

道常无为，而无不为。真正的幸福和快乐，是需求和欲望的自然满足，是符合规律的自然无为的状态，对我们现代人来说，要达到自然无为，就要使自己虚心静神。虚心则欲望不泛滥，神静则念头不丛生，心清神静，根本坚固，形神相亲，则能长生久视。

# 如何寻找城市灵魂

很多城市在做旅游策划时，不能抓住自身最具代表性的东西，本末倒置，放弃了自己最具优势的文化遗产，转而追求人云亦云的主题，这样的结果是别人的东西学不到，自己的东西又丢失了，这是很多时候城市旅游策划面临的尴尬现状。我们在做旅游的时候不能单纯地从一个景区，一个景点的角度出发，而应该把主题定位上升到城市的高度，比如汉中是汉王朝的发源地，溯本追源，这里是刘邦龙兴之地，依靠这块土地，刘邦东向取得了天下，所以这里是吉祥的、幸运的土地，在这里做策划就要把握住汉文化这个主题。

汉文化纷繁复杂，如何利用汉文化众多的文化元素来为汉中旅游创造主题，先秦时期图腾崇拜都是天命玄鸟，真正龙被直接看作帝王象征则是从刘邦开始的，《高祖本纪》写道："其先刘媪尝息大泽之陂，梦与神遇。是时雷电晦冥，太公往视，则见蛟龙於其上。已而有身，遂产高祖。"所以建立汉朝就是龙的后裔，汉朝崇尚火，到汉文帝时期，把皇帝的服饰改成了黄龙的黄色，可以说汉朝就是代表龙的朝代，是龙正式代表帝王的开始，所以在汉中做文化就一定要把握住这一点，龙代表吉祥和尊贵，龙是汉朝的图腾和吉祥物，这些也正与游客迎福祈祥的心理相映衬，那么龙这种看似抽象的文化概念又该如何拿来和旅游策划结合呢？

说到底，做旅游策划就是一个寻找项目的灵魂的过程，也就是寻找城市的个性文化到底是什么。我们在河南淅川丹阳岛做旅游规划时，面临着和汉中类似的问题，在与基地内的文化有着较为深厚的渊源是大文化背景"楚文化"的鲜明代表，我们符合现代旅游者"祈福求祥"的心理，"楚文化"面临周边湘、鄂等地的同质竞争，找寻基地打造个性文化。

丹阳岛，在天成象，在地成形，楚国始都。通过文化推演我们确定丹阳岛的文化个性——"丹凤朝阳"，寓意吉祥。丹阳岛是楚文化的聚集地，"凤"是楚国文化的图腾，楚族尊凤。丹阳城是楚文化的发源地，"凤"是楚人祖先的化身，所以丹阳岛的楚文化，可以"凤"为特色。

楚文化中，楚人崇火尚凤、力求浪漫、绚丽多彩、天人合一；楚凤绮丽新奇、诡谲奇异、轻盈飘逸。凤文化中，凤五行属火，是南方七宿朱雀之象；凤是鸟类，高大，五彩金，能歌善舞，吉祥安宁，被奉为氏族图腾。

我们将景区定位为中国凤文化的滨水度假天堂，全国首个以"凤文化"为特色的生态型文化旅游度假区。在充分挖掘基地文化的基础上，将以"凤"为图腾的楚文化衍生为中国传统文化中的"凤文化"。基地以楚文化为底蕴，以"中国凤文化"为特色，依托岛、湖、山等自然资源，打造集文化体验、生态岛居、浪漫度假、考古科研等功能于一体的生态型文化旅游度假区。

同时从宣传营销的角度出发，丹阳岛案名我们建议改名为丹凤岛。延续"丹凤朝阳"的吉祥寓意，与休闲度假岛屿的文化需求相契合；另外又个性鲜明，直接响亮，且更突出岛屿的"凤文化"主题。"丹凤朝阳，淅川楚都"作为景区的形象定位。"丹凤朝阳"吉祥寓意，响亮生动，文化个性鲜明独特；"淅川楚都"，"淅川"点明地域区位，"楚都"强调项目地位。

总体构思结合区域地理特征及本地资源，凤文化为灵魂和指引，构建五大特色功能分区。让我们来看一个我们根据当地文化整理出来的传说：

周成王时代，祝融氏后裔楚君，率领一支楚族，自东方而来，至淅川丹水流域，见此地鱼米丰富，遂定居江上，勤劳耕作，繁衍生息，渐成"龙城"。忽至某岁，丹水洪水为患，楚人一族，心急如焚。楚君率众族人，歌舞祭祀，向祖先诚心祈祷，九天九夜。其诚心终于感动了祝融，便使其化身"凤"从天而降，历经九日，击退洪水，众人平安，"凤"亦筋疲力尽，化作丹水畔一岛，曰"丹凤岛"。自此，三川之地，风调雨顺，土地肥沃，物阜民丰……

根据这个传说来确定我们的设计：凤首——有凤来仪（小镇）；凤躯——鸾凤和鸣（酒店）；凤翼——凤栖梧桐（乡村休闲）；凤尾——百鸟朝凤（生态岛群）；凤足——丹凤朝阳（休闲港口）。在这里最大的亮点在于我们的设计构想是根据传说来确定的，将凤的特性与我们的地理现状联系起来，使得功能划分有理有据，又别有韵味。

# 第十一章

## 贵阳——大山中的暖阳

城市旅游

贵阳

玉沁丹香

杨力民画作

用『光而不耀』来形容贵阳这山中暖阳一般的城市是最恰当不过了，不温不火，尽管世事繁杂，心依然，情怀依然，尽管世事变化，脚步依然，追求依然，尽管岁月沧桑，贵阳依然，生命依然，安静地独处，构成了一幅最美的风景。守住最美风景，贵阳成为一种风度，宁静而致远；守住最美风景，贵阳成为一种境界，悠然而豁达；守住最美风景，贵阳成为一种睿智，淡定而从容。

"大隐隐于市"——用这句话来描述贵阳最合适不过了。同处西南，却不同于重庆的热闹、成都的柔媚、昆明的闲逸，在中国同一纬度线的地域内，我们实在难以找到和贵阳类似的城市。该怎样来形容与贵阳的这场偶遇？就像浸润在和煦的阳光中，感觉通体温暖舒畅。推开贵阳城市大门的那一刻，游客不像是陌生的来客，更像是迟到的归人。贵阳最先吸引人的是它的环境和氛围，最后是它的精神和内涵，美并不仅仅止于外表，丰富的涵养才是她的魅力所在。

贵阳所在的贵州是多彩的代名词。贵州的民族构成是多彩的，山水的颜色是多彩的，动植物资源是多彩的，文化内涵是多彩的。上天待贵州不薄，赋予贵州丰富的能源、矿产、生物、气候和旅游资源。特殊的地理环境，造就地貌奇特，高山耸峙、江河奔腾、峡谷雄浑、湖溪竞秀。既有自然保护区之原始风貌，又有各具特色的田园风光；既有气势磅礴的天下奇观，更有极具魅力的民族文化。明代著名哲学家王阳明赞曰："天下山水之秀聚于黔中。"贵州民族风情古朴浓郁，多姿多彩，独具特色。十里不同风，五里不同俗，一山不同族，独特的风俗习惯和多彩的文化艺术，无不给人留下无限的想象空间。这也正是贵州的旅游吸引力所在。重峦叠嶂、山重水复之中，自然风光与民族风情完美融合，蕴含和透射着一种深刻的"智慧之美"。敬畏自然，珍惜自然给予人类的恩赐，已深深融入生活在这片土地上的人民生活之中。各族群众践行着"天地人和"的生存智慧、生态智慧、文化智慧和哲学精神，共同演绎着以多民族和睦相处、共同繁荣为主题的华彩乐章，所谓"心外无理，心外无物"。贵州难得的生物多样性的基因库得到完好的保护，这是贵州人民对人类对世界做出的重要贡献。《易经》曰："富有之谓大业，日新之谓盛德。"追求和平、和谐、幸福、安康的生存空间和生活环境，是一个漫长的历史进程，是贵州人的追梦之旅，也是旅行者的共同愿望，贵州的旅游不同于其他，是一种充满异域感觉、充满想象力的神奇多彩之旅。

"贵阳"的命名是因为它所处的位置在"贵山"的南侧，古时从八卦风水上来讲"山南水北为阳"，因而得名"贵阳"。山环水抱利于藏风聚气，是最佳的风水宝地，所以贵阳不仅景色秀丽，而且气场强大。贵阳有句话叫"爽爽的贵阳"，就是说贵阳空气中负离子含量较高，对人身体益处多多，是难得的养生度假胜地。"旧说天下山，半在黔中青；又闻天下水，半在黔中鸣"，贵州的山水早在唐代就得到了诗人孟郊的盛赞。而作为贵州的省会，贵阳，尽管同时拥有"森林之城"和"山国之都"的美誉，但外人对它的了解却是寥寥无几。不过不被了解也没什么要紧，生活在这座城市里的贵阳人，天生就带着自成一统的"贵"气和舒适感。他们热爱美食、追求时尚，既张扬又内敛，既狡黠又诚信。他们一直活色生香地生活着，与这片山水的气脉、个性融为一体。贵阳的独特，用语言和表情来言说就是小家碧玉又生动浪漫、烟火气息浓重而又朴实精致。从青山碧水到夜市灯火，从传统文化到时尚新潮，无不逐一涉猎，而这一切又都浓缩在小小的贵阳城里。

一个"贵"字能够点破贵州的旅游精神，提起这座美丽的城市就要从它的"三贵"说起，那就是"贵山"、"贵人"、"贵城"。

# 贵　山

贵州之旅是一种厚积薄发的修身养性之旅。一进贵州，扑面而来的景致，便是横亘连天的高山。山光水色，峰峦叠翠，泉石幽径，飞瀑急湍，不仅夺人眼目，而且感发灵趣，欣赏赞叹之余，就会感到著名大儒王阳明所说"天下山水之奇，聚于黔中"的确不虚。正是在贵州真山真水的养育下，这里的各族人民才形成了自己特殊的性格，创造了灿烂悠久的多元民族文化。

"智者乐水，仁者乐山"，聪明的人喜欢变化无常的水，而充满仁爱的人喜欢坚韧稳重的山。中国人爱山，总是喜欢把山看成文化境界与道德理想的表率，因为在古代山是最接近天的，山就是人与神之间的媒介，山表征着人的精神价值，同时涵养了人的智慧情操。尤其是在贵州高原大地上，山更可以说是人生终生难忘的生命记忆。对贵州三千多万人民来说，山既是人的真实生存环境，又是人的精神家园的理想寄托物。爱山嗜水不仅已是贵州人民的生活习惯，而且内化在贵州人民的生命智慧中，在贵州人的生命中不能离开山，而这里的山也因为这里的人变得更加富有生命力，在贵州，人不仅生活在自己的天地之中，而且生活在自然的天地之中。贵州文化中最具有代表象征的文化符号就是山，自然与人文存在着微妙的对应关系，这是谁也否定不了的事实。山不仅是贵州人民生存活动必须依赖的珍贵资源，而且直接激发了生活在这里的人们无限的诗意与智慧。古人喜欢用山来形容那些道德高尚的圣人，比如孔子。司马迁《史记·孔子世家》专门引以赞美孔子："《诗》有之：高山仰止，景行行止。虽不能至，然心向往之。"汉郑玄注解说："古人有高德者则慕仰之，有明行者则而行之。"在中国人的心中，不仅山本身是寄托文化理想的象征物，甚至与山有关的一切事物，都可以用来隐喻人生应有的道德方向。

因为贵州有山，所以贵州人才具备广阔的胸怀和深邃的智慧。光明磊落、端正厚重，勤劳勇敢、吃苦耐劳的品格正是在贵州灵山秀水的濡染涵化下养成的。沉稳的贵州人正如高山一样，底蕴雄厚，所以不慕声名，不迩势力，不好夸饰，不染纷华，是对贵州人性格最好的描述。这种质朴笃实的性格，一直到今天依然保留，这也可以说是山水秀异，灵气所钟，能够育才，足以毓贤的结果。由此看来，贵州的旅游就是一种修德之旅，修身之旅。无论《孙子兵法》的"不动如山"，孔子的"高山仰止"，讲的都是任凭世界怎样变化，都要做到保持心性，不改变自己纯真的本性，像高山那样安然不动。贵州本土的色彩就是最吸引游客的东西，不需要改变自己的风格去迎合这个变化多端的世界，贵州本身吸引游客的正是它的单纯与朴素。

每个人都有自己心中的一座高山，我们要攀登它，征服它，最终成就自己。征服高山的方法不一定是要把高山踩在脚下，我们把阻挡自己的高山变成帮助自己前进的助力也是一种征服。贵阳山多，导致交通不便，但是高山中深藏丰富的资源，我们充分利用高山赋予的资源，正是让高山助自己前进，这是一种化劣势为优势的方法，也是贵州高山给予我们的启示。

灵山秀水总易出奇人。提到贵州的山培养出来的伟大人物就一定要提到王阳明。

王守仁，人称王阳明，明代最著名的思想家、教育家、文学家、书法家、哲学家和军事家。王阳明是陆王心学之集大成者，不仅精通儒、释、道三教，而且能够统军征战，是中国历史上罕见的全能大儒。在中国数千年的历史上，阳明先生是屈指可数的几位既有"立德"、"立言"，又有"立功"之人，其德行、事功，至今仍受到读书人的敬仰，可见其巨大的人格魅力。《明史》评"终明之世，文臣用兵制胜，未有如守仁（王阳明）者"。王阳明发明"身心之学"，倡良知之教，修万物一体之仁，是宋明心学的集大成者，其学术思想在中国、日本、朝鲜半岛以及东南亚国家乃至全球都有重要而深远的影响，因此，王阳明（心学集大成者）和孔子（儒学创始人）、孟子（儒学集大成者）、朱熹（理学集大成者）并称为孔、孟、朱、王。

似乎大多数中国人都知道"心外无物"这句话，却很少有人知道，这句话就是在贵州诞生的。当年阳明先生受刘瑾迫害，被贬为龙场驿丞来到今天贵州修文县境内，他历尽艰辛来到这里，盖了座小茅庵居住，既透风又漏雨，后来发现一个山洞，便搬进山洞，取名"阳明小洞天"，寓意别有洞天，苦中作乐。在贵州这既安静又困难的特别环境里，王阳明结合历年来的遭遇，日夜反省。一天半夜里，他忽然有了顿悟，提出"心外无物、心外无事、心外无理"，这就是著名的"龙场悟道"。当时很多人不明白王阳明思想的精髓，就向他请教说：山里的花树自开自落，与我心又有什么关系？他回答说："尔未看此花时，此花与尔心同归于寂。尔来看此花时，则此花颜色，一时明白起来。便知此花，不在尔的心外。"王守仁认为心是万事万物的根本，世界上的一切都是心的产物，心即理，后来的历史表明，王阳明的龙场悟道，在居于正统地位的朱子学之外，开启了声势颇为浩大的阳明学潮流，到今天阳明学已经成为在亚洲乃至世界都有重要影响的学问，可以说正是贵州群山的超凡气韵使得圣人能够得到启迪，从而悟道。

阳明先生举出《列子》中一个疑人窃履的故事来说明"心即理"。

从前有个借宿在朋友家里的楚国人，他的仆人偷了他的朋友的鞋子回来，楚国人不知道。恰好他让仆人到集市上去买鞋，仆人私藏了买鞋的钱把偷来的鞋子交给他，楚国人也不知道。有一天，他的朋友来拜访他，看见自己的鞋子穿在楚国人的脚上，很惊讶，说："我本来就怀疑是你，果然是你偷了我的鞋。"于是和他断绝了关系。过了几年有关这个仆人的事情暴露，他的朋友来到这个人的家里，向他道歉说："我不够了解你，才错误地怀疑你，这是我的过错。请让我们和好如初吧。"

可见由于心一时被表面现象蒙蔽，所以看到的情景与现实不相符，他眼中所见，其实只是他心里所想，而不是真实的现实，这就是"心即理"，这是王阳明在贵州龙场悟道提出来的理论。而这个理论给我们旅游的启示则在于对当地文化的理解过程中，我们不能满足于显浅的表象，要了解真实情况，就必须进行深入的调研，不能"想当然"，只有弄清真相，才不会做出"疑人窃履"的事。

"心即理"的另外一层含义则给予我们旅游策划在创意方面的启示。"心即理"，说明当无"理"时，"心"可以赋予"理"，这是旅游策划中精彩的创意来源：只要让旅游者心里产生美的想法，那眼前的风景就是美的。本来花开花落与人无关，"花与尔心同归于寂"；但是人看花时，花便明朗起来，"不在尔心外"。联系这个道理，我们在夏津旅游策划案例中成功地将夏津本地最常见的桑树打造成了夏津本地的旅游主题。

夏津最常见的资源就是当地的桑树，可能是太常见了，所以这个题材反而一直被忽略无人问津，这就是所谓"花与尔心同归于寂"。但是我们经过梳理发现，在一个县古树之多，规模之大，又非常集中是极为少见的，这也是夏津旅游能够与别人在市场上叫板的强势资源。刘秀、刘邦、武则天、乾隆，这些在中国历史上著名的大皇帝都到过夏津，而且都留下过与古树有关的传说，这些树可以说是遗留在夏津的皇木。把夏津的树文化这个问题搞清了，夏津的旅游特色就出来了。在中国传统文化中，对树的文化内涵解读和精神信仰是由来已久的，在"万物有灵论"的原始神话思维中，认为古树是某种神灵的化身。关于夏津的桑树传说故事我们可以扩展文化概念来为旅游开发服务。桑树，桑即上，上升之意，是转运之树，有辟难、转运、驱病邪之效。根据这一策划将一系列产品落实下去，这就是"一时明朗"。"心"就是夏津最普通的桑树，"理"就是将最普通的树与夏津历史上的皇帝联系起来，与吉祥、向上的创意联系起来，再与一系列的旅游策划产品联系起来，这就是"心即理"在旅游策划中的运用。

# 贵　人

夜郎这个地方之所以为人熟知，大概跟"夜郎自大"这个成语分不开吧。"夜郎"指的就是今天的贵州地区。据《史记》记载，汉朝时汉朝大使路经夜郎，夜郎国王问汉朝大使："汉朝和我国相比，哪个大？"他不知道，蜗居西南一隅的夜郎国，其实只有千里之外的汉朝的一个县那么大。自此闹了一个历史上的笑话。

但夜郎真的是自大吗？司马迁在《史记》里说："西南夷君长以什数，夜郎最大。"夜郎国作为西南夷"最大"的国家，加之以前交通闭塞，对外面的世界缺乏了解，也许还有一点同汉朝"比大"的意思。不过，若是从夜郎民族的立场上看，那就不叫"自大"，而是自尊、自信，有一种强烈的民族自豪感。

夜郎的这种民族自尊心和自豪感，有着一种发自内心的真切动人的感情在里面。夜郎土著濮人后裔即仡佬族的"丧葬歌"里，巫师唱道："……大田大地我们的，大山大岭我们的，东南西北我们的。大场大坝随便走，大冲大凹随便行，天宽地宽由你走，四面八方任你行……"而在关于夜郎国的民间传说里，甚至还有这样的讲述：骑手骑着骏马跑了一百天，骏马累死了，也还未跑到夜郎国的尽头。这里当然免不了夸张，但是在这夸张手法的后面，不正是夜郎人疆域辽阔、国力强盛的心理基础，不正是夜郎国"最大"所留给夜郎民族的集体记忆吗？以此可见，夜郎并非"自大"，而是真大。贵州的大，使得贵州人带着一种与生俱来的贵气。

贵，是一种态度，贵而不奢。这种贵既是一种平淡看透一切的心态，又是一种脱离平凡生活的态度，也就是贵阳旅游的核心。贵是一种态度，传达的更是贵而有品，贵而有格，自然主义，趋优消费。贵阳人有着极强的享乐主义和超前的消费意识，贵阳人泰然处之毫不掩饰对物质生活的向往与追求。

中国有句话叫"物以稀为贵"。贵阳是中国难得的绿化面积最高的城市之一，所以得了一个"爽爽的贵阳"称号，这里的空气似乎比其他城市的要好，贵阳城的名片花溪公园独有一番情致，位于贵阳南郊的花溪公园，散发着婉约、轻盈的气质。十里河滩、馥郁花香，在其他的省会城市可谓少见，而这里的布依山寨，别致的花圃农田更是动人心弦。花溪不仅风光优美，还泛着贵阳城、贵阳人性格内秀含蓄的一面。这种秀气来源于被称作"筑城"的古代贵阳。因盛产竹子，又以制作乐器"筑"而闻名的贵阳，其气质里便带着竹子般的君子气，高雅孑然，温厚醇和。这种如竹一般的气质，体现在贵阳人的生活中就是"大处不张扬，小处不低调"。既"贵气"，又平民，贵阳人的贵气多数时候都隐藏在看似粗放的性格里，表面不拘小节，内里却温顺谦和，平民得不卑不亢，贵气得恰如其分。

　　旅游要贴近生活，满足各个层次的需求，不仅有贵族，也要有非贵族的旅游产品。正如贵阳的美食可以满足每个不同层面的人的需求一样。有人说贵阳是"天无三日晴，地无三里平，人无三分银"，这话真不假。贵阳人存钱的概念不甚强烈，但是贵阳人有本事把三千块钱花出外地人一万块钱的气势来。但贵阳人给外人的感觉又绝不是奢靡、虚荣、显摆，他们经常可以用普通的收入，量入为出，享受高品质的生活。另外，贵阳人好吃是远近闻名。他们在吃上是很下功夫的。似乎每个贵阳人都是美食家，似乎每天都有赴不完的饭局。贵阳的特色美食令人垂涎：丝娃娃、豆腐果、肠旺面、糕粑稀饭、香酥鸭等尤为有名。食色之美，哪里有人能抵挡得了呢？而夜贵阳的活色生香才是贵阳的灵魂所在。你永远不必为消夜发愁，合群路、兴关路等夜市四季不衰，热闹非凡。各种小吃汇聚：烧烤、砂锅粉、丝娃娃、开水面、卤菜、爆炒小龙虾、螺蛳……

　　贵阳的休闲度假要像贵阳城一样讲究小巧精致。贵阳人的性格简洁明快，这与贵阳的"小"不无关系，小得精致，小得玲珑。而城市的小，也可在人们的生活里细致地铺展开来：聚会游玩，聊天夜宵，常常一个电话就可以把人从城的这一头唤到另一头。难能可贵的是，贵阳虽小，但不代表这里的人就拘谨小气，他们的心态是豁达的。他们以兼容并包的心态，将这座西南小城的城市性格与风骨，展示得纤毫毕现。

　　贵阳的旅游应该是刚柔相济的，除了浏览高山大川，品读民族文化，朴实市井的生活也是需要的。贵阳人慵懒随性，或许是被凉爽的气候所娇惯，他们说话做事总带着优柔和懒散。而另一方面，贵阳人却又十分耿直豪爽，还有些好争、好斗，话不对路有可能会上演拳脚，这些特点加在贵阳人身上，会有一种俏皮的、憨厚的体现。外地人来贵阳，总觉得这座城市不太地道，没有特别鲜明的性格，杂糅着云南人的温和、四川人的精干，却缺了那么点霸气和热情，虽不排外但也不刻意亲近。不过感觉倒是十分舒服，因为贵阳就是一座非常平民和亲切的城市，只要自己的小日子过得乐活，其他都不是问题。

总之，独特的地域、自然山水孕育了贵阳人，而贵阳人又以自己的慵懒、随性气质锻造了一座活色生香，又亲切无比的城市。而这种撑起气质正是符合休闲的概念，暂时慵懒一下，忘记尘世烦恼，给自己的身心度个假，这也是贵阳旅游要带给游客的真谛。就像光有钱不一定能成为贵族，贵阳旅游面对的消费者不一定只是拥有财富、权力和社会地位的人士，只要是具有良好的品德、品性和卓越的生活品位，真正懂得享受生活的人都是贵阳的消费群，这是贵的态度。贵阳旅游要满足的是人们在产品上对品质和价值的趋优消费选择，就是要创造经典，就是要创造富有魅力文化的品牌。因此，"贵是一种态度"，而大气、灵气、贵气则是"贵是一种态度"的外在格调，同时，智慧、品位、内敛，真正懂得欣赏和选择更是"贵"的人格化写照，这就是贵阳人的"贵"。


# 贵　城


贵阳是一座充满贵气的城市，贵阳的"贵"，贵在精神。

贵阳的旅游精神是"以和为贵"。这种"和"既要游客做到体验与大自然的天人合一，养身养性，调和精气，又要做到将所有不同的旅游产品结合在一起，和而不同。

一个有优良传统的城市必然有一种精神互动纽带。从贵阳城市发展的过去来看只有"和"字能配得上贵阳的发展史。贵阳是一个移民城市，人们在不同时期从四面八方来到贵阳，具有包容"五湖四海"的胸怀和气派。贵阳是一个多民族杂居的城市，各民族长期共同开发贵阳。这里汇集了多种文化，有汉文化，也有少数民族文化，有中原文化、东南文化，也有川湖、两广文化，在融合多种民族文化和地域文化的同时，又不断吸纳外来文化，具有很大的包容性。文化来源虽然多元，但经过长期融合，形成了自身的特点，有多种文化的因素，但又不同于其他地方的文化。这种不断吸纳而又独创的精神，就是"和而不同"。除了代表儒教思想的王阳明，这里又有代表佛教思想的弘福寺。心静兮，以修身；美景兮，以养性。可能是自古不变的定律。多民族，多文化共存已经化作一种贵阳人的精神共性，那就是"以和为贵"。

和，一个再通俗不过的字，通俗到人们似乎根本不需要去联想就可信口说出"和"的缤纷意象：和平，平和，和谐，和合，和睦，醇和，和气……纷纭世界里，真的少不了这一派祥"和"。和，绝对是中国的，而且绝对是东方文化区别其他文化的最本质的标记。和，是一种境界，是一种精神。中华文化博大精深，其主体是"儒、释、道"的融合。儒家的核心思想是"仁"，释家主张的是"善"，道家则强调"自然"，所谓"人法地，地法天，天法道，道法自然"。因此，中华文化的精髓是"天人合一，贵和尚中"，其核心是个"和"字，追求的是家庭的和谐、社会的和谐、各阶层的和谐、人与人之间和谐和人与自然和谐的大同世界。同时，向往和谐是人类的共同愿望，符合历史发展的大趋势。正因如此，中华文化历经数千年而进入现代社会，在世界四大文明古国中，成为唯一能延绵传承下来的民族文化。

贵州的"和"表现在自然的和谐之韵，民族宗教的和谐之处，文化的和谐之融，阴阳的和谐之举。大千世界，万物峥嵘，"和"系其中，方呈精彩。"和"是一种文化，更是一种实践。历经五千多年而心心相传，"和"已经深入每一个中华人的血液里，"和"而不同，天人"合"一，成为中国思想文化中被普遍接受和认同的人文精神，它纵贯整个中国思想文化发展的全过程，积淀于各个时代的各家各派思想文化之中，因此，它体现着中国思想文化的首要价值和精髓，也是中国思想文化中最完善最富生命力的体现形式。因此，"和"，便是一个最通俗也最深厚的字。说到"和"，人们的脑海中会立时浮现"和记"某某铺、某某行等中华"老字号"，那种民族文化"致中和，天地位焉，万物育焉"的悠长韵味便油然而起，且能立刻勾起积淀在你心底、你血脉里的文化遗传。"和文化"在现实生活中的表现似乎集中在酒上：在抛弃了鞠躬作揖等繁文缛节的古老国度，酒成为人与人之间亲和的媒介：婚礼上，新郎、新娘为来宾敬酒；朋友聚会，相互敬酒；小辈给长辈敬酒以示恭敬，同辈互相敬酒以示友好……可谓喝酒事小，干系甚大。而这些现象的背后，都包含着一个最基本的民族文化心理：和气。企业家体验到"和衷共济"的境界，商人追求着"和气生财"，当权者表达"和蔼可亲"，文化人显示"平和冲淡"，长者透露"谦和"风范，前卫青年表现"和而不同"……"和"的文化界面是如此友好而具有亲和力。

贵阳的"和"是旅游空间上的完美协调搭配，在一座城市游客可以看尽各种美景。

贵阳的城市空间主要有原味的自然要素构成，而且成组团形式分布。各组团的自然山水景象均集山、水、林、泉、流瀑、峡谷、溶洞为一体。不仅陶冶情操，获得充足的享受，更主要的是可以和谐地与城市建设相融合，为城市生态的美化完整起到保护层的重要作用。

贵阳有许多引以为豪的城市休闲空间。如花溪，让你享受着自然山水的同时，又有闲情聊天饮茶、骑马坐轿，或潇洒地踏着各样的自行车穿行于每个景点，若逢节日欢庆又成了漫天五颜六色的风筝的海洋和璀璨热闹的烟花家园。倘若你钟情于原始的气息，不用担心，贵阳的"森林公园"足可以让你享受最古朴的原始味道，接触到各种野生动植物。如果你感觉纯粹的自然景观无法满足你强烈的休闲愿望，那么，各种各样的生态园林可以带给你意外的惊喜。总之，组团式的城市结构为整个城市增添了无与伦比的乐趣与魅力，给每一位前来的游客留下最美丽、最难忘、最宝贵的记忆。

如何去定位贵阳这座让人欢喜的城市呢？《易经·系辞》云："仰者观象于天，附则观法于地，观鸟兽之文与地之宜，近取诸身，远取诸物，始作八卦，以通神明之德，以类万物之情。"阐述的就是人与自然的紧密联系，不可分割性。此为选择的方法论。后世，诸如儒、道、法学派均推崇求实精神，此为认识论也。

可能有很多人会自然地提出把贵阳建成一座著名的生态城市，很受欢迎的旅游城市，或者是历史文化古城，其实都是片面的。贵阳凭借得天独厚的自然地理条件随着经济的发展，最终成为一座生态旅游城市是没有太多悬念的。贵阳的未来将是以一种生态旅游城市为根基，以独特的有自然山水及悠久浓厚的传统民俗结合城市的现代化而孕育出来的一种独特的气质为砥柱，以一种永远青春活泼、生机无限、魅力超凡的城市内在的底蕴为目标的，最独特、最有幻想、最引人入胜的城市。

# 引进强势文化为旅游增色

"八山一水一分田"的贵州，最贵之处在于山，这里山多，山美，做贵州的旅游策划，就是在做山的旅游策划。但是单纯的山水旅游缺少特色，需要文化为山水注入血液。从贵州的旅游策划中，我们可以探究如何引进强势文化为山水增色。山在中国的文化中占据了一个重要的地位，中国人有着传统的大山崇拜情结，人们认为，山是离天最近的地方，只有站在高山上，才能与天进行沟通。贵州的旅游策划应该强调和渲染这种亲近山，亲近天的氛围。这就将山的旅游上升到了文化的高度，这是一种强势文化的引进。而贵州又是著名的红色旅游区，革命红色文化与山水绿色文化的结合又将山水旅游上升到了爱国的高度，这也是一种强势文化的引进。

比如贵州毕节市百里杜鹃的景区，就可以利用强势的红色文化使整个景区得到升华。百里杜鹃风景区位于贵州省毕节地区大方、黔西县交界处，这一片土地一片烂漫与辉煌，被誉为"世界上最大的天然花园"，有"地球的彩带、世界的花园"美称。在这里，如果能利用强势的红色文化作为营销卖点，必定能创造出一个奇迹。据传，当年遵义会议从遵义一路开到毕节，在毕节市最终确立了毛泽东的领导地位，中国革命从此走上了正确的方向，扭转了革命形势。遵义会议是中国革命扭转命运的重要会议，而毛泽东也在这个会议上成为中国革命真正意义上的领袖，所以毕节可以说是一个转运之地，我们的策划也应该把毕节包装成一个转运之地。毛泽东和遵义会议带来的强势文化是"红"，贵州的山水文化是"绿"，"红"与"绿"的配合必定能产生奇迹。

贵阳是一座森林之城，荣获首个"国家森林城市"称号，是一座"山中有城，城中有山，绿带环绕，森林围城，城在林中，林在城中"的具有高原特色的现代化城市。森林是贵阳市的标志性景观，因此，贵阳的旅游应该围绕山地景观来做文章，发挥自身的资源优势。在旅游市场日趋成熟的今天，单纯的山地观光游已经远远不能满足旅游者，因此，如何在山地的旅游开发中注入更多符合现代需求的元素成为我们旅游策划者需要认真考虑的话题。

我们曾经在江西方家山做过的一个旅游度假区就是一个以山地景观为依托，衍生出众多配套旅游产品的案例，我们可以从中学习到一些山地景观的策划思路。

方家山位于江西省资溪县，喀斯特山地景观丰富，森林覆盖率达 87.3%，生态环境综合评价指数列中部 500 个县区第一位，是生态极优的"天然氧吧"。这里的旅游资源十分丰富，有两条狭长蜿蜒的山谷溪流，清澈萦回，数十个清澈见底的跌水深潭，瀑布成群，延绵 150 公顷的阔叶林海，谷幽林深。我们决定在这里做旅游规划要不同于其他地方，既要保留这里原始的生态环境，又要充分利用这里的空间实现景区与自然的结合，从资溪县"生态立县、绿色发展"战略出发，发挥基地的山水资源优势，围绕生态休闲及健康养生主题，打造集田园体验、溪谷度假、山地运动等功能于一体的生态型养生度假区。我们决定用"生·色"仙境作为这里的主题，生者，活力也，代表生机勃勃的生态世界，色者，生动也，代表色彩缤纷的四季景致。生色兼并给人一种十分动感的印象，在这里作为旅游主题和周边的自然环境实在是再恰当不过。山色孕育了生命，在绿色的世界里人总是心情舒畅，心情好自然身体就好。"生·色"二字一下子就把整个景区要带给人的感觉表现出来了。

第十二章

桂林——歌声中飘散的爱

城市旅游

桂林

晚风自清 **∥**

杨力民画作

有一种爱一点点就能醉人，有一种歌一开口就很温馨，有一座城一相识就难以忘怀。桂林容纳了最丰盈的季节，最清爽的心情和最鲜活的灵魂，红尘阡陌，春花秋月，到处飘逸灵动的音符。半城明媚，半城娇艳，组成了一个桂林。

　　当你的车窗仿佛不停变换着一幅幅水墨山水画的时候，你就能确定，你已经进入了桂林；当你听到那出自山野的仿似天籁的歌声萦绕耳边的时候，你就能确定，你正身处一座有灵魂的城市。桂林，半城山水半城歌，以山为裙，以水为带，以歌为魂。桂林的美不仅仅体现在诗画一般的山水景色上，更体现在那一首首刘三姐的山歌里。

　　桂林是一座唱出来的城市，秀美温柔到让人散淡的山水风景构成了 3D 画面，但是这还不足以形容桂林的独特之处，桂林是 4D 城市，因为除了景色，桂林还有自己的声音，那就是刘三姐的歌声。优美的歌声飘荡在秀丽山水间，景色一如歌词所描绘的那么美丽。刘三姐是桂林的歌者，是整个城市的灵魂人物，我们的桂林旅游就是跟着刘三姐的脚步，漫步城中，如在云端。对一座城市的了解不应该仅仅是身体上的，更应该从心灵上感受城市，这是内外双修的概念。桂林的旅游是一场内外双修之旅，它给予你视觉上、听觉上、味觉上的享受，也给予你心灵上的感化。

　　刘三姐是传说人物，也是多民族融合的体现，她身上既有壮族的豪爽，也有汉族的婉约，就像桂林米粉，既有辛辣的一面也有醇香的一面。刘三姐代表的是人们对美好生活的乐观追求，就像她的歌声，具有无法比拟的感染力。刘三姐既是歌仙，又是民女，代表的是人神同体，既有神圣的一面，又有平民化的一面。桂林就像刘三姐一样，要打造神仙般的，同时又是平民化的城市。

　　唯因其秀美，才会成为文人雅士的钟情之地。桂林在中国的文化想象中，承载了太多的分量。她满足了士人对于"秀柔"这两个字的全部想象。从秦代以来，这种"水作青罗带，山如碧玉簪"的慨叹不绝如缕。总有些素材和描述目标让人觉得无从下笔，就像金庸小说里说某女子很美，通常就六个字：美艳不可方物。不可说，也说不来。桂林就是这样的一个城市，用纯文字不足以表达。漫步在桂林，步步皆诗，处处有典，那种跟古人同享美丽景色的满足感，真是莫大的幸福。王昌龄说的"岭上梅花侵雪暗，归时还拂桂花香"，是一种意犹未尽的感觉，这也是桂林旅游要带给游客的感觉。与不同时代的人体验同一场风花雪月的美景，又是桂林的另一种意蕴美，诗景可以成为桂林旅游的另一大卖点。

　　桂林美得如水墨画般脱俗，性格却又如邻家女孩般可亲可近。远近的山峦像水墨般清淡，悠缓的漓江优游着如同漫步。城市就在散淡的山水里，市民出了自己的家门就到了街树繁茂的山沿水边，还有包山容水的公园。这些山水就像是每一位市民的后花园，让人觉

161

得亲切。桂林人大都不急着做早餐，遍布大街小巷的米粉店就是市民的厨房。桂林米粉一直一统桂林人早餐的天下，外地的什么花样的早餐都很难挤进桂林。晨练后，来一碗米粉，桂林人一天的生活开始了。时光的脚步在这轻柔的山水间慢下来，市民就可以感受到时序的变化：每一天登山登到最高处，日出的时间在细微地变化，而这种变化又是不经意的，好像一愣神的工夫，季节就转换了。桂林的慢和山水的柔曼有着一种天然的联系。其实，慢本来就是桂林城的节奏，于是桂林就做了"水文章"，疏浚了"两江四湖"，让游人慢慢乘着船游遍整个城市。小城人的善良又让人感动，比如外地人问路，桂林人绝大多数会仔细地为你指路，甚至会帮你带路。

这里远离中原的纷扰，外界的喧嚣似乎已在万里之外。这里有着绝美的山水，更有着动人的情怀。整个桂林的美就是这种"人面不知何处去，桃花依旧笑春风"的感觉。山水依旧，人影已杳，不同于别处媚艳而世俗的气质，桂林的灵魂，就是飘荡在桂林上空的无法触摸却又无处不在的，可以荡涤身心冶炼性情的精气。刘三姐的歌声虽然已经远去，但是那种淳朴炽烈的感情还回荡在桂林的山水之间。

# 山歌好比春江水

"多谢四方众乡亲，我家没有好茶饭，只有山歌敬亲人，敬亲人。"刘三姐传下来的歌声，早已在神州大地传遍，成为几代人共同的记忆。桂林的山歌，歌声是这样婉转清亮，嘹亮绵润，牵动人的情思。山歌飘荡在桂林的青山绿水间，随着时间的流逝，感染一代又一代的人。清亮的歌声仿佛能涤荡人心，无论在山野间劳作还是在城市中打拼的人们，似乎都抹不去眉宇间透出的那一缕纯朴与善良。

桂林是一幅卷轴画，漫长、曼妙、清秀、氤氲、隽永，淡淡水墨，雅致天成。船缓缓地行进在静静水面，划开温情的碧波，层层波浪卷来了一阵阵歌声，那是唱山歌的调子。此起彼伏，唱和不断，这就是纯正的刘三姐音调，纯正的桂林声音，只有这里才能陶冶出如此嘹亮而响遏行云的柔情调子。

刘三姐的山歌是天然不经打磨的，自有一种强烈的山野气息。悍、亮、清三个字才能形容尽刘三姐的歌声。桂林气候温润，略略潮湿的空气和秀美的喀斯特地貌融合得很好，不然也不会孕育出刘三姐那样的美人妙声。山水与歌声又是那样浑然天成，情意绵绵的山水整个看上去是很舒缓地起伏，整个桂林就是一条素净飘带，柔曼地系在广西大地。一方水养一方人，听了山歌对唱，那音韵的连环、音域的广阔和独有的山野情调，真真是刘三姐的家乡。山歌唱出的思念是逐渐扩大的涟漪，在江面上一圈圈层递绽放出来。在中国，没有一个地方能像桂林的山水这样的缱绻多情。漓江沿岸的植物很少见枯竭，这是因为充盈的水泽颐养了它们茂盛的生命。

桂林仿佛一个长不大的小姑娘，天真，淳朴。但是你一听到山歌，就又会惊讶于如此的大气嘹亮。总是拉开了嗓子，没有一丁点的羞涩和做作，是一种发自肺腑的天籁。桂林的山，桂林的水，桂林的歌，三者是这样的交融，像是三姐妹。这就是桂林4D的旅游体验。桂林的自然山水要打造成能迎合现代人需求的独家产品，就要将传统的山水意境通过现代化的手法表现出来，经过科学化的营销策划推向外面的世界，迎接来自五湖四海的宾朋。像桂林的山歌哪里都能唱，开口就唱，方式简洁明快。这就是将美丽的民间山水元素和休闲度假，高端旅游结合起来要产生的效果。

刘三姐是壮族民间传说人物，其传说最早见于南宋王象之《舆地纪胜》。明清以来，有关她的传说与歌谣文献记载很多，壮族民间口耳相传的故事与歌谣更为丰富。据广西宜山壮族传说，刘三姐生于唐中宗神龙元年，从小聪慧过人，能歌善唱，被视为"神女"。后曾到附近各地传歌。慕名前来与她对歌的人络绎不绝，但短则一日，长则三五天，个个无歌相对，无言以答，羞报而退。然而她的才华却遭到流氓恶霸的嫉恨，后被害死于柳州。传说她死后骑鲤鱼上天成了仙。也有的说她在贵县的西山与白鹤少年对歌七日化而为石。还有的说财主莫怀仁欲娶她为妾，三姐坚决反抗，莫买通官府迫害三姐，三姐乘船飘然而去，等等。虽然传说不一，但千百年来壮族人民对她的尊崇与热爱之情是一致的。现在广西很多地区都立有刘三姐的塑像或刘三姐庙。每当有新的壮歌集问世，必先捧一本供在她的像前。有些地方的歌圩，第一项议程是抬着她的像游行。壮族人民尊她为"歌仙"，至今还有"如今广西歌成海，都是三姐亲口传"的传颂。

刘三姐是歌神，所以三姐的歌声让人飘飘欲仙，这种让人难以忘怀的映衬在桂林诗意般的山水之中，真正是人间仙境的意味，所以桂林的旅游就是一种仙境之游，追求仙境诗画般的旅游体验就是桂林要带给游客的感觉，让本地人生活得像神仙，让外地人来桂林后如神仙般惬意。

立体的旅游不仅仅是代表这山水美景，更有山歌相伴。桂林的旅行则是一个体验和感悟的过程。体验自然，感悟人生，体验山水的高矮变化，几起几伏，把一切都视为人生的一种经历，一种体验，随遇而安，始终保持着平和的心态，沉着应对，这就是桂林的神仙之旅。

刘三姐的山歌强调的是人与自然和谐相处的主题，这与桂林的旅游指导思想有着殊途同归之妙。山歌与旅游都是要讲究天人合一，讲求回归自然。《乐记》言："凡音之起，由人心生也，人心之动，物使之然也。感于物而动，故形于声。"音乐是源自人的情感与外在自然地交融，正因为人被自然界的万事万物所打动，才创造出了天籁之音来抒发情感。人们在反思的同时，越来越重视一种将内心与自然交融在一起，置身自然，聆听天籁，从而达到对音乐乃至人生的体悟。刘三姐山歌的产生正是源于桂林人对大自然的感悟，她所反映出的自然画面、生活场景，是当地人的生命节奏和情感的自然流露。亲近自然的桂林山歌，被称为有《诗经》遗风的天籁之音。作为最为浓情、最为豁达、最为卓越的中国民歌之一，对自然的关怀是无可非议的，桂林山歌往往渗透着浓浓的、清新质朴的乡土气息，散溢着泥土芳香。这恰恰是来自乡野自然所发出的声音。山歌多以大自然或野地为艺术的活水源头，为其生命的本真状态，追求的是一种回归自然、天人合一、清新秀雅。

陆游的"山歌高下皆成调，野水纵横自入塘"形容的就是一种山歌与自然交相辉映的情趣。中国古代是一个传统的农耕社会，在人与自然的关系上，占主导地位的思想是"天人合一"。这种观念反映在原始文化心理中，就是对大自然的敬畏与对自然秩序的服从，并在此基础上达到人与自然的和谐相处。"天"的初始含义为"神"，人只能消极被动地顺从。人们后来认为天即自然，是指大自然及自然界的演化规律，"天人合一"就是人与大自然的和谐统一。

桂林的漓江水清清澈澈，水质优良，不追求外表的绚烂和斑斓，而是固守着本真，以素颜来荡涤世间的尘垢；水不拘泥于固有的形态，柔软的身子可以适应万物，孕育着谦卑的品德，包容着天地自然，印证着老子"水利万物而不争"的真理。俗话说"君子之交淡如水"，意思是说君子之间建立在道义德行上的交情，像水一样清澈透明。由此可见，水的柔还在于它本身的透明上。这种透明能使一切欺骗无所遁形，能使一切虚假昭然若揭。

古人将自己的思想观念与自然的景色结合在一起，道德对应旅游在中国已有数千年的历史。在这漫漫旅游史中，几乎每一个朝代都出现了一些游山历水，乐而忘忧的大旅游家。"登山临水，经日忘归"的阮籍，"游山泽，观鱼鸟，心甚乐之"的嵇康，"自爱名山入剡中"，"一生好入名山游"的李白等，都对自然之美怀有强烈的热爱之情，甚至有些人将老死烟霞作为平生之大愿。从中我们不难看出，自然景观之美的吸引力是难以抗拒的，对人们旅游动机的激发作用也是巨大的。即使是在旅游业空前发展、各种人文景观相继被开发出来的今天，自然景观仍然备受旅游者的青睐，自然界的山水花草、飞鸟游鱼作为旅游审美对象被人们执着地热爱着，欣赏着，几千年热情不减。一千多年前，陶弘景在山中白云里泰然宣称"山川之美，古来共谈"一语道破了这样的事实。

中国古代哲学家认为，元气是构成天地万物的始基物质，也是蕴含于万物、体现崇高思想境界的基本精神，它在物我之间、山水与人之间一以贯之，持之以恒，这就是我们所说的浩然之气。文天祥有一首《正气歌》，讲得非常形象："天地有正气，杂然赋流形，下则为河岳，上则为日星，于人曰'浩然'，沛乎塞苍冥。"这里的天地正气，其实就是民族正气、民族精神、人格精神、人生理想。许多文学家把这种表现民族精神和人生理想的浩然之气，通过笔墨渗透到山水文学中，在山水间飘逸、积淀。杜甫的《望岳》着眼于泰山雄镇天下的崇高之气，李白的《望庐山瀑布》专注于清凉世界冲腾出的一股势不可挡的流动之气，皆因为体现了浩然之气的哲学精神，使得诗篇成为天下名作，山水成为天下名山胜水。

中国古代哲学家认为，"道法自然"，"一阴一阳谓之道"，自然本质上就是阴柔和阳刚之气的相互作用。自然山水之美，无外乎阳刚与阴柔两大类。前者包括高山、大河、荒野、古木、长风、落日等景象，蕴含雄伟、高大、壮阔、浑厚等美感；后者包括幽石、清泉、轻烟、细柳、清风、明月等景象，蕴含清秀、细致、淡雅、轻柔等美感。无论阳刚之美还是阴柔之美，都体现了中华民族的精神风貌：阳刚之美体现了中国人自强不息的奋斗精神、刚健笃实的生活作风、雄浑博大的思想境界、淳朴敦厚的道德风范、忠贞不渝的民族气节；阴柔之美体现了中国人优雅淡远的思想情操、冰清玉洁的高尚品格、超然旷达的人生态度、怡然自得的生活情趣。一般来说，中国的儒家、道家比较推崇阳刚之美，而佛教的禅悟比较推崇阴柔之美。因此，受儒道影响较深的人多阳刚之气，受佛禅影响较深的人多阴柔之气，但事实上两者又是不能截然分开的，中国人本身就具有了刚柔相济、追求和谐的精神，正如清末思想家魏源所说："刚柔共古今，仁智态潇洒。"桂林之美，美在阴柔。桂林总能给人柔情似水的感觉，游人在遨游桂林山水时，不仅可以充分领略山水之美，各种方式记录下自己的感受和体验的同时，还可以进一步体会到传统哲学"天人合一"的精神和韵味，刘三姐的山歌是原生态的，原生态是指没有被特殊雕琢，存在于民间原始的、散发着乡土气息的表演形态，它借用了生态学科之"生态概念"。从"原生态"一词由发明到流行，乃至成为大众想象的非物质文化的代名词，这一生产过程可以发现，原生态实际上是一个大众文化的符号，它是一种逐渐被人们遗忘或者抛弃民俗文化。山歌来自民间，扎根民间。桂林山歌与旅游都要具备以民间生活为基调的大众性，山歌源自民间，传于民间，往往明白如话，通俗易懂，故妇孺皆唱，雅俗共赏。

桂林的旅游就是伴着山水一同踏着歌声去感受那山歌最美的地方，追寻那份都市人久已缺失的纯净与质朴，在歌声中得到陶冶。每一首原生态的歌声都是由心灵歌唱出来的，它的魅力不是撩人的旋律，而是都市人对回归自然的向往。桂林旅游的竞争力是有止境的，而文化的竞争是无止境的，旅游产业到一定的程度，旅游的竞争就是文化的竞争，桂林就是在这一点上比其他城市具有优势。

桂林刘三姐原生态山歌是作为人类活动的内容存在于民众之中的，是民间生活与生产活动的一部分，是以民间生活为基调，以大众审美为旨趣的民间山歌艺术。生产活动是人类最基本的活动，以人类体力活动形式为基本表现形式，形成反映劳动活动的原生态山歌，同时表现出劳动中自然流露的美好感情，所以桂林的山歌朴素生动，具有强烈的生活气息和浓郁的地方色彩，这也是桂林旅游要打的文化牌。桂林的旅游要为平民为大众服务，那就是打造平民化的价格，同时满足各个阶段人物的需求，既有高端的阳春白雪的高端度假，又可以满足下里巴人的大众化度假，就像好吃的桂林米粉，细腻好吃，价格又便宜，真正是物美价廉。

来桂林总要吃上一碗桂林米粉方觉圆满。桂林米粉以粉条细腻柔韧、卤水鲜美而醇香，肉菜松脆爽口而闻名。

桂林米粉的鲜美可口，不尽在面粉本身，而在于精制卤水上。说到桂林米粉的卤水，其用料也不尽相同。米粉本身就可以列出原汤米粉、冒热米粉、生菜米粉、牛腩米粉、马肉米粉等十数种。其中特别是马肉米粉，更是别具风味。其实，米粉可细分类为素粉、卤菜粉、汤粉和炒粉。桂林米粉不仅在于清澈甘甜的漓江水制作的米粉本身爽滑柔韧，而且在于卤水、调料和配菜的讲究。其中，光是配菜就不下十几种。卤菜有牛肉、猪嚼吧肉、牛舌、牛黏贴、牛肚、猪肚、马肉、猪尾节、土制腊味等，配菜中不得不提及的就是猪肉锅烧，制作要经过几道工序，将上好的连皮五花肉先加各种香料腌渍片刻后煮熟，再将蜂蜜、酱油等调料特别处理肉皮，最后再放到油锅中先是中火将皮朝下炸，再到大火四面炸，待外脆内香、皮色金黄时捞出，切成薄薄一片，且不说味道是肉皮香脆、瘦肉酥软透着清清的原味淡香、肥肉一含即化可口不腻之外，光是色彩就已是让人垂涎三尺，一道金色的肉皮、夹着多层油亮雪白的视肥瘦所需而厚薄不一的肥肉、多层保持原嫩色的丝丝可见的瘦猪肉，怎不让人隐隐心动？

桂林米粉的特色就是价格便宜，老少皆宜，而且选择性多，物美价廉，这也是桂林旅游在人们心中的表现。桂林的旅游产品要像米粉一样实现多层次，多样化而且人人皆宜，桂林人吃米粉就像是北方人吃面食一样，天天都吃，且只重味道，不计店面的大小与装饰，越是老店，生意越好。桂林街头，时时可见穿着入时的美女和一身笔挺西装的男士，等不到座位，就端着一碗热气腾腾的米粉站着就食，全心品味米粉，丝毫不觉难堪。这就是米粉的魅力，小中见大，博采众长，而且能使不同层次的人聚到一起。

就像听完刘三姐的歌让人感觉浑身通透一样，桂林的米粉讲求"酸辣"二字，这特点其实就是要有穿透力。桂林人一向喜欢酸辣为主的浓重口味，一道桂林米粉由此横扫天下。酸辣就要是打破平常的感受，要通透地直指消费者的心理，这是一种不同于平淡生活的感觉，歌唱就是要有喜怒哀乐，要有苦辣酸甜，但是归根结底还是要反映出生活的味道，就像桂林的美食。桂林菜以酸辣为主要特色，很多菜系被桂林人注入酸辣的元素，居然收到了意想不到的效果，比如爆炒乌鸡，在别处多半用来炖汤的乌鸡到了桂林就因地制宜地改为了爆炒，所以桂林旅游的特点在于如何保持桂林自己的特色。

# 大音希声

老子说"大音希声"，意思是音乐的最高境界是无声。无声胜有声，既然无声，自然不能用耳朵去听，而是要用心去聆听。用心去聆听桂林，你会发现，山水亦有声。

"桂林桂林，桂树成林"，桂林因桂花而得名，城中貌似条条街、道道巷都种有桂花。金秋时节，满城都是馥郁的桂花香，花香清香却不甜腻，就像桂林城与桂林人，热情洋溢却极有分寸。桂花在中国文化中有着特殊的含义，其内涵是代表着一种"闲寂"的寓意，有"闲敲棋子落灯花"的美境，体现在旅游上则是一种修心，放慢心灵的疗养概念。桂花是恬淡宁静的，它不追求繁华炫目，不追求万人敬赏，情疏迹远却香溢人间，这也就是桂林远离尘世休闲度假的概念。

"物之美者，招摇之桂"，桂花一直是世上美好、高雅事物的象征。"八月桂花遍地开，桂花开放幸福来"，历代民间也皆视桂花为吉祥之兆。桂林之旅因此也应该是吉祥之旅，高雅之旅。同时"桂"还有桂冠一说，桂林山水甲天下，桂林旅游也应该是中国旅游的桂冠。"桂"又代表着高贵，正如桂林的性格确实有一种贵气，但是这种贵气不同于通俗意义上的华贵，而是一种低调的贵，或者桂林旅游的贵恰如它的市花桂花，幽香而不露，秀丽而不娇，独占三秋，香压群芳。世人品评桂花为"浓、清、久、远"俱全，推之为上品香花，并给它一个芬芳馥郁的雅号——"九里香"。宋代李清照的"何颂浅碧深红色，自是花中第一流"，是道其美；梅尧臣的"空中桂花多，艳色粲然发"，是夸其色；唐代李德裕的"翠干生岩下，金英在世间"，是颂其韵；宋代杨诚斋的"不是人间种，移从月里来"，则把桂花神化了。桂林的旅游也要抓住营销机会，独树一帜，真正做到九里飘香。

桂林人的性格有点像桂花，总是羞答答地躲在绿色的树叶中，如果不是那种沁人的芳香，几乎很难发现那小巧玲珑的花朵。低调与雅致是桂花的特色，正如桂林人的含蓄。桂林话总是轻柔婉转的，发音饱满圆润，不像广西其他地方的方言那样硬气，像是在质地细致均润的器皿上有一个个小小的回弹，即使是吵架，也是凶不起来的，是广西方言中的"吴侬软语"。桂林的水和米滋养出的桂林女孩，柔白细腻，娇俏玲珑，精明灵巧。桂林女孩有小家碧玉的灵秀乖巧，有大家闺秀的贤淑端庄，更有一种洋气、精致、冷艳疏离的风韵。在桂林的街头徜徉，眼睛总是最幸福的。满城山水让你赞叹陶醉，满城美女也够你顾盼流连。

"人闲桂花落，夜静春山空。"桂花有一种娴静的气质，所以王维在以桂花为背景的诗句中描绘了一种极为清静，极为空寥的情景。在旅行中，人的心境也是追求闲恬空淡的。这句诗的诗意和禅境，在于虚空宁静。人只有在悠闲的时候，心境空虚宁静的时候，才能

168

感觉到桂花落地的声音。旅游和作诗一样，都需要"闲"心。桂花细小轻微，落地无声，但诗人偏偏能听到它坠落在地上的声音。这种心境该是多么宁静和恬淡。实际上，这是借助外物的描写来写人的心境。这种空灵透彻的虚空之景，虽然短暂，瞬间即逝，却在禅者的心中获得了永恒。《坛经》说："时有风吹幡动，一僧曰风动，一僧曰幡动，议论不已。慧能进曰：'不是风动，不是幡动，仁者心动。'一众骇然。"禅者在解释世界物质运动时，总是把物质与运动分开，认为运动并不存在于事物的客体实体之中，而是人的主观精神活动的产物，即所谓"心生种种法生，心灭种种法灭"。运动只是感受上的暂时假象，唯有静止和寂灭才是永恒的。所以，禅者不从"动"中而是从"静"中去感受大自然永恒的生命。这也是旅游要带给人们的概念。禅家认为，风和幡是外在的、虚幻的，人心才是超越时空，永恒寂寥的，它的本体是清静的。人应该领悟自性的空寂，向内心求佛，不被外物迷惑。那两位僧人执着于风、幡这些具体形象，殊不知"本来无一物"，倒徒惹得心旌动摇，把清静的本性给覆盖了。

桂林的旅游就是在自然景物的观照中悟解禅理，即在自然界中体验内心虚静幽寂的情趣，这就有助于形成一种观赏体察自然美的人生观。如诗人一样在山水田园中追求空、寂、闲的禅趣，也有助于形成高简闲淡、凝思静虑的艺术境界从而表现在自然美景和萧散的生活中解脱尘世烦嚣的怡悦心情。旅游带来的新的人生观使人们最终形成清幽淡远的林下风流和自我感受为主，追求宁静、和谐、淡泊、清远的审美境界。

# "声色"中打造的立体化主题

音乐和舞蹈在中国艺术里是比较亲民的，而音乐又以其人人可唱、时时处处可唱而成为民间的一种大众艺术。音乐文化历史悠久，内涵丰富，经过适当发挥，可从中延伸出多条文化线索，从而为打造景区创造丰富的可利用资源。桂林的刘三姐文化已经成为一个文化标签，音乐在桂林的旅游中是浓墨重彩的一笔。但是音乐不应该只是一次演出，音乐的应用应该更为广泛。对于音乐主题的景区打造，音乐的元素是我们可以充分利用的素材。它不仅可以是景区的主题，也可以为景观设计、旅游项目、旅游营销提供许多思路和素材。这样就能在多方面起到对主题的烘托效果，形成一种立体的感官刺激。

在这里我们举一个例子。武汉月湖景区就是一个以中国知音文化为引子，从中引申出其他文化，打造出了一个有文化内涵又与民同乐的旅游景区，并延伸出一大批经济效益强，贴近民众需求的旅游产品。桂林的音乐文化全国有名，是极为有利的资源优势，如何以音乐带动旅游，进而带动其他产业，是桂林旅游要思考的问题，也是桂林旅游的发展方向。下面我们从武汉月湖景区的案例中看音乐文化在旅游应用中的延伸，从中学习。

音乐这种相对抽象的元素怎么来给景区包装呢？首先我们要给出月湖景区的定位，就是要在景区和文化之间建立联系。月湖风景独特，而知音文化是楚文化中亮丽的一笔，我们要将这两者联系起来。确定我们的主题为"东方知音城"，形象为"知音江城，情缘月湖"。知音文化是长江文明的重要组成部分，更是江城武汉的文化灵魂。"高山流水遇知音"是人们一直以来都心驰神往的精神家园，而"知音江城"真实存在于现实世界，更容易引起人们心灵的向往，极好地树立了武汉新的城市旅游形象。由知音文化延伸出来的情缘，既有亲情、友情、爱情、乡情；又有能让人追忆历史的"缘"，铭记今天的"缘"，祈求未来的"缘"。"知音江城，情缘月湖"塑造的是一种诚信互助、融洽相处、安居乐业、安定有序、平等友爱、事业有成、心情舒畅的氛围和空间，是人间真情与和谐之美，在这里人们感受到的是生活的美好和世间的可爱。

我们的定位是规划依托月湖优越的地理区位、历史文化与绿色生态资源，以东方知音城为主题，充分彰显国内独有的知音文化底蕴，打造融文化艺术体验、绿色旅居空间、城市未来生活、都市时尚创意、环球美食购物于一体的，集旅游、文化、商业、娱乐、休闲、度假、居住等复合功能，华中地区规模最大、设施最先进、服务最高端的综合性城市会客厅。

单纯的知音文化略显单调，而"高山流水"总显得有些高处不胜寒，不够亲民，不适合众乐，也给旅游产品的多样性制造了障碍，所以我们要顺着知音文化延展开来，牵引出其他的文化线索。这样不仅丰富了景区的文化内涵，更为其他旅游产品的销售做好了铺垫。在总体构思上我们根据月湖景区旅游资源的类型、分布状况、地域组合特征和景观特色以及开发方向和旅游开发组织和管理的需要，确定整个景区总体构思。

提到桂林总能让人想到刘三姐的歌声，歌曲唱红了城市，城市映衬了歌曲，一首歌代表一座城，一座城也可以利用一首歌来进行策划。音乐不仅在提高城市知名度上可以起到推波助澜的作用，在旅游规划里也可以借用音乐的元素来确定主题。

我们在陕西南泥湾进行旅游规划时，因为《南泥湾》这首歌家喻户晓，歌词中"又战斗来又生产，三五九旅是模范。咱们走向前，鲜花送模范"提到的359旅已是人尽皆知，它是一支能征善战的部队，是一支为国家为人民立下不朽战功的部队，是深受人民爱戴的部队。所以我们围绕3、5、9这三个数字做文章，传扬的359旅精神，突出整个景区特色。

南泥湾是流淌在人们心中的赞歌。南泥湾不仅是一种精神，还是一种情怀和情结。每一个人只要想起那个年代，就会联想到南泥湾，所以在情节的安排上我们要遵循激情写意人生和绿色带给生命并重的原则。在打造南泥湾时要充分展示和发挥红色文化，更要突出自己的特色：鲜花满山、陕北江南。整个景区的布局安排一定要体现：是大生产改变了南泥湾，是大生产改变了中国，是南泥湾精神改变着民族。

因此，南泥湾景区由一条主线和三个篇章构成。一条主线是南泥湾精神主线。三个篇章是追忆、缅怀、放情。重点打造的三大主要景点围绕359这三个数字来进行：军垦主题公园——用"3"的概念打造；红色旅游小镇——用"5"的概念打造；赛江南度假村——用"9"的概念打造。

"三"在中国传统文化中，是变化和无极的意思，一生二，二生三，三生万物。正因为有了大生产，使中国革命有了物质保障，从而发生了巨大变化。正因为有了大生产，才有了延安精神，催生了无穷的智慧和力量。正因为有了大生产，才有了民族的精神，成为一代又一代传统的法宝。在这里我们要体验革命精神的无极概念，它能指导我们的一切，使我们享用终生。景区由三个板块构成，即感怀英烈（纪念雕塑）、傲世经典（红色文物）、心灵净化（历史遗存）。

"五"在中国传统文化中，代表着劳动创造一切，人的手是五指，表示手能创造一切，359旅就是靠双手创造了一切。传统文化基因告诉我们，"五"总是与吉祥、美好联系在一起：五谷丰登、五子登科、五畜兴旺、五彩缤纷、五福临门……在打造红色旅游小镇，我们可以用"五"字的结构来设计小镇，"五"在旅游的概念上也表示无忧无虑，是一种高端休闲度假概念。主要打造五条主要街区：购物街、小吃街、民俗街、红军街、水乡街。

"九"在中国传统文化中表示"天"，民以食为天，人间天堂，用这样的概念打造我们的"赛江南度假区"，让人回味无穷。在这里度假享受的主题是：田园的恋歌，激情的誓言。主要打造九个节点：军民同心湖、山地度假酒店、湿地别墅、红军哥食府、军旅健康步道、房车度假营地、大生产垦区、环湖亲水项目、"南泥湾颂"大型实景演出。以上围绕359做文章，传扬的359旅精神，突出整个景区特色。

从这个案例里可以看到一首歌就能唱红南泥湾，那么桂林拥有如此众多的音乐元素，是不是也可以从这个方向来考虑旅游规划的方向？这是我们未来要思考的问题。

第十三章

徐州——长寿隐藏的奥秘

每个城市都有深爱之物，多半都与自己的文化和品性匹配，比如徐州，对养生之道情有独钟。在徐州，长寿中隐藏着饮食和文化的奥秘，这里的生活有一种岁月沉香的风雅，像不断溢出清流的泉眼，滋养万物，丰润大地。长寿的奥秘如一场盛宴，让来到这里的人从味蕾到感官，都尽情欢享。

国风华韵

杨力民画作

　　徐州像一位仙风道骨的老者，又像一个铁骨铮铮的壮汉，老者沉稳，深沉有智慧，壮汉，激烈有力量。徐州的仙风道骨，来源于中国的长寿之祖——彭祖；徐州的铁骨铮铮，则与这里的历史文化沉淀分不开。

　　徐州是一座中国历史文化不可轻易略过的城市，要了解中国历史，就必须要了解徐州。历史曾在这里写下浓墨重彩的篇章，虽然随着时间的流逝色彩褪去，但是这里存留的文化底蕴仍深刻影响着这座城市。徐州，一座原本有着雄性与豪情气质的城市，正朝糅合着亲和、仁爱的性格因子阔步前行。

　　徐州是个依山傍水的风水宝地，是汇聚龙气的地方，同时也是汉朝的开国皇帝的诞生之地，有句话就叫作"九朝帝王徐州籍"。项羽定都彭城，刘邦丰生沛长，孙权生于徐州下邳，南朝宋武帝彭城人，南唐烈祖徐州人，南朝齐高帝萧道成祖籍徐州兰陵，南朝梁武帝萧衍祖籍徐州兰陵，后梁太祖原徐州砀山人，明太祖朱元璋世家徐州沛县。徐州似乎确实很多皇气，所以才会有这么多的帝王将相，这种资源储备，从精神层面熏陶了徐州人的性格，也为徐州的旅游发展提供了足够的资源，徐州的旅游也要有这种气质，从平民到皇帝，一步步走出一条路来，而且从宏观层面来看，徐州是淮海经济圈的中心城市，公路、铁路、水运、航运的中心，所以当之无愧是大城市、中心城市，具有龙头地位，这就是她的定位。具备皇气的徐州不应该满足于做江苏的卫星城市，而要拿出应有的霸气，要有与一线城市平起平坐的决心与气概。

　　徐州是"彭祖故国、刘邦故里、项羽故都"，是三国文化的荟萃之地，深厚的历史使得这座城市显得沉稳凝重。岁月无踪无影，浩瀚历史却在这块土地上刻下了深刻的烙印，如今一切盛世辉煌，一切血雨腥风都已随大江东去，唯有历史留下的遗迹任凭人们去凭吊慨叹。徐州自古以来就是兵家必争之地，正是兵家必争之地一语，使徐州武事之名远播，而文名不显，实在是个大误会，徐州之魅力实在文也。北雄南秀交融，阳刚阴柔俱备，使徐州文化神采独具。这些都是浩瀚历史的积累，民间文化的沉淀，城市发展的脉络，这些远去的高山，还有他们留下的故事，为徐州留下了丰富的故事和宝贵的精神，故事中有文化，故事中有启迪，故事中有商机，这些都是徐州最宝贵的旅游资源，要将这些资源合理地规划利用，徐州的旅游必将展现出一种新的动人面貌。

　　汉，是成就徐州城的一个朝代。从楚怀王建都彭城始，刘邦、项羽、曹操等各国大将帝王都曾在此或功成名就，或腥风血雨，或斗智斗勇。作为两汉文化之源，汉话、汉服、汉食等流传应用至今的汉文化在这里璀璨生辉。沉甸甸的历史和文化，彰显着这座城市的不同凡响和不甘寂寞。徐州的华彩篇章氤氲在那张尚显些微粗糙的白纸上，有一种沧桑的华美。徐州受到来自邻近的齐鲁文化圈强有力的影响，成就了较为明显的带有豪爽大气、精干、讲究情义的性格特点。楚人重情，齐鲁重义，这两种文化在徐州融合，从而逐渐形成了今天我们所谈到的徐州文化特征，以及徐州独特的城市性格：有情有义，敢作敢为。徐州的文化就是围绕这两个性格特点展开的。徐州的旅游规划产品不仅要好玩，而且要有文化，有文化内涵才会有情；所谓有义，就是有对得起来这里的每个消费者。徐州人长期以来留给世人的印象是响当当的硬汉子，大度、豪放、直率、坦白、讲义气、重交情，敢为朋友两肋插刀，这些都应该成为徐州旅游的一个特色。

繁华喧嚣总是难以把握，稍纵即逝，美酒则在时间的沉淀下愈酿愈香。这正是徐州的文化特色。徐州就像一位历尽世间沉浮、看尽繁华喧嚣的老者，满身沧桑已化作一个个向儿孙们娓娓道来的故事，眉宇间却神采奕奕，恍若仙人。彭祖，是徐州最有名的仙人。彭祖是养生始祖，所以可以说徐州也是中国最早的养生之地，来徐州就是来沾染这种古老神奇的养生之气。徐州神采奕奕的不仅仅是彭祖的神话，还有霸王项羽，高祖刘邦，都生于这里，这些史书上的英雄人物虽然已经离我们远去，可是那些文化高山的背影——从汉代的三绝汉兵马俑、汉墓、汉画像到九里山，包括徐州的美食美景个个都是神采奕奕。

概括来说，长寿之根与美食之源是徐州最与众不同的两个主题。

# 长寿之根

在徐州，文化是荤香四溢的主菜，历史是经久不散的酒香，徐州的生活，是一顿味美香浓的养生大餐。

养生者，"生生之道"也，目的在于延年益寿。中国人向往仙人，仙人都是长生不老的，成仙，必先得道。此道，往大处讲是救世爱民之道，在民间，则为养生之道。养生文化与仙文化一脉传承，成为中华文化之一大观。民以食为天，在养生文化里，饮食成为最为重要的一部分。中华美食名扬世界，不仅在于中国菜品的色香味俱全，其中的文化元素，包括典故、背景也功不可没。吃中国菜，也是在吃一顿文化大餐。

徐州是中国最早出现养生概念的城市，这与徐州的一个历史名人有关，这个名人就是彭祖。彭祖者，古之长寿者也。据说彭祖活了八百岁，真真是最长命的人了。《列子·力命篇》中称"彭祖之智不出尧舜之上而寿八百"，其实要确切考证起来，彭祖并非真活了八百岁，但无论如何，彭祖长寿这件事一定假不了。至今这里的人们仍津津乐道地探讨着彭祖的养生之道，《彭祖养性经》、《彭祖摄生养性论》也成为养生学的传世之作。

彭祖是上古五帝中颛顼的玄孙，他经历了尧舜、夏商诸朝。彭祖生性恬淡，不关心世俗名利，不追求虚名荣耀，只是专心致志地讲求养生长寿之道。他脸无怒容，笑口常开，有时生病或疲劳时，他就运用气功祛病，消除疲劳。他使内气潜转，从他生有九窍的特殊头面，直到五脏六腑，最后达到四肢毛发，那气流像轻云一样在体内流转，既驱除疲劳又治愈疾病。说起彭祖长生的由来，有个神奇的传说，据说彭祖原来是天上的神仙，后来流落人间，做了商朝士大夫。他先后娶了四十九个妻子，生了五十四个儿子，都一一衰老死亡，而彭祖依然年轻力壮，行动洒脱。彭祖活到将近八百岁的时候，"不衰老，少好恬静，不恤世务，不营名誉，不饰车服，唯以养生活身为事"。

长寿者，心态最重要。且看如今长寿的老人们，都是生活在远离城市的山村，子孙满堂，生活简单。一日三餐，也不过日常菜肴，甚至粗茶淡饭，但你看到他们，从不见一丝不足的表情，一脸的恬然。日出而起，日落而息，笑看儿孙嬉闹，甚或料理料理家里的菜园子，仿佛再无能烦扰他们的事情。正是孔子说的"饭疏食饮水，曲肱而枕之，乐亦在其中矣。不义而富且贵，于我如浮云"。这样的生活，想来神仙也不过如此，人又怎能不长寿呢。古人道，知足者常乐。人之一世，知足最难得。世人所以不能长寿，皆是忧虑过多，欲望过盛，故而耗损精气，不能长久。在旅游开发的过程中，旅游资源就是旅游目的地的精气，精气在，旅游在；精气无，旅游也就无从谈起。因此，坚持旅游资源的适度、合理、科学利用，就是在延长景区的寿命。

彭祖晚年"不恤世务，不营名誉，不饰车服"近似一种退隐的生活。养生中的退隐，即回归到最原始、最自然的生存状态。人本动物之身，所需者，不过阳光雨露和食物。阳光雨露自然赐予，无须劳烦，则"养生活身"之事，就可看作单纯地关乎食物了。俗话说的，民以食为天。生存，首先要解决的就是吃的问题。

中华民族的人文始祖伏羲，据传原本是一名厨子。伏羲又名庖牺，庖，厨也，庖牺就是古时候的厨子，中国人的天下是由一个厨子最先掌管的，可见饮食在中国文化中的重要地位。徐州是汉文化发源地之一，汉之饮食文化蔚为大观。汉朝礼制规定：天子"饮食之肴，必有八珍之味。"他们以"殚天下之味"作为拥有天下的一个尊荣，好似一片得饮食者得天下的气象。

"天人合一"的养生观，强调在养生的过程中，不可违背自然规律，同时也要重视人与社会的统一协调性。正如《内经》主张："上知天文，下知地理，中知人事，可以长久。"上下里外都能合乎天理，顺应自然，就能长寿。养生中的天人合一，就是要顺四时，节饮食，调情志，慎医药。中国人饮食，讲究顺应天时，所以四时不同食。《礼记·内则》中说，凡和，春多酸，夏多苦，秋多辛，冬多咸。所以即使烹饪同一样食物，在不同是时节也要用不同的烹饪方法，比如"豚，春用韭，秋用蓼"。万物都必须遵循春生夏长、秋收冬藏的过程，顺应四时就是顺应四季的变化调养自己的身体。春夏要养阳，秋冬要养阴，适时生发收藏，保持精气充沛，才能使身体处于健康的状态。古代的帝王往往祈求长生不老，他们派人寻仙访道，祈望能得长生之术，达到与天地同寿的目的。这自然只是一种不切实际的奢望，但从中可以看出人们对长寿的向往和追求。然而人不过是自然万物中微乎其微的其中一物，天地无尽，人却有寿，我们能做到的只是与天地同呼吸，至于与天地同寿，且放到案头，闲时瞅上几眼，安慰安慰自己即可。

陆游《斋事》中说："食罢，行五十七步，然后解襟褪带，低枕少卧，此养生最急事也。"最急者，非用力去扇炉中火以快速炼成仙丹，亦非赶紧跑上几圈以阐释生命在于运动，更非马不停蹄舟车劳顿寻仙访道，最急之事，其实是要不急。"行五十七步"，必定是心无旁骛地漫步，吃饱喝足了，再没有什么不知足的，所以不必着急，散步尽管散步。"解襟褪带，低枕少卧"是为自己解除束缚，让身体达到最自由舒展的状态，这也是人最自然的一种状态。养生之理，在此中可窥真义，就是一切顺应身体的自然需求和变化，使身心达到一种和谐的状态。徐州文化璀璨，风景优美，旅游规划应以文化作为切入点，通过挖掘城市文化内涵使得风景与文化达到和谐统一。如果说风景是旅游的美丽外衣，那么文化内涵就是旅游的灵魂，有灵魂的生命力才能长久。

在徐州西南一隅，一汪清流汇聚成湖，名云龙湖，此湖三面依山，山名云龙山，山环水绕，怡红快绿，大有出世之境。一入此地，山光水色，顿觉一片清朗。每到清晨，水汽袅袅上升，游人稀疏。氤氲水汽中，山色空濛，恍若仙山，树影迷离，似有仙人出没。也不知是耗费了多少天地之灵气，日月之精华，才养成这番天然空灵的景象。

关于云龙山名字的来源还有个故事，《史记》记载："秦始皇帝常曰'东、南，有天子气'，于是因东游以厌之。高祖即自疑，亡匿，隐于芒、砀山泽岩石之间。吕后与人俱求，常得之。高祖怪问之，吕后曰：'季所居上常有云气，故从往常得季。'高祖心喜。沛中子弟或闻之，多欲附者矣。"秦始皇使人观气，发现东南地方经常有五彩祥云，有天子气息，于是决定去东南地区巡查以压制这种气息，刘邦听说之后觉得非常惊慌，怀疑是冲着自己来的，于是逃亡南下徐州来到云龙山躲藏起来。为了安全起见，刘邦每天换一个地方，希望别人找不到他的行踪，说来也奇怪，吕雉每次从沛县来探望他，都能很快就找到他，刘邦感到非常奇怪，问吕雉原因，吕雉说，只要刘邦待在哪个地方，哪个地方的上空就会有一片祥云，形状如龙，每次直奔过去，果然刘邦就在那里。刘邦听吕后这样讲，表情并没有什么变化，其实心里特别高兴，同时也因此受到新的鼓舞，更加坚定了在反抗的路上继续前行的信心。因刘邦后来当了汉朝的开国皇帝，皇帝是"龙"，他藏过身的山，也就称为云龙山了。这个美丽的传说或多或少说明了云龙山不平凡的出身，正如刘邦从一介布衣最终做到皇帝一样，云龙山从默默无言到闻名天下，这里就是潜龙勿用之地，徐州的旅游发展也正如一条潜龙，潜龙总会有腾空的一天。这些传说、故事与现代旅游相结合、文化价值、精神价值不正是得到恰如其分的体现吗。而在前两个价值体现的前提下，经济价值自然而然也得到了体现。游在云龙湖，似乎能感觉到自然呼吸的脉搏，起伏之间，舒展自如。跟着一起呼吸，只觉体内浊气慢慢地被涤清，通体舒畅，如回归本原。仙人的居所总是在名山秀水之处，切肌切肤地贴近自然万物，所以仙人们神采斐然，长生不老，想来是因此缘故吧。来徐州旅游，就是来体验这种与天地自然同呼吸的感觉，顺应自然之规律，领受天地之恩泽。徐州之旅，是一段亲近自然，亲近自我的旅程，在山水熏陶中发现真实的自我，并得以明心见性，领悟生命的真谛。

中国人祝寿，常喜欢说福如东海，寿比南山，也是希望与天地同寿的意思。庄子说"楚之南有冥灵者，以五百岁为春，五百岁为秋；上古有大椿者，以八千岁为春，八千岁为秋，此大年也。而彭祖乃今以久特闻，众人匹之，不亦悲乎？"庄子对生命的重视是他思想的最重要部分，因而追求长寿成为道家的一个突出特点，养生文化也成为道家文化的一个重要部分。彭祖寿八百岁，庄子尚且觉得"不亦悲乎"，一定要八千岁为春，八千岁为秋，方才觉得够长寿。"吹嘘呼吸，吐故纳新，熊经鸟伸，为寿而已矣。此道引之士，养形之人，彭祖寿考者之所好也。"这是养生之法。"吹嘘呼吸，吐故纳新"就是身体里的气要运动循环，要排除体内浊气，呼吸新鲜空气。旅游策划讲究创新，创新就是要推陈出新，不落俗套。

徐州地处南北与海陆要塞，为北国锁钥、南国门户，向来为兵家必争之战略要地和商贾云集中心，自古有皇气，有"九朝帝王徐州籍"之说，徐州就是龙头，徐州的旅游也要做龙头，旅游可谓"眼球经济"，徐州及所处的苏北地区、淮海经济区在全国旅游大盘子中一直处于边缘化的地位，市场的关注度有限，为振兴徐州的旅游业，迫切要求在品牌推广和市场促销上有大动作，出大成效，要做出具有国际，全国影响力的著名景区，要有龙头产品，符合徐州的帝王籍的身份，努力整合旅游产品、旅游资源，实现产品的提档升级、市场的提效增速，把旅游业培育成徐州市未来的支柱产业。老人稳重，壮年精进，那就是要以旅游品牌为纽带，进一步构建一体化旅游大市场。和周边的城市，海内外的城市组成联合体，把我们的品牌推向海内外，使徐州之旅变得更轻松、更快乐、更感动。

# 饮食之源

中国是世界上有名的美食之国，中国吃的文化源远流长，异常繁华。在中国，吃不仅关乎食物，而且渗透到了生活的方方面面，可以看出中国"吃"文化的根深蒂固。

很多中国的词汇诞生都和吃有关系，举个例子，比如"染指"这个词。春秋时期郑国灵公在位时手下有位大臣叫子公，子公同时也是个美食家，他有个特异功能，每次要知道有美食，食指就会颤动。一次去面见郑灵公，在宫殿外子公突然食指大动，子公对另一位大臣子家说："看来今天会有美食。"果然，进殿后两人看到国军郑灵公正在品尝王八煮成的鲜汤。灵公看着子公得意地笑起来就问子公为何发笑，听到子公关于食指大动的解释后，灵公心里非常不满，觉得自己是国君，自己想叫谁喝汤谁才可以喝汤，于是安排大家喝王八汤，就是不让子公喝。子公也是一个特立独行的臣子，见到自己没份，居然把指头伸到到王八汤里，蘸了汤用舌头舔了舔，然后扬长而去。所谓"染指"就是这么来的。子公的做法激怒了郑灵公，这分明就是公开对抗王权啊，灵公心生杀意，要杀掉偷吃王八汤的子公，而子公意识到自己的吃是要付出代价的，于是先下手为强，发动兵变把灵公给弑了。怪不得说民以食为天，吃最大，一顿汤断送了一个国君的性命。

吃，是一种文化，中国人的饭局有很多故事可以讲。比如大名鼎鼎的鸿门宴，代表的不单单是一场饭局，更是一场生死存亡的较量。智慧与勇气，尊严与屈辱等都包含在一场宴席里。所以旅游策划中的"吃"不单单要有作为美食的功能，也要表现出"吃"背后蕴藏的文化内涵和故事，让人觉得不是在吃东西，而是在悠然地品着历史的余音，这才是有层次的吃，有文化的吃，这样"吃"饱的才不仅是肚子，还有脑子。

徐州是美食之城，中华民族最早的烹饪技术就是在徐州开始的。彭祖因为善于调制味道鲜美的雉羹，献给帝尧食用，被帝尧封于大彭，彭祖的"雉羹之道"逐步发展成为"烹饪之道"。雉羹是我国典籍中记载最早的名馔，被誉为"天下第一羹"。徐州的美食，兼容南北方特点，经糅合调和，成就独家风味。徐州的美食，总是藏在市井街巷之中，或是一碗粉丝，或是一碗汤，或是一张烙馍，都是见怪不怪的食材，用的是当地最地道家常的炊具，经老师傅们的手艺一调理，滋味就是不一样。特有的醇厚浓郁又不失新鲜刺激，徐州的味道，是在馍里还留着的面的麦香，是汤中的鲜见的辣味。

三伏天吃伏羊是徐州的特色。如果用有三个字概括徐州的吃伏羊的特点，那就是"祥"、"鲜"、"养"。中国人擅长把事物联系起来，吃羊绝非简单的烹饪。这三个字不仅是徐州吃伏羊的特点，似乎也贯穿了徐州人的性格。从汉字构造看，"示羊"为"祥"，"祥"是要人吃得有寓意有文化，恰如刘邦，楚汉相争屡战屡败却最终夺得天下也许就是吉星高照的结果；鱼羊为"鲜"、"鲜"是要有滋味，口感好，这就好像霸王项羽，雷厉风行，披坚执锐，天下无敌；"食（介）羊"为"养"，"养"则是要吃得有营养，恰如徐州的彭祖，懂得养生之道。无一不启迪着人们对美好生活的祝福和对烹饪美食的研究。吃的深厚寓意也指导了徐州的旅游，和我们徐州旅游策划的方向也正相一致，在这里旅游也不仅仅就是简单的走马观花，徐州的旅游也是要有吉祥的寓意，有新鲜的噱头，做对身体有益的养生之旅。

从营销层面看，羊要与其他的字旁组合才会创造出不同的含义，才能积极地体现，发挥出羊的价值，这头羊就是徐州，徐州只有与其他城市捆绑、联姻、联合促销，"借船出海"，才会取得更大的营销效果。景区开发得很好，这里面还应该富有文化的内涵，一个景区没有文化的内涵是没有生命力的，增加一些互动性项目，可以增加人气，来了人气可以增加财气，这个景区如果没有以人为本的服务理念是没有生命力的。

众所周知，冬日里吃着热气腾腾的羊肉是再好不过的美食，吃羊肉，喝羊肉汤就是

"发汗"的。徐州人却要反其道而行之，选择在一年中最热的伏天吃加了很多辣椒的红油羊肉，说起来这与彭祖这位中国最早的美食家有关。徐州古称彭城，是中国烹饪的发源地。尧帝之时，铿以"雉"代"羊"，烹羹献之，尧食此羹而"受寿永多"，封铿于彭，是名彭铿。彭祖之母是大漠的丁零族人，有食羊的习惯，是故彭城吃羊习俗发端于五六千年前的彭祖，几乎与中华文明史同步。据历史典籍记载，在宋朝之前，我国宫廷宴席上都是以羊肉为主。到了元朝，羊肉在宫宴上更是占到了统率地位，占全部菜肴的三分之二还要多。伏羊节是于每年入伏之季，即初伏之日开始，持续一个月。按农历的节气推算，"夏至"后第三个庚（一庚十天）日为"初伏"，第四个庚日为中伏，立秋后第一个庚日为"三伏"，即"末伏"。在这一个月里，徐州的人们集中在各个酒店，饭庄以及专门的羊肉馆、烧烤摊，吃羊肉，喝羊肉汤，故曰吃伏羊。

大热天吃伏羊是一种逆向思维，以热制热是徐州人发明的一种独特的养生之道，而且伏天的羊肉没有腥味，经过秋冬的滋养，肉又特别厚实，吃起来更加美味。逆向思维也是旅游规划中常常用到的思维方法，灵活地掌握逆向思维，可以获得出其不意的创意。比如说针对本地市场，要借用外地特色，而针对外地市场，则本地特色越突出越好。

举个我们做过的例子。包头市的固阳县历史悠久，但是缺乏一个能活跃旅游业的项目，我们在做策划的时候，就运用了逆向思维。中国有点孔明灯的古老传统，这是人们为了祈祥纳福所进行的活动，历史非常悠久，固阳县地势平坦开阔，适合放飞孔明灯，因此这里一直有着点孔明灯的民俗活动。但是孔明灯由于太过古老，已经渐渐被人遗忘。因此我们在策划时，决定反其道而行之，摒弃古老的孔明灯，使用现代元素。这时，热气球就顺理成章地出现了。热气球是现代的、时尚的元素，在这片古老的土地上升起反而让这里有了一种强烈的反差美。如今热气球旅游已经成为固阳县一个独具一格的热点旅游活动，围绕热气球而生的热气球主题酒店、热气球科普陈列馆等也随之成为热点。古老的孔明灯摇身一变成为现代的热气球，这就是古老文化和现代元素结合的结晶，也是逆向思维运用的结果。

养生是徐州旅游的重要主题，是自古以来兵家必争之地的黎民百姓自古流传下来的精神。徐州人正是以这种方式体现出自己的艰苦不屈，迎难而上的精神，实在值得赞叹，徐州旅游要把徐州这种知难而上的精神发挥出来，把徐州的品牌推向世界，加大旅游项目的开发建设；加大旅游产品与线路的包装整合，加大旅游产品的宣传推广等几个方面强化对徐州旅游资源、产品和线路的包装、推介，使徐州成为具有足够吸引力的旅游目的地。徐州文化丰富，"两汉文化看徐州"、"楚风汉韵、北雄南秀"、"彭祖故国、刘邦故里、项羽故都"的军事文化，我们在策划中要建立适应不同市场需求的品牌体系。同时要调整徐州旅游产品的结构，以调整结构为重点，进一步推进旅游产品的转型和升级。徐州旅游产品文化型、观光型产品比较多，从内容上讲比较厚重，所以要对这些产品结构进行一次调整，适当增加参与性、娱乐性、刺激性较强的产品以针对青少年市场，增加针对中老年市场的文化型、观光型产品，使徐州的旅游更加轻松化，具有参与性、娱乐性。

徐州的饮食，有着一种最为传统、最为质朴的情怀，反映着中国传统的农耕文明。中国的农耕文化和饮食文化有着密不可分的联系，里面蕴藏着中华民族自强不息的精神。天行健，君子以自强不息，徐州人骨子里也有着一种不肯服输，力争上游的精神。徐州的旅游业也要有不服输，力争上游的精神和劲头。作为彭祖家乡和汉文化发源地，龟山汉墓、汉文化景区、彭祖文化、三国文化等赋予了这个城市发展旅游业的资源，旅游业作为朝阳产业，徐州凭借其浓郁的文化氛围和良好的旅游资源，只要有决心和动力，必定能在旅游业上迎头赶上。

民以食为天，所以说饮食即民生。历朝各代的明君都或多或少有过休养生息，轻徭薄赋的措施。民安则国安，食足则民安。食为上，饮食是治理天下首先要解决之大事。汉代从建国以来，采取了一系列恢复生产的措施，"与民休息"，重农业、减劳役、轻税赋，从而促进了农业的发展，工商业也随之活跃起来，为饮食业的繁荣和发展提供了良好的基础。汉代的饮食文化因此得以繁荣，直至流传今日。中国人重视吃，所以邻里之间见面打招呼总是一句"吃了没？"关心的是实实在在的生活。有客自远方来，或是谈一笔大买卖，到馆子里一坐，菜摆上桌，便什么都好说。有什么喜事总要大摆筵席，大家热热闹闹吃上一顿，方觉圆满。亲人去世，也必要亲朋好友聚在一起吃上一顿以表悼念。中国历史上有关"吃"的故事多得可以写成一部典籍，其中许多有名的宴席至今仍为人津津乐道。在徐州，汉代流传下来的宴席故事在聪明的徐州人的经营下变成了一道独特的风景。这里的宴席，不仅有着独具特色的美味，你还能隐隐嗅到三国历史的气息，比如说美女虞姬宴、樊哙犬鼋大菜、鸿门宴等。单听这些名字就顿觉豪气逼人，吃起来更觉英雄气概由胃内贯穿而出。徐州的头菜，当然还得数彭祖养生宴，这是将饮食与养生结合在一起的一道大宴。中国人讲"医食同源"，就是说饮食可以为一种治疗方法，也可以为一种养生方法。彭祖的养生法就跟饮食有着密不可分的联系。徐州的美食之旅，不是简单地让客人满足口腹之欲，而是要讲求吃出健康，吃出文化。

徐州既有厚重的历史底蕴，又不乏轻松活泼的生活气息。烙馍裹烙馍是徐州流传甚久的一种食物，烙馍食材朴素，做法简单，但吃起来滋味百变，诱人垂涎，是到徐州旅游的人必尝的一道美食。这道看似简单的食物中，包含了徐州人特有的灵气和想象的智慧。烙馍用面粉做成，放在煎锅或煎炉上靠火的热气烙熟，是北方粗犷的味道。烙好的馍焦香麦香混杂在一起，佐以各色小菜，再根据各人喜好配以不同的吃法。可以把烙馍泡在汤里像吃面条一样，这是最简单也最北方味儿的一种吃法；可以卷油条吃，卷徽子吃，大凡炒菜也都可以卷着吃，这就有了南方人精细丰富的感觉和味道；也可以在两三个烙馍之间放上油、盐、葱花、鸡蛋或者青菜吃，这就是街头小吃最常见的吃法了，民间气息扑面而来。简简单单的一块馍，在徐州人的手里，变出了百般花样，千种滋味。徐州虽有深厚的文化底蕴，但旅游资源不得不说略显粗糙和贫乏，好比刚刚烙好的喷香的馍，还待加上佐料和各式吃法方能使其散发出它独具魅力的味道。徐州的旅游规划，就是要给这里的风景加上佐料，使它更生动丰富，使文化以更多样的方式展现，使它更活泼亲民。因此我们在做规划时，要有灵活多变的手法，求动中有静，雅中有俗，有文化内涵，有趣味性，有知识性；有游览观光以赏心悦目，有互动参与以娱乐身心，有静思感悟以陶冶情操。同时要注意糅合南北文化之长，取其精华去其糟粕，再为己所用。

吃烙馍，最好配以辣汤，滋味才最地道，感觉才最到位。辣汤为徐州所特有，在其他地方绝对找不到，原名雉羹，由徐州的老祖宗老寿星彭祖创制，至今已有4000余年的历史。雉羹原来由野鸡和粟米熬制而成，味道鲜美可口，营养丰富。后因野鸡和粟米难得，便改用更为亲民的母鸡和麦仁，鸡汤里面有鳝鱼丝、鸡丝、面筋等，看起来黑乎乎的，喝起来带有增进食欲的胡椒味道，在汤中加上些许香油，更是美味。辣汤同样是一道其貌不扬但风味绝佳的小吃，它最大的特点就是亲民。每个徐州人大概都经常把它当作早餐或是饿极时解馋的食物，大人小孩，没有一个对它不熟悉的。来到徐州旅游，若想真正融入当地人的生活，一定要去喝上一碗辣汤，和市民们一起，围坐在街边的小桌子旁，等那一碗热气腾腾，香气腾腾的辣汤端上桌来，弯下腰吹去直往上冒的热气，赶紧先喝上一口。顿时，鲜、香、辣，各种味道一时把味蕾打个措手不及，再细品味品味，胃里心里便都是满溢的幸福感了。

徐州的饮食文化，始于彭祖，有着丰富的内涵和深厚的底蕴，但至今未能很好地将这种饮食文化与旅游结合起来。徐州旅游的发展方向，应该是以游览自然景观和人文景观，了解历史文化为主，以品尝美食，感受中华传统饮食文化为辅的特色旅游。在进行旅游规划时，要注意既重点突出品尝旅游，又要加以适当的汉文化体验，使得徐州的饮食更富内涵，使游客吃在口里，记在心里。同时，在让游客享受美食之余，要想方设法让他们参与其中，食材的选用，食物的烹饪过程，都可作为一项参与性项目，更多地满足游客的求知欲和好奇心，使游客不仅得到生理上的享受，同时也能感到心理上的愉悦，真正体验到饮食文化的乐趣。

# 让隐形文化"无中生有"

徐州两大主题，美食与长寿，其实骨子里是相辅相成的，美食可以为人提供营养，也就为人们长寿提供了先决条件，所以长寿的彭祖自己既是美食家也是养生家。徐州的美食讲到底也是一种养生的形式，美食满足人们两个层次的需求，一方面是原始的饥饿感，一方面则来源于对精致的追求，所以孔子说"食不厌精，脍不厌细"。食物已经从简单的最低需求变为一种精神享受，徐州市中国美食的源头这是其他任何地区都无法比拟的，同时这里的长寿神话大名鼎鼎，几乎妇孺皆知，这两张牌已经足够徐州发挥，将这两张牌打好完全可以满足徐州旅游发展的主题。

美食与长寿在中国的文化中总是相辅相成，长寿的快捷途径之一就是进食，所以四大名著《西游记》里，即使是已经得道的神仙也需要通过进补来延年益寿，所以镇元子的人参果、王母娘娘的蟠桃、老君的仙丹都成了人人可望而不可即的抢手食品。中国人这种心理一直延续了数千年，说起来或许就是来自徐州的彭祖传说。

很多城市在做旅游的时候，觉得只有看得见摸得着的遗迹才可以拿来做文化类的旅游开发，其实这样并没有完全挖掘出旅游的意义，无形的文化旅游资源进行开发的旅游项目很难直观感受，这类项目通常都是在历史传说和民俗风情等非物质文化遗产的背后，必要将这些文化具象化，"无中生有"，通过创新的体验、具体的文化演绎，使得这种隐性文化的旅游充实化、体验化、具体化；通过当地已有的传说故事来创造新的体验线索，赋予项目以生命力，这样形成的游线才会有起有落，使得游人体验到文化的魅力。

徐州历史遗迹众多，但是遗迹代表的文物价值不等于旅游价值，这些遗迹在考古者和专家眼中是无价之宝，在考据和考古上有巨大意义，但是对旅游来说没有转化成有利的产品，由于普通游人缺乏相对深厚的专业知识，这些遗迹无法深入打动游人，这就需要我们利用具体产品来将其进行包装，把隐性文化变为具有体验化、情境化、祈福化的产品，使这些文化元素得到充分的演绎和延展，这就是旅游策划中高层次的"无中生有"。

现在我们列举在烟台做过的同样以长寿为主题的大南山旅游项目来说明如何"无中生有"，将隐性的文化"福寿"具象化。在开发中，通过文化注入、景观打造、设置线索、功能划分、情境化设计等手法，对长寿这种隐性文化进行具象化打造，同时以现代化的生活方式注入旅游功能和深度文化体验，打造旅游核心吸引力。

大南山景区最大的特色在于山与海相呼应的发展格局，构成景区竞争优势。优美宜人的自然海滨环抱连绵起伏的大小山脉，是景区重要的自然环境依托，构成发展养生和休闲度假旅游的必要条件。景区与东海相依，"南山、东海"暗合了中华传统文化中福寿文化的精髓，那我们做旅游就要紧扣这两个词来发挥。

我们觉得南山景区发展要从三个方面来考虑。一观自然，集日月精华天然而成的寿星石面朝东海，巍然耸立，栩栩如生；二寻历史，秦始皇三次东巡芝罘，途经大南山，意在寻访长生不老之药，希求福寿延年；三看发展，福寿文化是休闲文化的体现，是对现代生活方式的诠释。

所以我们确定"寿比南山，福如东海"为景区大文化格局的提炼与提升，从而赋予景区产品内涵与持久生命力。南山"有"的是山与海两大城市特征，所以我们在这里"生"的是福寿和养生两大景区主题。这种"无中生有"使得两者相融，提炼出了城市独特的特色，体现了山海城相融、福寿养生相伴的温馨感受。山与海的交织、人与自然的相融，诗意带来了居住环境的浪漫氛围，在时尚都市的映衬之下，为城市酝酿着独特、自然、浪漫、时尚的内涵，山林、大海、福寿、生态交织而成的梦幻王国就是大南山景区要构建的目标。

第十四章

昆明——葫芦丝声中的金丝雀

城市旅游

时秋有春

杨力民画作

昆明有些东西因为太美，所以不能握在手中；昆明有种情感因为太真，所以无法描述。如果非要给昆明找一种姿态，那一定是金丝雀缥缈灵动的身姿，如果非要给昆明定义一种声音，那一定是葫芦丝流云舒卷的音律。日光倾城，满目春色，始终在萌动、发芽。

　　有人说过这么一句话："你在昆明所能做的最惬意的事情，就是什么也不做。"什么也不做，表面看来是一种智慧，其实也是一种勇气。昆明给人的感觉就像是在品一壶普洱茶，不同于其他茶种的轻盈味觉只有靠近喉咙后方才会显现，普洱茶醇厚而甘甜，入口就能让人体会到温暖非常，总能带给人确实的存在感。一壶茶，泡过三次，从暖至冷，适可而止。多浸无味，如同生活。那是一份容身体安放、任思绪徜徉的信任。只是小小的、轻轻的、淡淡的，却余味悠长，恰如与昆明人交往给人留下的印象。

　　都说昆明是春城，只因这里四季如春，气候宜人，一年到头都能看到娇艳欲滴的鲜花。这样说虽然没有错，但还不能说是真正了解昆明。"沾衣欲湿桃花雨，吹面不寒杨柳风。"昆明的天气，不仅有温度，还有诗意。昆明之所以为春城，在于它给人的如沐春风的感觉，昆明的滇池石林是这样，昆明的山茶花是这样，著名的昆明小吃过桥米线也是这样，总是让人感到从心里涌起一股暖暖的春意。

　　到昆明旅行，虽然道路陌生，却总能给人仿佛已熟悉很久的安心。这里是一个温暖的避风港，是人们心灵深处的梦想之地。每个人心中都有一个特别渴望的目的地，所以说昆明是一个适合浮生小住的地方，这个地方熟悉而又陌生，好像很早以前或许就已被设定在自己的人生里。春天总是欣欣向荣的，春回大地，万象更新，飞花点翠，群芳竞秀，有一股蓬勃之气和阳光向上的力量，仿佛一切阴霾在昆明的和煦阳光下都能一扫而光。"七彩云之南，悠悠春城梦"，昆明的美，是绚丽多彩的，是阳光明媚的，于温暖中带着希望，让人欣喜，令人动容，像投入母亲的怀抱，像见到朋友的笑脸，像听到爱人的蜜语。

　　昆明是暖的，不冷不热。昆明蛰居西南一隅，风景绝美，人文极秀，本应是如雷贯耳，大红大紫的旅游胜地。但了解昆明的人都知道，这不是昆明的性格，它不动声色，默默过着自己的小日子，酒香不怕巷子深，就像滇池是春城梳妆打扮的镜子，照得见春城清瘦的历史，照得见春城发福的现实，历史和现实都蹲在海埂水边，反复荡涤自己的沉思。

　　昆明鲜花的香气，美食的香气已经飘到万里之外，吸引着众多渴望一种不一样的生活的旅游者。昆明像薛宝钗，虽是大家闺秀出身，却从不摆架子，不温不火的，与人相处总是让人如沐春风，不比林妹妹，清高自诩，心较比干多一窍。薛宝钗的可贵之处在于懂人情世故，却不卖弄人情世故，这不是一般层次上的聪明，与这样的人交往会使人觉得毫无羁绊，觉得"贵"而不高，"平"而不凡，这也是昆明旅游规划中要借鉴的东西，旅游文化高雅，价格不贵，旅游体验平实却不俗气，也正是昆明这座"春城"要带给人的如沐春风的感受。在昆明做旅游规划要抓住一个"春"字。

# 春　光

在昆明，不得不游的是金马碧鸡坊。

元代郭进诚《碧鸡山诗》云："碧凤一飞去，空遗碧鸡名。寥寥千载下，徒仰山仪形。夕霞丽冠羽，朝阳纷彩翎。流响不复作，松泉自韶。"明末担当和尚曾赋诗："一关在东一关西，不见金马见碧鸡。相思面对三十里，碧鸡啼时金马嘶。"这里的诗说的就是昆明的金马山和碧鸡山，在这两座山的下面，就是昆明著名的金马碧鸡坊。金马碧鸡坊建筑壮观，景象奇特，有着神奇的传说。

据说在某个特定的时候，太阳和月亮通过照射金马碧鸡坊，会出现"金碧交辉"的奇景。在那个特定的一天，太阳将落未落，金色的余晖从西边照射碧鸡坊，它的倒影投到东面街上；同时，月亮则刚从东方升起，银色的光芒照射金马坊，将它的倒影投到西边街面上；两个牌坊的影子，渐移渐近，最后互相交接。这就是"金碧交辉"。相传，清道光年间有一年，中秋之日恰逢秋分。晴空一碧，万里无云。傍晚，许多群众在三市街口等待，到时，果真两坊影子见于街面，不一会即靠拢相交，至此，日落月升，交辉奇景逐步消失。这就是"金碧交辉"的奇观，据说六十年才会发生一次。金马、碧鸡二坊是昆明城内著名的人文景观和城市地标。位于昆明城传统中轴线的南端，金马象征奔腾奋进，碧鸡象征吉祥如意，金马碧鸡的交相辉映就是昆明人民积极奋进追求幸福的象征。

"金碧交辉"这种奇景告诉我们万物在变化，旅游市场也在变化，我们要利用动态思维去思考昆明旅游发展。但是变中也有不变，这种不变是旅游者对祈福的追求不变，对物美价廉的追求不变，本来看似简单的日月光辉，如果把这些看似平常的东西浅出深入地分析，昆明就能做出不一样的旅游规划来。日光和月光交集，阴阳相交，古人尚且有这种创意，如果我们能将古人的这种创意运用到我们今天的昆明旅游策划中去，那昆明的旅游必将是震撼的，让人印象深刻的。一张一弛是让游客最舒服的旅行方式，这也是金马碧鸡阴阳平衡告诉我们的道理，在旅游规划时我们要学会平衡，二者的高度统一是旅游中的最高境界。

统一就是主题的统一，对立是动与静的结合，传统与时尚的结合，外来文化与地域文化的结合，等等。

在金马碧鸡坊下，来来往往，攘攘熙熙的不知是何处来的客人，或许是塘双路李家的女儿。滇池边有时会看到老人在向着心目中的神山祈祷，虔诚的表情在爬满皱纹的额头上格外清晰。湖的另一边，年轻的母亲带着小孩在嬉戏，笑声似乎经过水的过滤，格外清脆动人。昆明四季如春，气候温和，适合随时来旅游，所以滇池的游人一年四季不断。游人似乎已经成为昆明人的一部分，只是这些人来来去去，停留短暂，就像游荡在大城市打拼的人，抽出难得的空闲回家一趟，且不管有多少老友要会，先睡上几天懒觉，懒懒地晒几天太阳，优哉游哉地吃几顿非快餐，一个人静静地看看风景发发呆。来昆明，仿佛不是来旅游的，而是来过日子的。在这里，生活和生存有了清晰的分界线。昆明的旅游是生活，不是生存。

昆明猫儿狗儿多，这些小动物们或是活跃在那些有着暧昧灯光的酒吧里，抑或是在哪个位置偏僻的小旅馆中枕着阳光睡得不知天日。街边散步，常能偶遇一两只长相漂亮的猫咪，冲着你魅惑地叫一声又嗖地不知窜到哪里去了。有人说昆明的生活可遇而不可求，来这里一趟，也不过是偷得浮生半日闲，把自己重新丢回生活中浸润浸润。在昆明，千万不要起得太早，否则走到大街上没人搭理你，只好自己游荡去吧。在这里，睡到自然醒是非常应该的事，睡到日上三竿也未尝不可。暖风熏人醉，无须美酒，温暖的气候就能让人醉生梦死，更何况还有温暖的美食，温暖的风景。昆明是西南的大雪山怀中的婴儿，被里三层外三层地裹着，生怕冻着了，连冬天都不让过的。它又是老天爷最疼爱的小儿子，含在嘴里怕化了，捧在手里怕摔了，赋予它俊美的外貌犹嫌不足，还要赋予它聪明智慧。所以昆明人跟别的城市人的最大不同，就是懂得生活，享受生活。休闲，是这个城市生活最大的主题，这里的休闲，是一种充满智慧的休闲。来昆明，不是来旅游，是来生活。怎样把这种生活情调引入我们的旅游开发呢？那就需要做到将文化的平民性与项目的阳光性相结合，以人为本。

昆明当然不是日日都晴暖和好，地处亚热带地区，雨是免不了的常客。形容昆明的雨，有一句现成的诗极其贴切——润物细无声。不知是因为人心恬淡所以看外物也觉得无波无澜，还是老天爷果真舍不得对这个孩子粗声粗气，下起雨来也温温润润，细细柔柔的。很多人都曾描绘过昆明的雨，但似乎汪曾祺写得最入味："昆明人家常于门头挂仙人掌一片以辟邪，仙人掌悬空倒挂，尚能存活开花。于此可见仙人掌生命之顽强，亦可见昆明雨季空气之湿润。雨季则有青头菌、牛肝菌，味极鲜腴。"雨在文人笔下，常带愁思，满是情绪游离的雨恨云愁，比如"京国多年情尽改，忽听春雨忆江南"；"已是黄昏独自愁，更著风和雨"；"梧桐更兼细雨，到黄昏，点点滴滴。这次第，怎一个愁字了得……"昆明人看雨不这样，昆明人的眼里，雨似乎生来便是满身人间烟火气的，落在滇池，落在石林，也落在自家门前，习以为常，便没有那么多忧思情愁。这正是昆明的脾气。所以汪曾祺写昆明的雨，写的是辟邪的仙人掌，写的是青头菌、牛肝菌和它们鲜美的味道，没有情丝愁长，诗情画意，却是平常人家里的物和事。昆明山明水媚，遥望圣洁雪山，头枕明净天湖，脚依天然石林，是天然去雕饰的美，不似江南山水，儿女情长的。汪老又说过："我觉得伤感主义是散文的大敌。挺大的人，说些姑娘似的话……我是希望把散文写得平淡一点，自然一点，家常一点的。"或许昆明正是先生笔下的一篇散文，平淡、自然、家常，演绎着一种生活的艺术。

宋代禅宗大师青原行思提出参禅的三重境界：参禅之初，看山是山，看水是水；禅有悟时，看山不是山，看水不是水；禅中彻悟，看山仍是山，看水仍是水。大师把看山是山，看水是水定为人生的最高境界，这是一种洞察世事后的返璞归真，也是认识到"世事一场大梦，人生几度秋凉"后的觉悟，知道自己追求的是什么，要放弃的是什么。正如大师所说的"人本是人，不必刻意去做人；世本是世，无须精心去处世，这才是真正的做人与处世了"。这番领悟，不就是汪曾祺所说的平淡、自然、家常的生活吗？细细体会昆明温暖如春的平淡生活，似乎触摸到了人生的这种境界。昆明总是给人一种回归自然，休养生息的感觉，这些都能在现代旅游产业发展中融入健康养生的元素，昆明具备养生旅游的开发条件。

# 春　风

许多人来昆明都奔着这里温暖的气候而来，他们喜欢这里的温度四季如春，花儿从年前开到年尾，所以昆明又被称为春城。这确实是昆明最为惹人喜爱的地方。这里的年均气温是十几摄氏度，最热的时候不过二十几摄氏度，最冷的时候也有将近十摄氏度，春季温暖干燥，夏无酷暑，秋季温凉，冬无严寒，雨季时节水汽充沛，到了干季则晴朗少雨，天高气爽，是典型的温带气候。总之，用温暖来形容昆明在什么时候都不会有错。温暖是春天的特质，也是春城昆明的性格和气质，更是昆明的旅游发展主题。昆明的旅游策划，要符合城市性格和气质，起到烘托城市主题的作用，就要把握好"温暖"这个最大的特点。

温暖带来的是身心的舒适。而旅游也是一种为人带来舒适享受的活动，它不止于观光游览，它还在于在旅游目的地所得到的服务和享受。比如泡温泉、按摩、水疗等，都是旨在给游客提供舒适的旅游项目。旅游，要动静结合，要有张有弛，要有刺激冒险，也要有放松享受。这其中的"静"、"弛"、"放松享受"都是给身体带来的舒适的感觉。没有舒适，旅游就会变成一件像有些人调侃的那样，是一件"找罪受"的事。所以我们在旅游策划中，不能忽略旅游者对舒适的要求和期望。

春天是充满希望的季节，是酝酿梦想的季节，人们喜欢春回大地，又希望万古长春。春天，平常景物都有了不一样的生气，"春山如笑"、"春色满园"、"春色撩人"。形容春天美好的词汇实在太多了，中国文人太过喜欢春天，以至于把所有美丽的词汇都赋予了它。从《诗经》的"春日迟迟，卉木萋萋。仓庚喈喈，采蘩祁祁"，到"寄语洛城风日道，明年春色倍还人"、"不知细叶谁裁出，二月春风似剪刀"、"最是一年春好处，绝胜烟柳满皇都"，再到雪莱的"如果冬天来了，春天还会远吗？"不论西方的还是中国的诗歌，断断少不得春天这个意象。春天万物复苏，生命旺盛，正是生长的季节，一切都充满了希望。春天给人以希望，昆明作为春城，昆明的旅游也要给人以向上、充满希望的力量。

先人们一直教导我们，一年之计在于春。由于中国古代是传统的农耕社会，春天的播种决定着一年的收成，也就决定着一年的吃食甚至是生存问题，所以在中国，春天是非常重要的季节。"立春一日，百草回芽"、"立春一年端，种地早盘算"、"春争日，夏争时，一年大事不宜迟"。立春作为春天的第一个节气，很早以前就受到人们的重视。立春之日要迎新，全国各地都举办一些形式各异的迎新仪式。自周代起，立春日迎春，就成为先民于立春日进行的一项重要活动，也是历代帝王和庶民都要参加的庆贺礼仪。

周代立春时，天子亲率三公九卿诸侯大夫去东郊迎春，祈求丰收，回宫后要赏赐群臣，布德和令以施惠众民。到东汉时正式产生了迎春礼俗和民间的服饰饮食习俗。在唐宋代时立春日，宰臣以下都入朝称贺。到明清两代时，立春文化达到盛行时期，清代称立春的贺节习俗为"拜春"，其迎春的礼仪形式称为"行春"。在这些迎春活动中"服饰"与"打牛"

是很重要的习俗之一。明清时，每到立春之日，各府衙官员必须将官服穿戴整齐，去东郊东直门外五里的"春场"去迎春，按规定的仪仗，制作的春牛芒神、柳鞭等举行迎春礼仪，然后进宫朝贺并接受赏赐。

民间迎春活动也一派热闹。立春日时，高挂"春幡"是民间的一种迎新习俗。各家门框上都贴上用红纸书写的对联，如"一门欢笑春风暖"、"四季祥和淑景新"，或"瑞雪丰年，八方献瑞"、"春风得意，六合同春"等联语，院内屋内墙上也贴满"迎春"、"宜春"以及"福"字，使院里一片红彤彤的景色，显得春意浓浓，也象征着吉祥。"剪绮裁红妙春色，宫梅殿柳识天情。瑶筐彩燕先呈瑞，金缕晨鸡未学鸣。"这首古诗写的正是春色满院，欢乐迎春的情景。

立春迎新是民间的一种节庆活动，但我们旅游规划者不能把它看成是单纯的一个活动，一个节庆活动中，隐藏着无数的商机可待发掘。把节庆活动放到旅游规划中，就是节庆旅游。这种旅游，属高层次的文化旅游，不仅可以使旅游者得到知识和营养，也大大加强了旅游地和游客的互动，提高参与性。节庆旅游对于城市形象也发挥着重要的作用，节庆活动可迅速塑造旅游地的形象，最终将塑造旅游地的精神，使旅游地具有文化使命感，增强当地的旅游竞争实力。

理想总是美好的，美好的理想需要美好的背景来衬托，春天则最合适不过了。烟花三月、春暖花开、春江水暖、好雨知春、群莺乱飞、花红柳绿等都是描绘春天的词语，听着就让人顿觉神清气爽。昆明风景不仅如画，也透着一股蓬勃的生气。所以昆明又以梦之城为城市主题。昆明的梦，不是虚幻的梦，在实实在在建立在生活上的梦。

旅游者来到昆明，就要让他们切身体会到昆明的如在梦中的生活，从旅游策划的概念来讲，游客的逗留时间是旅游收入的保障，逗留时间越长，他们在旅游目的地的消费越大，我们的旅游收入也就越多。所以昆明旅游发展战略的核心目标应该是延长游客逗留时间，手段应该是发展以"生活在昆明"为主题的旅游，努力营造"享受春天到昆明，体验浪漫到昆明，寻找梦想到昆明"的氛围，而梦之城就是昆明城市主题的一部分。

因为有着温暖的气候，所以昆明的花四季常开，又被称为花城。"春城无处不飞花"，"春城无时不飞花"，鲜花四季不败，争奇斗艳，草木四季常青，绿郁葱茏。花儿们总是不分季节，开得到处都是，包裹着滇池、翠湖，点缀着大观楼、昙花寺、黑龙潭，缠绵着西山森林公园、白鱼口、观音山风景区。茶花、兰花、杜鹃、玉兰、百合、龙胆、报春、绿绒蒿，名贵的，普通的，各种各样的花竞相开放，热热闹闹的，非常喜人。昆明有一种很有趣的花，叫"炮仗花"。炮仗花一般生长在南方，花蕊如一排排红色的鞭炮挂满树梢，看上去就像刚点燃欲炸的"大地红"，透着一股喜庆之气。花文化主题也是昆明旅游发展的主题之一，花中有诗意，花中有典故，花中有历史，花又是浪漫和时尚的代言。小小的一朵花，充满着无数的旅游商机，我们要深入开发花的文化，做花的旅游。

昆明的美，是一种淳朴的艺术。看到云南姑娘们身上穿的大红大绿的裙子，你只会惊叹于色彩组合的美丽，而绝不会想到"俗气"二字。明艳的色块组合，强烈的对比中，凸显的却是原始的回归。少数民族对色彩的把控总是让人叹为观止，在时尚界中常易流于俗气的大红大绿等艳丽的色彩到了他们这里便成为一种绚烂的艺术盛宴。云南女儿杨丽萍是舞蹈界的传奇，也是七彩云南的代言人，她身上常常一身花红柳绿的民族服饰，色彩斑斓明丽，带着那种云南女儿独有的味道，神态间却有着类似于翡翠那样的通透和从容。有人说，杨丽萍的舞蹈、七彩云南的翡翠、普洱茶都是红土地里挤出的最真诚的养分。昆明是明丽的，昆明的明丽是春天的姹紫嫣红，是滇池的秀丽神圣，是金马碧鸡的金碧辉煌，是普洱茶的浓郁香醇，也是昆明人悠闲、享受的生活方式。

# 春　暖

这里的暖，不仅暖在身上，还暖在胃中。开门七件事，柴米油盐酱醋茶，昆明人虽喜懒散，却是件件都没忘。美食佐胃，喝茶谈天，昆明人把这最普通不过的生活过得有滋有味，不负梦之城、浪漫之城、春之城的美名。

无论什么时候来，都能享受到昆明温润的空气，还有昆明温和的脾气。小风轻轻，阳光正好，温度适宜，心情正对，一切都恰到好处，此时，一场漫无目的的闲逛是最合适不过的选择。这个城市，早有茶馆，晚有酒吧，中有美食，人字拖，休闲短裤，老的少的，男的女的，混迹一处，根本分不出来什么有钱没钱，上流下流。过桥米线，粑粑，炒螺蛳、烧豆腐、涮菜、豆面汤圆、炸洋芋……胃口再不好的人到了昆明也得吃到肚子圆圆方肯罢休。

昆明的美食，上可登堂入室摆上高档宴席的餐桌，下可流连于街边小摊，一张矮桌两条长凳就是吃货们的天堂。这里的食材，珍贵者如山珍鸡枞菌，不可多得；寻常者如米线豆粉，家家户户都可做出几大碗来。这里的美味，有时出自名师大厨之手，有时街角那家小铺里的大姐做出来的也让人回味无穷。昆明美食对甭管是什么阶层的人，也甭管是本地人外地人，都透着一股亲热劲。亲民是它最大的特点，可雅可俗，可荤可素，随意混搭，游刃有余。亲民也是旅游策划的一个关键，这里说的亲民，不仅仅是价格上的亲民，更是旅游景区、旅游形式的亲民。

来到昆明，不能不吃的当然是过桥米线。"过桥米线"是云南滇南地区特有的食品，如今已经红遍大江南北，成为一种时尚的美食，深受各年龄层的食客喜爱。过桥米线以其制汤考究，吃法特异，滋味鲜甜清香，咸淡相宜著称。做"过桥米线"要用到二十多种原材料，其中又以高汤最为关键，一定要用老母鸡和老鸭子再加猪骨精心熬制，煮上四五个小时后，把汤里的所有东西捞出来，把杀鸡时留下来的鸡血挤成碎块放进汤里，不停搅动，这时鸡血会把汤里的杂质凝在一起，汤从乳白色变得清澈透亮。捞出沉淀物后再把猪骨放进去，用小火再慢慢炖一两小时，方才大功告成。吃过桥米线一定要趁着热乎乎的劲头来吃。过桥米线由汤、片、米线和作料四部分组成，吃时用大瓷碗一只，先放熟鸡油、味精、胡椒面，然后将滚热的高汤倒入碗内。厚厚的一层鸡油盖住了滚汤，这时千万不可先喝汤，以免烫伤。要先把鸽鸡蛋磕入碗内，接着把生鱼片、生肉片、鸡肉、猪肝、腰花、鱿鱼、海参、肚片等生的肉食依次放入，并用筷子轻轻拨动，好让生肉烫熟。然后放入香料、叉烧等熟肉，再加入豌豆类、嫩韭菜、菠菜、豆腐皮、米线，最后加入酱油、辣子油。这些食材经滚热的高汤一烫很快就能熟，吃起来味道浓郁鲜美，营养丰富。由于"过桥米线"集中地体现了滇菜丰盛的原料、精湛的技术和特殊的吃法，在国内外享有盛名，因此"过桥米线"已被列为非物质文化遗产。

几乎全国各地都能看到的几根米线，到了云南人的手里，就做出了一个非物质文化遗产，我们大概可以说"过桥米线"是中国最成功的米线了吧。小小一碗"过桥米线"，从中可以学习到旅游策划的大道理。汤是"过桥米线"成功的秘诀，没有那碗鲜浓的热汤，就算有再好的食材也做不出过桥米线那种独特的浓郁鲜美的味道，经过这碗汤的热烫和浸泡，食材的味道得以充分发挥出来，并且在汤中得到最好的调和，使得滋味与众不同。对应到旅游规划中，这碗鲜浓的热汤就是旅游目的地的文化内涵。没有文化内涵的旅游目的地，就像是没有经过热汤浸泡过的米线，稀松平常，平淡无味。吃法的独特性也是"过桥米线"

成功的关键。这种吃法，有着很强的参与性，它需要食客亲自动手将食材放入碗中，不仅亲自见证，更是亲身参与了食物的制作过程。使得吃不仅是胃的享受，更有着一种趣味性和愉悦性。这就启示我们旅游策划者要注意旅游与游客的互动性。随着旅游业的发展成熟，低层次的观光旅游已不能完全满足旅游者，增强互动性与参与性成为旅游策划的新方向和新思路，体验式旅游也逐渐成为旅游者的新宠。

"过桥米线"还有个故事来源。话说当年一个秀才攻读，非常用功，常常废寝忘食，他的妻子每次给他送去食物后他都忘了吃，以至于饭菜都凉了。妻子就想了一个办法，她在汤内倒入热油以保温，秀才吃的时候汤面仍然很热。因为妻子每次送饭都要经过一座桥，所以就把这种米线叫作"过桥米线"。"过桥米线"又象征了一种淳朴美好的爱情。吃着热乎乎的米线，听着动人的爱情故事，从胃里到心里，顿时感到温情脉脉起来。从旅游策划的角度来讲，一个小故事、小典故能使旅游产品变得不仅生动有趣，更富有内涵起来，最终成为独一无二的产品，无形中就增加了旅游产品的附加值。这是旅游策划中的虚实结合。

我们就曾经做过一个与此类似的案例，那就是微山湖的龙鱼。微山湖是山东省最大的湖，风景优美，盛产一种滋味鲜美的鱼，叫四鼻孔鱼。这种鱼长相独特，青背红尾，色呈金黄，嘴上比一般的鱼多长了两根须子。但鱼虽鲜美独特，却缺少知名度，只是一种单一的土特产。如何借助微山湖将这种鱼打出名气来呢？我们想到了给它编造一个美丽的传说，于是"龙鱼"就顺理成章地出现了。相传上天要选一名龙王，决定从全天下的鱼中选，微山湖的鱼儿们听说了这个消息，都想被上天选中摇身一变成龙。其中有一条年幼的微山湖鲤鱼很是勤奋好学，它为了变成龙，不辞辛苦经历了漫长的游程去向传说中见多识广的老龟求教。它一路游一路打听，但还没找到老龟，上天选龙王的期限就到了，小鲤鱼很伤心。这时，上天派使者来到它面前说，你能不辞劳苦虚心求学就已经与一般的鱼不同了，正是上天要选的对象。于是这条小鲤鱼长出了两根胡须，俨然一副真龙模样，这便是如今的龙鱼了。一个虚幻的故事，让游客在吃着美食的同时，还可以了解典故，畅谈文化，龙鱼也成为来微山湖必不可少的一道菜。

到了云南，当然要喝上一杯普洱茶方觉圆满。普洱茶是云南的名茶，也是昆明人生活中不可缺少之物。现在已经名扬四海，成为一种名贵的茶叶。普洱是黑茶的一种，因产于普洱市，故得其名。普洱茶的原料是云南大叶种晒青毛茶，经过发酵后加工成散茶和紧压茶。普洱茶外形色泽褐红，内质汤色红浓明亮，香气独特陈香，滋味醇厚回甘，叶底褐红。

有生茶和熟茶之分，生茶自然发酵，熟茶人工催熟。一套紫砂茶具，用新烧的沸水冲上一壶，一杯普洱在手，"香陈九畹芳兰气，品尽千年普洱情"。普洱茶被称作"可以喝的古董"，一般的茶都贵在新，普洱茶则贵在"陈"，"越陈越香"被公认为是普洱茶区别于其他茶类的最大特点，茶叶往往会随着时间逐渐升值。这倒是与旅游的特点有异曲同工之妙。旅游资源很多时候也像陈年老酒，越陈越香，所以我们喜欢游览名胜古迹就是这个道理，很多旅游城市建造仿古建筑也是这个道理。所以旅游资源不怕旧，"旧"才有沉淀，"旧"才有文化，"旧"才有故事，旅游规划做得好，"旧"就会旧得历久弥新。旅游的卖点和商机都要从"旧"中来找。做"旧"的文化，又要懂得推陈出新，一方面是要创新旧资源的卖点，另一方面是要学会怎样利用使用新的营销方式来推广旧的资源。

普洱茶的历史也像普洱茶一样有着悠久的历史。普洱茶话史始于1700多年前的"武侯遗种"，"茶山有茶王树，较五山独大，本武侯遗种，至今夷民祀之。"（檀萃《滇海虞衡志》）武侯就是诸葛孔明先生，相传他在公元225年南征，到了现在云南省西双版纳自治州勐海县的南糯山。时至今日当地兄弟民族之一的基诺族仍深信武侯植茶树为事实，并世代相传，祀诸葛孔明先生为"茶祖"，每年加以祭拜。晋朝傅巽《七海》载："蒲桃、宛李、齐柿、燕栗、垣阳黄梨、巫山朱橘、南中茶子、西极石蜜。"这里南中茶子指的就是饼状或块状的普洱茶。

云南的茶叶催生了茶马古道上的贸易往来。茶马古道是我国最古老的国际通道之一，古道穿越昆明，把云南的普洱茶运到印度和阿富汗，疏通了对外的交流，沉淀出厚重灿烂的历史文化，成为滇文化的一部分。昆明作为茶马古道的重要中转站，在谋划茶文化旅游产业发展的新格局中应凸显"茶文化旅游"主题，大力培育以茶文化、茶马文化为主题的旅游产品，充分利用和发挥茶产业的优势，实现茶产业与旅游产业的互动共赢。

# 用吉祥主题为旅游"锦上添花"

昆明是春天的城市，在昆明做旅游策划就一定要利用好春这个主题，春是一种季节，进而代表着一种"面朝大海，春暖花开"的心理状态，昆明的季节四节如春，春的最大特点是给人希望，给人温暖，给人无限的遐想，代表了人们对于吉祥美好的企盼和追求，所以昆明的旅游策划要往希望和好运的方向上靠拢。昆明的城市形象中"温暖如春"总是排在第一位，而春在中国文化中是和吉祥好运紧密联系在一起的，在昆明做旅游要抓住春的内涵和寓意，那就是吉祥、好运。来昆明旅游必然给人春意盎然的感觉。同时，春天也有生命的寓意和象征，春是欣欣向荣，万物生长的季节，大自然中的生命在春天里开始复苏生长，这切合了养生的主题，按图索骥，在昆明做旅游策划一要抓住吉祥寓意，二要导入养生休闲概念。

"锦上添花"是指好上加好，美上加美。很多城市本身具备优势的旅游资源，这就是已经具备的"锦"，但只有单纯的锦，没有包装，没有提升到高端的概念，那么也仅仅是让人走马观花而已。那么我们要利用资源来打休闲度假牌，利用旅游中的高端休闲度假概念来串联现有资源，赋予美景高端旅游的休闲概念和特别寓意，这就是"添花"。这朵"花"可以将资源的文化价值提升，迎合人们的需求，同时又为把观光旅游变为度假旅游创造了条件。在策划的时候我们面临着主题选择的问题，抓住一个城市的主题是一方面，另一方面要利用这个主题来为我们的旅游服务，这就要掌握人们的心理，人在旅途一方面是感受新鲜的事物，另外一方面是追求放松，再有就是希望旅行能带来好运，在做策划时要尽量往这些方向靠拢。

一个城市的文化总是多种多样的，在做策划的时候不可能将所有的文化元素都放入我们的策划案中，这就需要我们来甄别哪些文化元素是与我们的主题接近，可以支撑我们主题的。

山东荣成市那香海国际旅游度假区概念性规划就是"锦上添花"的代表。当地的"锦"是各种神话传说、民俗风情、自然资源，那么"花"是什么呢？这朵花就是好运文化。项目地位于山东荣成市，我们通过文化整理发现好运文化是荣成市的文化基调，也是城市发展文脉。徐福求长生不老药、姜太公拜日神、麻姑得道昆仑山、都邑不夜城的传说与自古以来威海渔民祭海龙王，祈求神灵赐予好运的民俗无不与祈求好运相关。在文化认知上本地有"南有海南寿比南山，北有威海福如东海"的说法，荣成是"中国好运角"。而在自然资源上这里有众多代表好运的动物，比如喜鹊（吉祥）、海鸥（祥文化）、鸳鸯（佳缘）、灰鹤（长寿）等。基于这些特色资源我们确定城市形象为"极地胜境、好运荣成"。

我们着力强化项目的"好运文化"主题，与"好运荣成"城市形象，乃至威海市整个主流文化进行契合，打造彰显地域特色、个性鲜明的旅游产品，延续城市发展文脉。推导出主题形象是"七色那香海，好运梦想城"。"七色"是光的七种颜色，代表幸福与快乐，引领时尚；"七"是佛教吉祥数字；"好运"结合"好运荣成"的主题形象，融入好运角国际旅游度假区；"梦想城"则是能够实现多种生活及度假梦想的城市综合中心。

一个完美的旅游规划要有一个主题线索，这既是对当地文化的精准提炼也是以后在规划上指导策划的指明灯。在荣成我们就借助徐福的传说，创作了一个故事来作为主题线索：

徐福东渡寻药数十载，难解思乡之情，便携百工巧匠、金银珠宝，奇珍异物，起航归国；不料某日风雨大作，船队飘零海上；恍惚间彩虹从天边划过，船队顺着彩虹指引的方向，行至一处仙境般的避风港。徐福登岸游赏，发现此地水清沙白，松林茂密，喜鹊群舞，野花斑斓，风景独好；更有滨海小镇繁华若市，百姓安居乐业，商贾贸易往来；又见稚气孩童林间嬉戏，白发老翁精神抖擞，好一派悠然惬意景象，宛如梦中无数次思念的故乡。徐福顿生落根于此之意，并将港口命名为"好运港"，小镇命名曰"幸福镇"，将松林命名曰"长寿林"，将千米沙滩命名曰"七彩滩"……

主题线索贯穿整个片区，突显好运主题形象，增强整体吸引力。接下来以徐福落梦香的传说为线索，以好运文化为底蕴，串联四大主题板块，打造十大亮点项目，设置十六个支撑项目，拓展两条水上游线，构建了独具吸引力的产品体系。

第十五章

厦门——琴弦上的浪花

城市旅游

厦门

大海荡涤了厦门的心胸，文字温馨了厦门的沉静，笑语装满了厦门的心窝，歌声表达了厦门的回忆，远方捎来了厦门的希望。如果说人生是漫长的旅程，那么厦门就是这旅程中韶华胜极的青春，朝气常蓬勃，春暖花开。厦门，是在弹奏着蓝色圆舞曲的琴弦上优雅起舞的浪花。

**果香南国**

杨力民画作

厦门是一座海生出来的城市。

海岸线几乎环绕了整个城市，一半的区域四面被海水环抱，仅靠着跨海大桥通往内陆。城自海中来，广袤深邃的大海也孕育了这座城市大度、宽容、开放、充满活力的性格。这里混杂着来自世界各地的建筑风格，是万国建筑博物馆；充盈着殖民时代的文化氛围，是东西方文化交融的界点；这里汇集着内陆与海外不同的生活方式，是中国社会文化的缩影。各种交集在这里汇聚、交融、升华，使得厦门如广纳百川的大海般，气宇非凡而又富有活力。

厦门是一曲华丽的圆舞曲。

厦门是一个海滨城市，又不仅仅是一个海滨城市。大海赋予这个城市美丽的外衣，也孕育了这个城市迷人的魅力。厦门的美在大雅大俗之间，自有一段风情，自有一份情趣。无论理想化的艺术，还是科学严谨的学术，抑或是深奥难测的经济，又或者是轻松享受的美食，都能在这里找到共鸣点。在经济上，厦门开放、活跃、前沿，像是一位善于应酬的交际名媛；在生活上，厦门人追求活泼、闲适、享受的生活方式，又像是一位追求生活品位的艺术家。诗人海子说：面朝大海，春暖花开。在厦门，这个梦想似乎可以轻易地得到实现。无论那些土生土长的本地人，还是短暂停留的过客，即使只是匆匆一瞥，也必要惊叹于它的美丽，仰慕于它的气质，感动于它的宽容。

厦门是一段怎么走也不会感到疲倦的旅程，是一杯怎么品也不会腻的清茶，是一份可以任由身体放松、思绪徜徉的感情。于游人来说，这就是一种独特的情怀。干净是厦门给人最深刻的印象，走在厦门岛上，你会惊异其洁净；深入厦门生活，你又会惊异其文明。它的街道是洁净的，很少看到乱丢的果皮；它的空气是洁净的，走在街上不太会吸到废气粉尘；它的声音是洁净的，少有噪声喧嚣，也少有污言秽语。厦门也许是中国最温馨的城市，来到厦门的外地人，差不多都能体验到一种家庭式的温馨感，因为滨海的闽南人的性格原本是比较豪爽的，难得的是厦门人在豪爽的同时还有温和。

厦门由海而生，因而岛内岛外，水汽充沛，从早到晚萦绕不绝，厦门的湿是温润的，是特有的南方味道，与北方的干湿冷冽截然不同。就像闽南语唱出来的情歌，情意绵绵，真是沁人心脾。海是厦门生活中重要的一部分，海浪滔滔是这里昼夜不停的歌声，海风阵阵是这里天然的温度调节器，丰富的海产是这里餐桌上的美味，海滩和椰树是这里最为养眼的风景……大海宠爱着这座城市，也成就着这座城市。

# 海　魂

　　在厦门旅游，所到之处，所见之物，所品之味，无不带着浓浓的海的味道。海风终日熏陶着这个城市的角角落落，海浪声声唤醒清晨沉睡的大地，夜晚又伴着人们进入甜美的梦乡；沙滩延绵数里，像一条美丽的丝巾装点着这座城市，海岸线遥遥相望，宝岛台湾在水汽氤氲中若隐若现。每天清晨和傍晚，港口上出海或归来的渔船来来往往，一片忙碌的气氛。又有悠闲的人们，踩着细软的沙滩散步，坐在海边的小饭店里吃着鲜美的海鲜，贝壳做成的风铃装饰着自家的窗口。海，给予了这个城市丰富的馈赠，让这里的人们得以丰衣足食，安居乐业。

　　厦门的旅游策划就要从海的角度出发，以海为基础。靠山吃山，靠海吃海，海是厦门得以快速发展的最重要原因。从渔业、海上贸易、旅游业、对外交流，都离不开海。海不仅带来丰富的物质，更赋予这个城市灵魂。海所衍生出来的文化和生活气息，是这个城市独具魅力的地方。做厦门的旅游规划，就是做海的旅游规划。每一条海岸线，每一片海域，都蕴藏着丰富的题材，正如曹操在《观沧海》中所感慨的"日月之行，若出其中；星汉灿烂，若出其里"。厦门的旅游资源，就蕴藏在海里面，上至海滨生活，下至海底世界，都可大做文章。海上冲浪体验紧张刺激的冒险之旅、海底潜水欣赏奇妙有趣的海底动物、海中游泳感受冲击海浪的快乐，看海上日升月落，体会"海上生明月，天涯共此时"的意境，品海鲜美味，满足味蕾对新鲜的渴望。总之，做好海文章，打好海主题，树立海滨形象，是厦门旅游的发展之路。

　　海更是一种精神，是一种气质。海加入了闽南风情，更使得这里的海多姿多彩，与众不同。闽南风，港湾韵，海岛情，这些是我们要把握的特色，这也将是厦门旅游得以在众多海滨城市中脱颖而出的重要因素。在做旅游规划的时候，要注意在景区中体现闽南文化，打造闽南特色；要充分利用沿海港湾的优势，开发一大批海港旅游项目，以港湾带动内陆。厦门的旅游要留给游客这样的印象：厦门的海是闽南的海，是在别的地方看不到的。

　　孟子曰："故观于海者难为水，游于圣人之门者难为言。观水有术，必观其澜。日月有明，容光必照焉。流水之为物也，不盈科不行；君子之志于道也，不成章不达。"意思是说观看过大海的人，便难以被其他水所吸引了；在圣人门下学习过的人，便难以被其他言论所吸引了。观看水有一定的方法，一定要观看它壮阔的波澜。太阳，月亮有光辉，凡是能容纳光线的小缝隙都能照到。流水有规律，不把坑坑洼洼填满是不会向前流的；君子立志于道，不到一定的程度不能通达。海在中国古代文化里是和圣人一样，是值得众人顶礼膜拜的。这是胸襟的拓展，境界的升华。所以有"观于海者难为水"一说。既然大海都看过了，其他小河小沟的水还有什么看头呢？由此看来，我们还真不能小看了"游山玩水"的积极意义。游山玩水关键是看你怎么"游"，怎么"玩"。既然"观于海者难为水"，所以，登山就要登泰山，见水就要观海水，做学问就要做于圣人之门，厦门的旅游是要通过海洋拓展人们的胸襟，升华人们的境界，来厦门旅游就要像海一样立志高远，胸襟开阔。

在这里，我们可以总结出海带给厦门旅游的两种启示：一方面，在这里做旅游就要像大海一样立志高远，胸襟开阔，要从宏观大局着眼，从整体格局上去思考，要具备长远观念。厦门城市虽小，但是要像搏击长空的海鸥一样，有着远大的志向；另一方面，旅游策划要基础要扎实，循序渐进，逐步通达。厦门的旅游有一定的基础，要把这些基础深化，做出特色。同样还应该不马虎，不敷衍，循序渐进，厚积薄发，因为，与"日月有明，容先必照焉；流水之为物也，不盈科不行"同样的道理，既然如此，我们怎能不打好基础，一步一个脚印地踏实向前呢？做旅游策划就是要像水一样细腻，考虑到每个小细节。

厦门曾是一个半渔半村的贫寒小村落，没有显赫的家世，没有辉煌的历史，甚至有人说它缺乏文化底蕴，一切都仿佛蚌中粗糙灰黑的石头，但是改革开放后，在新的发展环境中，厦门迅速成长和蜕变，成为国际性的大都会。像出蚌的珍珠，历经痛苦的磨砺后，变得璀璨夺目。开放、包容，这是厦门得以腾飞的关键，也正是海的品性。海纳百川，有容乃大。海汪洋一片，无边无涯，方才引得百川朝海，奔流到海不复回；海收纳万千，正所谓天高任鸟飞，海阔凭鱼跃，才得以变化万千，气吐万象。厦门的开放和包容给旅游业创造了良好的内部环境，作为一个开放性城市，旅游是对外交流的一个良好渠道，厦门重视旅游业的发展，也就是重视厦门的整体发展，旅游也是城市对外展示的一个窗口，是一个城市的活动名片。

庄子在《秋水篇》中讲了这样一个故事：黄河的河神名叫河伯，他站在黄河边上，望着滚滚的浪涛由西而来，又奔腾跳跃向东流去，景象非常壮观，觉得黄河是世界上最大的河，自己是世界上最大的水神，不禁洋洋得意。后来有人告诉他，北海比你大多了，你算得了什么？河伯赶到北海上一看，果然看到海面浩瀚无边，一眼望不到头，比黄河不知道要大多少倍。他望洋兴叹，深感惭愧。这个故事告诉我们山外有山，天外有天，做人要谦逊有礼，不能妄自尊大。做旅游也一样，妄自尊大带来的直接后果就是闭目塞听，导致自己见识浅薄，目光短浅，做出来的策划方案经不起实践的考验，更经不起时间的考验。庄子又说：水之积也不厚，则其负大舟也无力。意思就是没有深厚的功底，就做不成大事。同样，在景区的策划中，一个没有深厚的历史文化背景和民俗生活特色作为基础的策划方案，就不会是一个经得起考验的策划方案。

提到厦门，总会让人想到琳琅满目的厦门小吃。厦门小吃是厦门菜肴的代表，厦门人的想象力和创造性也体现在厦门小吃上。厦门小吃的风味独特，独特之外品种又丰富多彩，乃至全国罕见，每个来到厦门的人都会为厦门的小吃痴迷，被其丰富多彩的种类陶醉，不知从何下手。对厦门本地人来说，小吃是街边道路上的点心，是小吃的"家常化"。像芋枣、卤鸭、五香、卤豆干、咸粿等，各菜市场都有许多摊点，专卖给顾客带回家做家常饭菜；也可以登堂入室，甚至可以上宴席待客，将大众化的小吃"宴席化"，像"九龙盘"，借成套餐具为媒介，将九种小吃组成一道风味梅花拼盘，构思相当奇巧。同时将芋包、肉粽、油葱粿、夹饼等小吃小型化精致化，使人们在小吃宴席上，一次可以品尝多种小吃。小吃宴，十二道菜，道道都是厦门街头巷尾可见的风味小吃，但又较那些小摊点工料精致，风味更佳。无论小吃的"宴席化"或"家常化"都表明厦门人对小吃的喜爱是何等深切；这才是厦门小吃的奥妙之处。几乎没有一个厦门人不吃小吃，它已经深深融于厦门人饮食习俗之中，成为一种偏好，一种习惯，一种民风。可以说，不了解厦门的小吃，就不仅无法了解厦门的食俗，也无法了解厦门人。厦门的旅游策划应该像厦门小吃一样，既可以家常化，适合一大家子人来休闲度假，价格丰俭由人，又可以宴席化，做得精巧奇妙，走高端路线。厦门的小吃和厦门的旅游策划的道理如出一辙。

厦门的美食来自海洋。海鲜，是这个城市的味蕾缺少不得的东西。酒店里的各种海鲜大餐自不必提，那简直是味蕾的终极盛宴，就连一些平常的小吃中，都少不了海鲜的影子。各种来自海洋的鱼干，或酱或卤，或咸或甜，味道万千；港台美食——鱼丸，到了厦门也沾上了海味，加了虾肉的丸子吃起来更鲜美可口；各处街头都常见的春卷在厦门却特别有名，原因就在于春卷里面的各色海味；沙茶面更是一碗海鲜大杂烩。吃海鲜，讲究的首先就是一个海味和鲜味。海味就是要保留食材本身的味道，所有的烹煮和调料都只为烘托出食材本身的美味。而鲜味就是要吃得新鲜，所以海鲜讲究鲜活，刚捕捞上海的，还在活蹦乱跳的方才是最好的食材。所以要想吃到道地的海鲜，要从食材的选用上就开始把好关。而对付这些生猛的鲜虾鱼蟹，清蒸往往是最佳的烹饪方法。海鲜本身味道极美，师傅们所要做的就是最大限度地发挥出海鲜本身的味道。厦门的旅游也要像海鲜一样，有海味和新鲜。"海味"就是海滨旅游，厦门岛四面环海，气候宜人，有着天然的海洋优势，可谓天时地利人和，要充分灵活运用大自然赐予的这份礼物，发掘海文化，开发海滨旅游项目，树立海滨城市的形象。"新鲜"就是要与时俱进，经常根据需求变化旅游产品，引进时尚流行元素，走国际化路线，打造国际旅游城市。

对外来人来讲，闽南话虽然好听，却很难懂，的确，即使在福建省，闽南话也被分为几种，相邻的省份福建人大都很含蓄，福建人信奉一个处世原则：少说多做，注重实干。所以一首《爱拼才会赢》成为福建的代名词，也充分说明了福建人的精神，那就是埋头苦干，不同于有些城市的大爷气息和乐于调侃，福建人很不喜欢侃谈，也不太喜欢夸夸其谈的人，更看不惯对那种光说不干的"天桥把式"，究其原因，这可能与福建方言太多有关，福建人相互间用语言交流比较困难，于是只能借助其他方式来表达思想感情，天长日久使人养成了这种重行轻言的习惯。另一方福建靠海，或者大海那种深沉的气质也养成了福建人内敛的品质，绝大部分福建人不喜欢空谈，他们比较沉默，话不多，显得"内秀"，一般不愿意在公众场合眉飞色舞地表露自己，所以也难以成为聚会的焦点人物。做人低调是福建人的一大特性，虽言语不多，但心如明镜，内心深处自有他们的价值判断与行动指针。含蓄的精神是有内涵的旅游策划出发点。

与福建人交往似乎最能体现"君子之交淡如水"的境界，这句话本来是诠释朋友之间的友谊是一种相互的信任和生活所带来的平淡后的宁静与幸福，"淡"是生活的味道，也是时间验证的朋友味道；最主要的是"淡"如平静的水，而不是汹涌的波涛，真正的朋友之间不需要有大风大浪一样的日子，能够和气、平安、健康、快乐、珍惜、信任，友谊像水一样的清澈透明足矣。跟福建人交往，刚开始也许会觉得"淡漠"、"不够热情"，其实福建人不是这样，他们虽话不多，但他在实实在在地注意你、认识你，相互有了了解，彼此感觉投缘，感情自然就深了，而这时你才会对"君子之交淡如水"这句古话别有一番感触。大多数福建人比较喜欢喝啤酒和红葡萄酒，度数都比较低，比较顺口。在酒桌上，福建人劝酒也不那么凶，能喝的，自觉多喝；不能喝的，别人也不会硬灌，彼此熟悉的朋友，边喝边聊，能者多喝，不生劝硬灌，却有身心轻松，怡然自得之感，这便是福建人的含蓄。

　　同样，在福建做旅游策划也要像福建人待人接物的方式，做到使人感到轻松，自然，就像金门的高粱酒一样虽然是高度的白酒，喝起来却无比绵软。吹着海风，看着美景，吃着海鲜，不经意间就使人沉醉，且回味悠长。

# 海　韵

　　有人说，厦门是琴弦上的岛国。

　　没有鼓浪屿，厦门就好像一枚没有镶钻石的戒指。鼓浪屿如沧海遗珠般，有着遗世独立的美。它使得厦门熠熠生辉，更赋予厦门独特的气质。小岛四面环海，仅凭渡轮出入内陆。岛上全岛禁车，没有了现代的车马喧嚣，使得这座小岛安静宁谧，自成氛围。作为"音乐之乡"的琴岛，这里艺术氛围浓郁，在海风和海浪伴奏下的琴声，一下子有了灵魂。宁静的环境，原始的生活方式，艺术的氛围是鼓浪屿旅游的特色，也是整个厦门的城市旅游可学习和借鉴的。

　　在鼓浪屿的傍晚，吃过晚餐，穿着拖鞋，背着手悠闲地出来散步。石板或水泥铺成的路有些错综复杂，初次来的人总是不小心会迷路，因而总有些小心谨慎地记着路标。而惯住在这里的居民，则迷眼半闭，哼着小曲，神情自若地走得心无旁骛。海风徐徐，海浪声声。不知从哪栋小屋中，传出一阵悠扬的琴声，飘过静籁的天空，受过海风的洗礼，通透无瑕，直荡入人心。听不出弹的是哪国风情，但萦绕在耳边，心都仿佛跟着飞扬了起来。

　　厦门人对音乐的热爱就像他们对大海的热爱。在面积不到两平方公里的鼓浪屿上，有着六百多架钢琴，几乎家家懂音乐，人人能弹琴。各种钢琴比赛也经常在这里举行，岛上时常能听到琴声悠悠。钢琴本是高雅之物，但来到厦门，倒是与这里的市井之气很合得来。街头巷尾，吃饭谈天，喝茶逗趣之时听着悠扬的琴声，一点也不觉得唐突，反而觉得恰如其分。本来在华丽的演奏厅中欣赏的音乐，轻而易举地就融入了厦门人的平常日子中。而这种民间气息浓郁的音乐，一点也没有丢掉它的艺术性，厦门的钢琴名家辈出，全国的钢琴大师都纷至沓来，在这里切磋琴技，交流艺术，使得这里成为钢琴艺术荟萃之地。

音乐，让厦门的形象变得更为立体，人们可以从形、色、神、声等多方面全方位欣赏厦门，感受厦门。厦门的音乐，是不分贫富，不分阶级的，是雅俗共赏的。有适合在家中朋友小聚时弹奏的旋律简单轻快的小曲，也有在演奏厅中只有大师级水平才能弹奏的大曲。来到厦门，尽可以各取所需，大家都能找到合乎自己心意的曲子。厦门的旅游也应该使不同的旅游者都能找到属于自己的乐园。应该有休闲养生之处，应该有娱乐游玩之处，也应该有探幽寻奇之处。总之，厦门的旅游也应该是立体的，可供选择的。

在古代，"诗"、"歌"是不分家的，"诗"为填词而作，"歌"是为诗而谱的曲。诗歌就是用来唱的，所以在古代，文学和音乐是紧密相连的。《诗经》就是民间传唱的诗歌汇集。"凡有井水处，皆能歌柳词"，诗歌渗透到了百姓生活中，成为全民的娱乐。所以，一部古代音乐史也是一部古代文化史。

"琴、棋、书、画"是中国古人衡量一个人修养的重要评判标准，历来被视为文人雅士修身养性的必由之径，而古琴因其清、和、淡、雅的音乐品格寄寓了文人风凌傲骨、超凡脱俗的处世心态，而在音乐、棋术、书法、绘画中居于首位。"琴者，情也；琴者，禁也。"吹箫抚琴、吟诗作画、登高远游、对酒当歌成为文人士大夫生活的生动写照。春秋时期，文圣孔子就酷爱弹琴，无论在杏坛讲学，还是陈蔡受困，饿得吃不上饭的时候，孔子身边操琴弦歌之声都不会停止；魏晋时期的嵇康给予古琴"众器之中，琴德最优"的至高评价，终以在刑场上弹奏《广陵散》作为生命的绝唱；唐代文人刘禹锡则在他的名篇《陋室铭》中为我们勾勒出一幅"可以调素琴、阅金经。无丝竹之乱耳，无案牍之劳形"的淡泊境界。琴成为境界高远的一种代言。

琴在中国有着很多美好的意象。如《诗经》中的"窈窕淑女，琴瑟友之"，"琴瑟在御，莫不静好"。而文人们最恶之事则莫过于"对牛弹琴"、"焚琴煮鹤"了。厦门不仅是钢琴汇聚之地，跟古琴的渊源也颇为深厚。在厦门的宫庙建筑、民间器用、宗族祠堂中，常常可以看到古琴文化的身影。厦门的青礁慈济宫中，一幅"俞伯牙摔琴谢知音"的古画尤其引人注目，画上有诗题曰："摔碎瑶琴凤尾寒，子期不在对谁弹，春风满座皆朋友，欲觅知音难上难。"俞伯牙和钟子期高山流水的故事美名远播，俞伯牙琴技高超，却感叹知音难觅。一日，他在山间弹琴，钟子期不经意间听到琴声，他听懂了俞伯牙的弦外之音，感慨曰"巍巍乎高山，汤汤乎流水"。俞伯牙从此奉钟子期为知音，两人经常以琴相会。钟子期死后，为谢知音，他在钟子期的坟前将琴摔断，从此不再弹琴，高山流水至此成为绝唱。高山流水意不在高山，不在流水，也不在曲子，而在于弹琴者与听琴者的心灵相契。旅游策划之理亦异曲同工。策划者要理解旅游者的心理，同时要让旅游者明白策划者的想法。理解旅游者，需要我们从旅游者的心理出发，做合乎旅游者所需的策划；获得旅游者的理解，则要求我们的策划和设计思路清晰，表现准确。

弹琴，讲究知音，也讲究意境。弹琴追求心境合一，人琴合一，达到一种物我两忘的艺术境界。听琴亦追求"味外之旨、韵外之致、弦外之音"，由琴声而发人生之幽思。陶渊明"但识琴中趣，何劳弦上音"与白居易"入耳淡无味，惬心潜有情。自弄还自罢，亦不要人听"所达到的正是这样一种境界。空灵悠远的古琴韵味是弹琴者与听琴者将外在环境与心气平定的内在心境合而为一所创造出来的，这种韵味也是中国古琴独具魅力之处。同样的，旅游也追求人与自然的和谐，追求心灵与环境的相融相合，体会自然中的意境之美。音乐体现的是文化，旅游也是如此，音乐背后充满各种让人感慨唏嘘的故事，厦门的旅游就要像一支动人的乐曲。

# 海　量

厦门人早上起床第一件事就是泡茶、喝茶。没有喝到那一口清香浓郁的茶，好像一天就没有开始。古人"寒夜客来茶当酒"，厦门人不管你是早上来还是晚上来，反正有客人来就马上泡茶。茶也是他们那种悠闲惬意的海滨生活中不可或缺的一部分。厦门人喝的是功夫茶，顾名思义，功夫茶是极费时间和功夫的，不仅需要时间，更需要的是一种品茶的心境，需要讲究沏泡的学问、品饮的功夫。厦门人舍得花时间在喝茶上，更舍得放下追名逐利的诱惑，慢慢地去啜饮那一小杯清汤寡水。

在世界上，恐怕中华民族是最先喝茶，进而爱茶，最终把喝茶上升到一门哲学的民族。中国人很早就会喝茶，根据唐代茶圣陆羽的《茶经》记载："茶之为饮，发乎神农氏。"可见上古时期中国人就开始饮茶了，茶文化与中国文化紧密相随，已经数千年历史。到唐代中国的茶文化达到一次高峰，陆羽就是这个时候诞生的，他从小是个孤儿，被智积禅师抚养长大。陆羽虽身在庙中，却不愿终日诵经念佛，而是喜欢吟读诗书。陆羽执意下山求学，遭到了禅师的反对。禅师为了给陆羽出难题，同时也是为了更好地教育他，便叫他学习冲茶。在钻研茶艺的过程中，陆羽碰到了一位好心的老婆婆，不仅学会了复杂的冲茶的技巧，更学会了不少读书和做人的道理。当陆羽最终将一杯热气腾腾的茗茶端到禅师面前时，禅师终于答应了他下山读书的要求。后来，陆羽撰写了广为流传的《茶经》。

喝茶不是一件简单的事。首先是喝茶的心境。说喝茶，其实是糟蹋了茶，"喝"只代表了简单的解渴目的，中国文人对茶，小心翼翼地冠以一个"品"字。品是三个小口，意即一口要分成三口来饮，把喝茶这一件普通的日常之事变成一件极雅的事。正如许次纾在《茶蔬》中说："若巨器屡巡，满中泄饮，待停少温，或求浓苦，何异农匠作劳，但需涓滴，何论品赏？何知风味乎？"又如《红楼梦》中妙玉论饮茶："一杯为饮，二杯即是解渴的蠢物，三杯便是饮牛饮骡了。"品茶，还需要适宜的气氛和环境。风日晴和之时，或小桥画舫中，或茂林修竹间，明窗净几，心手闲适，三两友人，品茗清谈。这是中国文人最为惬意的饮茶之法。茶须静品，一个人在神清气爽，心平气和的时候最宜品茶，在这种境界中，方能领略到茶的真谛。茶的享受，不仅在于对茶的滋味的享受，也在于品茶之间的交谈和会友。中国人的以茶会友，把饮茶变成了一件富有趣味和高尚的事。中国文人对交友是极为谨慎的，"谈笑有鸿儒，往来无白丁"，这是基本的要求。在他们的艺术生活中，行不同的事，又需要不同的友，方能得其真乐趣：赏花须结豪友，登山须结逸友，泛舟须结旷友，对月须结冷友，捉酒须结韵友，品茗则须清友了。饮茶之友不可多，人多即喧闹，一喧一闹，则雅致全无。独啜曰幽，二客曰胜，三四曰趣，五六曰泛，六七曰施。六七个人已经像是为穷人施舍粥饭一般的施舍茶水了，还有什么雅趣可言？至于《红楼梦》中的妙玉，收集梅花上的雪以做烹茶之水，则像是已成雅癖了。

品茶之追求静、雅、清，又使得它和禅联系在了一起，于是有了茶禅一味。所谓的禅是一种境界，摆脱一切心境上的困扰，在静中悟道。"茶禅一味"中的"禅"是心悟，"茶"是物悟，"一味"就是心与茶、心与心的相通，意思就是通过喝茶达到禅的境界，无忧无虑，逍遥自在。中国禅茶文化精神概括为"正、清、和、雅"。"茶禅一味"的禅茶文化，是中国传统文化史上的一种独特现象，茶与禅本是两种文化，在其各自漫长的历史发展中发生接触并逐渐相互渗入、相互影响，最终融合成一种新的文化形式，即禅茶文化。禅茶文化是中国人将喝茶与生命哲学的完美结合，体现了中国人与众不同的智慧。

"茶禅一味"是一种结合的智慧，其实不止结合是一种智慧，拆分同样是一种智慧。鼓浪屿上有一处游客必到之处，在那里，可以"会当凌绝顶，一览海山小"，也可以看云天近在咫尺，凭栏放眼，纵目远眺。这里便是日光岩。日光岩不仅景色美，更精彩之处在于它在旅游策划中带给我们的启发。日光岩原称"晃岩"，相传1641年，郑成功来到晃岩，看到这里的景色胜过日本的日光山，便把"晃"字拆开，称之为"日光岩"。而日光岩不仅借了日本日光山的名气，也被盛传为厦门太阳最早照射到的地方，更平添了一份神奇和浪漫的色彩。从"晃"而为"日光"，这便是一种拆分的智慧。拆分，然后重新组合，也是创新的一种手法。在我们感叹旅游资源贫乏、没有特色的时候，不妨想想这种拆分与组合的智慧。

茶一定要用沸水煮泡才释放出深蕴的清香，温水是无论如何也煮不出茶香的，用水不同，则茶叶的沉浮不同。如果看到茶叶轻轻地浮在水之上，这就是用温水沏的茶，看不见沉浮，茶叶也不会散逸出它的清香；茶叶沉了又浮，浮了又沉，沉沉浮浮，这就是用沸水冲沏的茶，冲沏了一次又一次，茶叶就释出了它春雨般的清幽。由此可见，只有经历过夏阳般的炽烈，秋风般的醇厚，冬霜般的清冽之后，茶叶才能散发出自然的香气。所以厦门的旅游发展如果只是平平静静，就像温水沏的淡茶平地悬浮着，就弥漫不出厦门的生命和智能的清香。只有勇敢地走出去，打出自己的文化牌，就像被沸水沏了一次又一次的酽茶，才能像沸水一次次冲沏的茶一样溢出生命的脉脉清香。

在现代社会，有时间与精力去经营这苛刻的品茶之道的人已少之又少，但厦门人依然不忘忙里偷闲，在生活中邀请三五好友品茶论道，他们已经将高尚雅致的饮茶文化删繁就简，融入了日常生活中，使得饮茶更多了份平淡生活的滋味和众人同乐的人情味。厦门的旅游，也不能高高在上，要雅俗共赏，与民同乐，就像三角梅一样。三角梅是厦门市的市花，这种花极为亲民，大街小巷，景区公园、寻常人家的阳台，随处可见，而且几乎遍布全国各地。它的花色彩缤纷，习性温和好养活，雅俗共赏，为中国人所喜爱。厦门旅游要像厦门的茶和三角梅一样，只有为普通老百姓所喜闻乐见，才能把旅游市场做得更大。

厦门饮茶之风由来已久，鼓浪屿上就流传着这样一个关于茶的故事。岛上有位老先生，专以卖茶为生，每天都推着茶车在岛上卖茶，因而人人都叫他茶叔公。茶叔公卖茶与别人与众不同，他的茶，可用钱买，也可用故事来买，一碗茶换一个故事。卖了多年的茶，茶叔公收集了很多关于鼓浪屿的故事，小孩子们都喜欢围着他听他讲故事，他讲林语堂在协和礼堂迎娶廖翠凤的故事，讲妙手仁心的林巧稚还弹得一手好琴；讲从英国领事馆带出鼓浪屿的殖民历史，讲菽庄花园的林尔嘉创办实业，讲番婆楼的孝子。通过茶叔公的一个个故事，厦门的历史变得丰富生动起来，年轻人对厦门了解得更多了，也更热爱这个城市了。"一碗茶换一个故事"是茶叔公一个巧妙的卖茶的方法，充满了人情味和趣味。厦门虽历史短暂，但仍然有着很多富有厦门特色的故事流传至今。一个有故事的城市才能更富立体感，更鲜活，在厦门旅游中，巧妙运用故事与景点的结合，能为景点添色添趣。

在旅游者眼中，故事可能只是旅游中的一个小插曲，但对于旅游策划者，切不可小看了故事。故事虽小但又不小，故事在旅游中大有可为。故事是一个城市文化的生动解说，是劳动人民智慧的凝聚，是城市发展史的积累，故事中有旅游，故事中有卖点，故事中有文化，旅游策划者要善于从故事中整合旅游文化，从故事中寻找旅游开发的商机。

## "借篷使风"助大众资源跳出同质化

厦门作为典型的海滨城市，海洋资源丰富、优质，海是厦门旅游业最大的优势，因此如何充分利用海这个金字招牌。我们做滨海旅游的文章，实际上真正关注的是海背后的价值链，包括文化、社会、经济、生态价值，这就是借篷使风的方法。

海洋不是厦门独有的特产，中国绵长的海岸线使得海洋可以说是一种大众资源。厦门要打造的是有闽文化风情的海，是在其他地方没有的。这就是将本地文化和海洋相结合，使得海洋大众旅游资源跳出同质化，使得当地的海更具辨识度，同时也是借海洋的名号，打出本地文化的牌子，为本地的旅游经济链做下铺垫。

海洋对一个城市来说是难得的旅游资源，尤其是对一个想要打造休闲文化的城市来说，在福建有很多城市都有类似厦门这样的资源，如何将资源整合是我们在这样的城市做旅游策划要考虑的首要问题，由厦门我们想到了与厦门资源相似的漳州的案例。

漳州是福建南大门，对台临厦、对接长珠、临近港澳，与厦门、泉州构成闽南金三角，是连接长三角与珠三角、台湾与内地的重要节点城市。漳州市"蓝、绿、土、泉、根"五大类型资源，"土"与"根"共同体现一个"古"字，"泉"也在"蓝"与"绿"之间，所以漳州资源可进一步概括为"古、蓝、绿"。"古"，是乡土文化之情；"蓝"，是海峡文化之情；"绿"，是闽南生态之情。所以我们将漳州总体定位为以土楼探秘、滨海度假、闽南风情体验等为主体，以观光游览、时尚运动、主题娱乐、温泉养生、文化体验、休闲地产、修学科考等为特色的海峡西岸最大规模的世界级旅游目的地。

以"情"为核心文化主线，以"情"整合资源、提升产品，以"情"凸显城市文化内涵，以"情"构筑对台旅游的平台。重点打造土楼、滨海两大旅游核心，形成漳州旅游腾飞的两大驱动，并带动城区旅游发展。

扬州——追寻远逝的繁华

扬州城纸上的流年映射于烟水脉脉里，折柳而歌，看隔岸花开，穿越灵魂的醉意去抚摸心扉的门锁，每一次醉都是那么温存而充满依恋。随风拂摆含羞的扬州凝香，宛如旧时风月里明媚的妆颜，摇曳满目过往的云烟，绚丽于四月的瘦西湖，迷离在这动人的雨季，追寻远逝的繁华。

**残红育灵** / 杨力民画作

扬州的美是繁华褪尽后淡雅而从容的美，最是在人记忆深处中无法忘怀的。

这座偏居于苏中一隅的小城，有着 2400 多年的历史，文化斐然。从曾经的一代枭雄吴王夫差在春秋时期筑成扬州城，到隋炀帝琼花一梦下扬州，开凿大运河，再或者是扬州盐商挥金如土，一夜造塔，其间经历几度盛衰，成为我国古代水陆交通枢纽和盐运中心，东南第一大都会，素有"雄富冠天下"之称。富庶的江南要想将米、茶、盐、铁运往帝都就必须在这里转运；南路入长江，准备进去长安的外国商船也要经过这里，便利的交通带动了繁荣发达的经济，进而使得扬州具备了旺盛的地气，交通带来的和煦春风般的文化信息催发了、滋润着扬州的文化艺术之林。

在这人杰地灵之处，人才辈出、群星争辉的景象自汉晋以来就在经、史、文、医、农、兵、法、天、算等领域不断出现；在这山明水秀之畔，诞生过对中国文化产生巨大影响的"扬州八怪"；在这繁花似锦之间，有着兼具南北风韵，浑然天成的扬州美景；在古城扬州，有着大家盈门、群贤毕至、巨匠流连的一段段佳话。

历史无情，时光辗转，曾经千年的风光繁华、铺张奢华都已逝去，如今唯留一座座精雕细琢的园林和淡然处世的扬州人，在他们细水长流的日子里，默默诉说着这座城市时而的清高，时而的世俗，以及时而的落寞。历经历史沉浮的扬州，渐渐归于平静，犹如洗尽铅华的女子，淡去的是浮华，沉淀下来的是从容。

扬州是个处处精雕细琢，容忍不得粗制滥造，将就不得一点点疵瑕的地方。如扬州园林中门楣上的精美木雕，如入目皆成画的亭台假山，如一窗可成景的窗框，如幽转回环的长廊。崇尚自然的扬州人将居家之处也细细地打造得浑然天成，宛若仙境，不计时间，不计成本。扬州人过的是细水长流，淡看云起云落，拒绝步履匆忙的日子。扬州人好像总有大把的时间，对待生活安之若素，处之淡然，不管人生起落，且自笑看风云。

扬州美，美就美在扬州水。扬州风光因水而增色，历史因水而起伏，城市因水而得名，文化因水而滋润，神奇的土地名人辈出，震撼着千年的民族文化，多彩的旅游资源，概括起来就是扬州的水文化，扬州因水而秀，因水而精，因水而闲，这与扬州的历史和环境都是分不开的。

# 秀

"不荣而实者谓之秀。"《尔雅》秀常被用来形容一种出众而有内涵的美，所以在中国古典文化里才有"山清水秀"一词，水是表现秀的最恰当方式，也只有秀才能体现出水的柔美，所以古人在诗词里常有"眉黛敛秋波，山明水秀"之类的词句。扬州就是一座因水而秀的城市，如一位大家闺秀，扬州人也就具备了水一样秀外慧中的品质。

扬州人与水建立了一种和谐关系，使整个城市与水互相融合。所以在旅游策划上可以将这种融合分为两方面，一方面整个城市的文化和水紧密结合，提出了扬州的文化主题，那就是水文化。扬州的名人，扬州的历史，扬州的韵味，等等，一切都和水紧密相关，从某种意义上，扬州的水，比如古运河，其意义早已超出水、超出生态，甚至超出文化的范畴，成为一种扬州精神，激励着扬州。另一方面，水与城市的和谐共荣也正是扬州旅游带给游人的感受，那就是来到扬州就如同被水亲密包围着一样，没有一点陌生的距离感，扬州旅游产品带给游人的将是温馨明朗的内容。正如万物生长离不开水一样，来到扬州就是补充水这种生命必需的液体，为生命加油。

要感悟这水做的扬州城就该到扬州度度假，只有到了那里才能体会到这是一座水做的城，灵动的城。盛唐时的大诗人李白写下著名诗句"故人西辞黄鹤楼，烟花三月下扬州"，成为千百年里扬州在人们心中的形象标杆，"夹岸垂柳桃花，小桥流水人家"，在扬州，傍水而居从古以来就是一种时尚。无论徜徉于满地星灯的小秦淮夜色中，或者闲暇时斜倚玉石栏杆欣赏沿河风景，嗅着河水发出的清新之气，这一切，都是一幅幅人与自然和谐相融的画卷。目之所及，芳草萋萋，绿柳荫荫，"君家旧淮水，水上到扬州"、"青春花开树临水，白日绮罗人上船"、"二十四桥明月夜，玉人何处教吹箫"……扬州，总有着与水纠缠不清的情愫。一方水土养一方人，扬州的水不仅造就了扬州经济的繁华、文化的鼎盛，还造就了历代惊艳绝世的扬州的才子佳人。无处不碧波、无处不春风。从"州界多水，水扬波"的意境中感受着扬州市名的由来。扬州的水浇灌得全城一片青翠、郁郁葱葱。绿水环环逶迤绕城，林荫道凉爽宜人。还有那一湾瘦西湖，一城轻杨柳，以及那香气四溢的芍药、琼花，无不揽尽天下灵秀。扬州的水与文化、水与经济、水与生态、水与美女的关系，在诗人的诗句中若隐若现，让人浮想联翩。

扬州有秀美的园林，扬州是个"园林城"，每一座园，都少不得一个"水"字。水的流、通二性，正是扬州园林的两大特性。流与通是水的特性，也是旅游的特性，旅游也正是像水一般流动，这种流动不仅是身体的移动，还是心灵的变化，心情的流动，通则是了解一个与自己平时生活完全不同的环境，通晓不同人不同地域不同文化的特色，过自己平时无法体验的生活，这就是通。扬州本身就是一座园，古运河、瘦西湖赋予这座园以生命。扬州是个"生态城"。城中有湖，湖中有岛，岛上有鸟，被人称为城市里的一片"绿洲"；城外有河，河中夹滩，滩中有草，被人称为城外面的天然"绿肺"。生态城，哪一处都少不了水。扬州是水做的城，水的灵动让这座城充满灵性。漫步扬州，如同行舟，扬州的旅游策划也要像水一样充满灵性。

秀，魅力而不俗气。"天下西湖，三十有六"，唯扬州的瘦西湖，占得一个恰如其分的"瘦"字，以其清秀婉丽的风姿独异诸湖。一泓曲水宛如锦带，如飘如拂，时放时收，较之杭州西湖，另有一种清瘦的神韵。瘦西湖里的水，更是美妙不过：湖水盈盈，却不溢漫两岸；湖水阴柔，却柔中透刚，以瘦为奇。清代钱塘诗人汪沆有诗云："垂杨不断接残芜，雁齿虹桥俨画图。也是销金一锅子，故应唤作瘦西湖。"瘦西湖由此得名，并蜚声中外。这种秀气的瘦与那种大气的旷正是两种相对立的概念，这种是小众而又私密的秀气，造就出了这种小家碧玉似的内敛。瘦，在中国文化里除了与胖相对立，还有另外一种意思，那就是挺瘦秀润，比如宋徽宗创造的书法字体取名"瘦金体"，徽宗早年学薛稷、黄庭坚，参以褚遂良诸家，出以挺瘦秀润，融会贯通，变化二薛（薛稷、薛曜），形成自己的风格，号"瘦金体"。其特点是瘦直挺拔，横画收笔带钩，竖划收笔带点，撇如匕首，捺如切刀，竖钩细长；有些连笔字像游丝行空，已近行书。其用笔源于褚、薛，写得更瘦劲；结体笔势取黄庭坚大字楷书，舒展劲挺。现代美术字体中的"仿宋体"即模仿瘦金体神韵而创。瘦金书的运笔飘忽快捷，笔迹瘦劲，至瘦而不失其肉，转折处可明显见到藏锋、露锋等运转提顿的痕迹，是一种风格相当独特的字体。瘦金体、瘦西湖在中国文化里都是一种另辟蹊径的美，这种瘦是以清秀灵巧为表现手法。

如果要寻找扬州的旅游主题，大概应该向"瘦"中寻。"瘦"是精细，是浓缩，是精华。扬州的旅游就要像扬州的瘦西湖一样，做到是十步一景，充满变化和层次感，超凡脱俗，秀出扬州的韵味。这种瘦表现在策划中就是去掉多余的"脂肪"，一切无关紧要的不能代表扬州的东西都轻轻去掉，只留下清朗俊秀的精华，"瘦"到一目了然，主题分明。

这个城市本身就是一场美丽的秀，扬州的旅游要学会"作秀"，而且更要"秀出精彩"，让游人从"秀"中得实惠，让游人和本地人都满意，而只有这样的"秀"才有意义。"秀出精彩"必须倾听游人的声音与诉求。要走出去了解游人想看什么，需要什么，想体验什么，真正了解游人之所需、游人之所求，才能对症下药，按需供求。

# 闲

扬州的"闲"也很有历史渊源。曾几何时，"扬一益二"的名头让扬州风光无限，作为当时的政治经济中心，名扬海内外，是有名的富贵风流之地。

说扬州的富贵风流，首当其冲的就是隋炀帝的琼花一梦下扬州。隋炀帝杨广早年在扬州当过十年总管，因而他有浓烈的"扬州情结"，当了皇帝之后曾三下扬州。其中有一次是因为做梦的时候梦到了一种奇特美丽的花，以前从来没有见过，名字叫琼花。后来派人打听，打听到这是扬州特有的一种花，据传是隋朝时，扬州东门外住着一个名叫观郎的小伙子，一天在河边散步时看见一只受伤的白鹤，心地善良的观郎把白鹤带回家救活。后来，观郎结婚时，白鹤衔来一粒种子表示祝贺。种子埋入土里，长出了一株琼花，每隔一小时就变换一种颜色，流光溢彩，赏心悦目，世上独一无二。世人称其"唯扬一株花，四海无同类"。隋炀帝听说后，便要来扬州看琼花。但那时从京城到扬州陆路难走，又无水路可达，隋炀帝大笔一挥，下旨修建从瓜洲至湾头的大运河，大伤劳力。但是琼花耻于见昏君，隋炀帝来到后，立即凋零。隋炀帝大怒，拔出剑来砍树，琼花化为一道金光，随着一只白鹤飞走了。至今，扬州已无琼花，但是人们为了表达对琼花的喜爱，把一种名叫聚八仙的花命名为琼花。

隋炀帝，堪称"成也扬州败也扬州"：为了一个琼花梦，生生开凿了一条大运河，虽然成就了南来北往水运通途惠及后世的天下大事，却落得个杀身亡国走黄泉。从中也可以看出，当时的扬州诱惑力有多大。这种诱惑力，绝不仅仅是因为一枝花，而在于这里的富贵风流的社会环境。

富贵，是有财。扬州是中国历史上极为繁华的都市，聚集了当时叱咤商场的大批徽商、晋商在此，盐贸易几近垄断国内市场，由此也造就了扬州这个奢华之都。扬州人对小财是不屑一顾的，财，就必是财大气粗的财。说扬州，要么是"东南第一大都会"，要么是"雄富冠天下"，要么是"淮左名都"，要么是"富甲天下"，没有一个名头说出来不是响当当的，即使只是去扬州游玩，也必要"腰缠十万贯，骑鹤上扬州"。扬州的大名是来得底气十足的。当时社会上有一种说法叫作"扬气"。什么叫"扬气"？就是扬州味儿。什么东西都要讲究到奢华、讲究到极致，就是扬气。

这种扬气放在旅游的概念上，就是"扬"扬州之气，将扬州的文化发挥出来，同时还要以旅游带动经济，"文化与效益是情侣关系，你中有我，我中有你。效益是船，文化是浮力，浮力越大，船的载重越大，文化是最终决定输赢的"。有些旅游产品要么缺乏文化概念，要么缺乏经济概念，现在文化与经济要如车之两轮，鸟之两翼，只有这样旅游才可能腾飞。

18世纪的扬州旅游指南《扬州画舫录》中曾经屡屡提到扬州盐商奢侈的消费风气：选美选腻了，开始选丑，姑娘们大热天在脸上涂酱油，在太阳底下暴晒，比谁更丑些。比有钱，在金箔上刻上自己的名字，集体跑到镇江金山的宝塔上，把金箔往外扔，看谁家的金箔第一个漂到扬州。只有在扬州，你才会明白什么叫挥金如土。相传当年乾隆皇帝坐船游览扬州瘦西湖。从水上看到五亭桥一带的景色，不由遗憾地说："只可惜少了一座白塔，不然这儿看起来和北海的琼岛春荫就像极了。"说者无意，听者有心，财大气粗的扬州盐商当即花了十万两银子跟太监买来了北海白塔的图样，当晚连夜用白色的盐包堆成了一座白塔。扬州的富，富到了极点，"天下银钱一半出自吴国"；扬州的贵，亦贵到顶点，天子隋炀帝因迷恋江都的繁华死在了这里。我们说，"仓廪实而知礼节，衣食足而知荣辱"，看看仓廪实衣食足的扬州留到今日的历史文化可知，扬州可不是个简单的暴发户，它不仅仅是富贵之地，更是风流之地。

扬州的风流，由"闲"而生。近代人陈去病的《五石斋》中有这么一句话："扬州之盛，实徽商开之，扬盖徽商殖民地也。"明清时期大批徽商、晋商入驻扬州，便捷的水上交通和盐运贸易成就了扬州的盛世，当时忙着做生意的都是外地人，而扬州本地人则坐享其成，做起了地地道道的闲人。当时的扬州是一个"殖民城市"：官、大盐商、小商人、文人、闲人、旅游者构成了这个18世纪城市的社会阶层。扬州因"盐"而鼎盛，盐是生活必需品，闲也是扬州生活的必需品。

联系到旅游度假的概念，扬州的闲人最爱享受，"千户生女当教曲，十里栽花当种田"，

"早上皮包水，晚上水包皮"——就是茶馆和澡堂。唱曲栽花、喝茶泡澡，都是现世的享受。这种享受造就了扬州人温柔的性格，一天从早到晚都与水打交道，使得扬州人也具备了水那种温文尔雅的品质。其实，皮包水也好，水包皮也好，都讲的是一个道理，都不是单纯的感官享受，而是有文化的体验在里边。扬州的澡堂，扬州的茶馆都是淮扬文化的代表，所以说，这水包皮、皮包水也正对应了现代休闲度假的概念。

扬州的"闲"出名还表现在会享受。余音绕梁还不足以满足扬州人的耳朵，唱曲则要"一曰熟，二曰软。熟则诸家唱法，无一不合；软则细致缜密，无处不入。"这是《扬州画舫录》中所说的司鼓二绝；只是雕梁画栋还不得扬州人的眼，"春山艳冶而如笑，夏山苍翠而如滴，秋山明净而如妆，冬山惨淡而如睡"，这是个园中的四季假山。扬州人闲得风雅，风雅得极致。难怪那么多文雅之士都对扬州情有独钟。且不说李白的"烟花三月下扬州"，隋炀帝的"琼花一梦下扬州"，乾隆的屡下江南，只看南朝宋人殷芸的《小说》中的一文即能体现扬州的魅力之大："有客相从，各言所志：或愿为扬州刺史，或愿多资财，或愿骑鹤上升。其一人曰：'腰缠十万贯，骑鹤上扬州'，欲兼三者。"书生到了扬州，反思于"肯学诸儒辈，书窗误一生"，于是幡然悔悟，纵情由心；失意人到了扬州，高唱"沉舟侧畔千帆过，病树前头万木春"。此时的扬州，走到了荣华富贵、风华绝代的顶点。

中国传统文化中信奉"物极必反"为真理。老子说：祸兮福之所倚，福兮祸之所伏。孰知其极，其无正。正复为奇，善复为妖。他认为福可为祸，正可为奇，善可为妖，事物发展到极限就会向相反方面转化。《吕氏春秋·博志》篇中说道："全则必缺，极则必反，盈则必亏。"更是把这个命题说彻底了。物极必反，乐极生悲，如《三国演义》中的"天下大势，合久必分，分久必合"；如《红楼梦》中的王熙凤"机关算尽太聪明，反误了卿卿性命"；如《汉书·东方朔传》所言"水至清则无鱼，人至察则无徒"；如《水浒传》中被势权压迫得走投无路，逼上梁山，与朝廷对抗的梁山好汉。月满则亏，物盛则衰，天下之事，盈亏盛衰，实则常事也。扬州在明清时期，风光奢华达到了极盛的境地，扬州的文化亦声动海内外。再看扬州今朝，地处中国经济文化中心长三角地区，然而论经济，东有中国第一大城市上海作为国际经济、金融、国际贸易、国际航运中心；论文化，西有"六朝古都"、"十朝都会"之称的南京，是国家重要的政治、军事、科教、文化、工业和金融商业中心；论风景，南有"上有天堂、下有苏杭"之称，被大旅行家马可·波罗赞为"世界上最美丽华贵之城"的杭州；就连人文，都不敌在历史、文化、风格上与之相似的"园林甲江南"的苏州。荣耀不再，繁华已逝的扬州，在这些声名显赫的城市林之中屈居一隅，备受冷落，难免感觉有些落寞吧？繁华过后的扬州，犹如英雄之末路，美人之迟暮，终是应了"物极必反"那句古语。所以现代的扬州人多了一份淡泊恬静的心态，骨子里也多了一份稳重。

扬州出过一个名人，他说过一句名言："聪明难，糊涂难，由聪明而转入糊涂更难。放一着，退一步，当下心安，非图后来福报也。"此人即是"扬州八怪"之一——郑板桥。都说由俭入奢易，由奢入俭难，扬州人正经历着这样的阵痛期，由盛景顶端跌落到衰落之境，由众人瞩目的大都市沦为蜗居一隅的小城，如何承受这样的苦痛，如何面对这样的巨大落差，正是对扬州人在聪明与糊涂之间转换的智慧的考验。

难得糊涂，是古代中国一种独有的文化，也是一种高深的境界，看似俚俗，实则超脱。想要做到难得糊涂，非大彻大悟者不可为之。懂得难得糊涂之道的人，往往是大智若愚之人。大智者，愚之极致也；大愚者，智之其反也。事无巨细，斤斤计较、一律顶真，表面看起来挺精明，殊不知实际上是大愚蠢，往往因小失大。外为糊涂之状，上善斤斤计较，事事算大不算小，表面上看起来为人马马虎虎，和善易处，但遇原则问题则毫不含糊，这是大智慧者，因大而弃小。扬州人在这个哲理上做了一个不错的诠释。在千年盛景衰落带来的巨大悲痛面前，扬州人淡然走进平常日子，并且将生活过得有滋有味，活色生香。扬州如同卸下历史重任，退隐入民间的高士，一间庭院，一卷书香，一笼蟹黄汤包，过起了"闲敲棋子落灯花"的日子。

扬州人的闲，闲得雅，闲得有情趣。据说当年郑板桥辞官回家，虽然做了十二年知县，但却是"一肩明月，两袖清风"。到六十一岁辞官回到家乡，以卖画为生。家里养着一条黄狗，几盆兰花。一天夜里，月黑风高，淅淅沥沥地下着小雨，天气十分寒冷。郑板桥辗转难眠。这时忽然听到房门一响，居然有小偷光顾。他刚想高声呼喊，但又一想，万一小偷动手自己无力对付恐怕要吃大亏；可是假装熟睡，任凭他偷拿，又不甘心。略一思考，心生一计，于是他翻身朝向床里，低声吟道："细雨蒙蒙夜沉沉，梁上君子进我门。"这时小偷已经摸到了床边，听得真真切切，吓了一身冷汗，站在那里不敢动了。接着又听郑板桥吟道："腹内诗书存千卷，床头金银无分文。"小偷一听心想：既然这么穷，不偷也罢。转身出门，又听里面说："出门休惊黄尾犬。"小偷想，既然门口有狗，那我就跳墙走吧。刚要奔墙头去，又听到："越墙莫损兰花盆。"小偷一看，墙根果然有几盆兰花，于是小心避开，刚爬上墙头，屋里又传出两句："天寒不及披衣送，放下雄心重做人。"从郑板桥身上我们可以看到，扬州人的闲，是一种文化人的闲，即使穷困都有着一股文雅之气，这也正契合了扬州的形象。

旅游也可以说在追求一种"难得糊涂"的境界，这四个字之所以是高尚的精神境界，因为它是浅薄之人所不具备的，是势利之人没办法拥有的，是金钱不能买到的，它凝聚着人生阅历的丰富实践，是浪里淘沙的结果，也是人生智慧的结晶。一段旅程像一面镜子，映照出一个人所经历的酸甜苦辣。生活中，有人遇事能拿得起、放得下，这正是领悟深刻的表现。"难得糊涂"是人成熟干练的标志，是人心胸豁达的象征，是人深思熟虑的体现。扬州的旅游发展要沉着冷静，深谋远虑，做大文化，同时还要执着，思路开阔，曲径通幽，这样才能使得扬州的旅游文化得到进一步升华。

扬州的旅游业也要懂得如何"吃亏"。"吃亏"那就是舍弃一些不能给扬州带来远景发展的东西，保留扬州特有的，会给扬州长期带来效益的东西，这和现代可持续发展的理念又如出一辙。科学合理地发展旅游业，它所能带来的相关经济将带动整个城市的联动发展，这比舍本逐末的盲目追逐效益而破坏生态环境要划算得多。若说能吃亏是做人的一种境界，会吃亏则是处世的一种睿智。一般看来，吃亏决不亏，惜福才有福！做人要能吃得起亏、受得了委屈，过于计较，得失心太重，反而会舍本逐末，丢掉应有的幸福。人生一世，功名利禄，生不带来，死不带去，斤斤计较，徒然给自己增加痛苦而已。不如看淡得失、放下名利，享受生活的快乐。真正有智慧的人，不在乎"装傻充愚"的表面性吃亏，而是看重实质性的"福利"，正所谓吃得亏中亏，方得福外福，贪看无边月，失落手中珠。

不以物喜，不以己悲是中国道家思想，讲究淡然平静的心态。不以己悲，是一种思想境界，是古代修身的要求。即无论外界或自我有何种起伏喜悲，都要保持一种豁达淡然的心态。扬州城和扬州人正体现了这种道家智慧，他们的精致的园林、曲婉的瘦西湖、返古风格的建筑、恬淡的生活方式、精巧的美食小吃都处处表露着这种豁然处之，闲淡自若的处世哲学。而发展扬州的旅游，如何深挖其自身的这种气质，将扬州的"闲"、"淡"的生活方式传递给旅游者，脱离走马观花的纯观光式旅游，深入了解扬州文化、积极融入扬州生活，让在大都市步履匆忙、身心疲惫的游客真正享受"偷得浮生半日闲"的快乐和满足，旅游者才能在扬州游得更怡然，待得更久，留恋更深，扬州的旅游业方能扬眉吐气。

# 精

扬州还贵在"精"。"精",不是上海的精明,不是北京的精深,是扬州特有的精致。有"闲"的人才能有"精"的生活。曾经大把的财富和大把的时间让扬州人"闲"了下来,时间富足的扬州人便开始处处讲究起来了。扬州的精致,精致得清尘脱俗。皇宫般的富丽堂皇是他们不屑一顾的,豪放之人的大碗喝酒大块吃肉是他们绝对不能容忍的,现代都市的行色匆匆、尔虞我诈是他们不愿意想象的。扬州人仿佛觉得,门前就该有流不完的水,日子就该细细地过。

扬州人吃得精致。

据《邗上三百吟》记载:"春秋冬月,肉汤易凝,以凝者灌于罗磨细面之内,以为包子蒸熟,则汤融而不溢。扬州茶肆,多以此擅长。"扬州名小吃蟹黄汤包有制作"绝"、形态"美"、吃法"奇"的独特个性,以数百年的悠久历史闻名遐迩,为中国五大名点之一。蟹黄汤包制作原料考究,制作工艺精妙,皮薄如纸,吹弹即破,吃起来也需一丝不苟——"轻轻提,慢慢移。先开窗,后吸汤",像极了扬州人闲淡自若、精雕细琢的生活态度。

有着百余年历史的富春茶社起始于富春花局,以代表着扬州闲、静、雅的特色取胜于诸多茶社。富春茶社的小吃就以做法精致,味道精美,吃法精细闻名遐迩。一团平平常常的面团,到了他们手里,硬是做出了几十种花样点心,在配备了十几种物料,细调慢蒸之后,点心味道的鲜美自不必说。扬州人是那么舍得把他们的智慧、时间花在生活上。好比去富春茶社,必要先经过一条狭长的小巷,小巷两边的各种商品小摊让你不由得走走停停,先流连一番扬州的市井,酝酿好心情,再细细品尝美食。一切都急不得、乱不得、怠慢不得。在扬州人的理念里,美食不仅需要工夫慢慢做,同样需要工夫慢慢品。扬州美食,宛如扬州女子般小巧玲珑,温润可人,再粗犷急躁的人见了,也不由得温柔起来,从容起来。在吃上的"精"文化,说起来还起源于儒家的孔子。《乡党》记载,对非精细化、非艺术化的饮食,孔子采取拒绝的态度:"色恶,不食","失饪,不食","割不正,不食","不得其酱,不食"。他要求精细烹制,有节有度,要求食物色、香、味、形俱佳。这是一种中国士人的以审美的眼光对待生活的态度。精致一直都有着两层含义,一指精巧细致,二指有情致、情趣、美好的生活形态。精致的美食反映了扬州生活形态很重要的一部分,他们以这样的态度对待食物，亦以这样的态度对待生活。扬州在为游客提供美味的食物的同时，更要为游客传递这种以审美之心品尝生活的态度，引领他们从都市里那种快节奏、慢待味蕾的快餐文化中暂时逃脱，停下来，学会品味生活。

提到扬州美食最著名的就数扬州炒饭。炒饭是最简单的家常食物，本来是剩菜冷饭循环再用的厨房基本功，后来却衍生出多样的花式口味，由粗简趋于精致，另开美食格局，本来是吃剩的冷饭，经过加工，却能变成名扬天下的美食，这就是扬州人的精细之处，也是扬州菜的特色在能变平凡为神奇。它之所以会如此受人喜爱，原因不外乎三点。

首先是它制作容易，起个油锅后打上两枚鸡蛋，而后放入冷饭，翻炒至热，然后再放入各式配菜，最后撒上一把小葱，葱香、蛋香、饭香顿时直上重霄九天，附上一碗紫菜汤，带来的享受绝对不输几十元一份的洋快餐。简单带来极强的满足感，就是扬州旅游的特色，扬州的山山水水，扬州的历史遗迹和文化就是能给人充分想象力和满足感的构成元素。这种满足感不需要花大价钱，不需要烦琐的过程，简单的东西就能演化出最大的享受，这是扬州人的精明之处。这种精明就是花小钱办大事，事半功倍，普通的蛋炒饭在扬州人的手上百般变化，花样繁多，美味闻名天下，正是扬州人追求极致的体现。

其次，它性情最为随和，除了汤汤水水，大约和谁都能配得拢。无论火腿、虾仁、肉丁、小海鲜或是腌菜、豆芽、番茄，甚至是上一餐吃剩下碗底菜都无妨，炒出来的味道都不错。刘凤诰《个园记》说："广陵甲第园林之盛，名冠东南。士大夫席其先泽，家治一区，四时茶木，容与文宴周旋，莫不取适其中。"这段话中点出了三个主题词：园、文、宴。园林、文人、饮食，三位一体地鼎立起淮扬烹饪文化的特殊构架。在这个淮扬饮食文化传统的戏剧性场面中：园林是依托，文人是主体。从枚乘写王府园林文宴，到唐代的李白、刘禹锡、高骈，宋代的黄庭坚、秦观、陆游、司马光、王禹偁、梅尧臣、晁补之，元代的乔吉、吴师道等，都吟咏了大量有关扬州美食的佳作。清代文人荟萃淮左、雅集扬州，孔尚任、曹寅、王士禛、汪中、林苏门以及扬州八怪也都欣欣然从不吝啬宝贵的笔墨，留下了可观的烹饪文学及绘画遗产。饮食是对象。从满汉全席到面点小吃，都成了文人们笔下浓墨重彩的咏叹主调，淮扬菜荣幸地被骚客们从食苑领进了文苑。浓郁的饮食文化氛围流泽世代，大大促进了饮食文化风格的形成，文学推波助澜的汗马功劳是显而易见的。园是名园，人是文人，食是美食。缘结三重，便留下了种种生活。精明的扬州人将三种格局韵味的元素糅合在一起，这就像是扬州炒饭能将金华火腿、虾仁这样的珍品融进去，也不拒绝芽菜这样的平常美食，所以这种阳春白雪、下里巴人的组合就是最精明的完美组合。

最后一点也是最重要的一点，那就是它腾出的创意空间实在丰富。先炒蛋，后炒饭，炒出来的是"金包银"；先炒饭，后炒蛋，出来的则是"银包金"，配菜里放几只虾仁以及火腿肠之类的，寓乐于"吃"，这本就该是吃之正道。料理的追求是什么？料理就是为了给人们带来幸福。同样扬州旅行就是给人彻底的快乐，这种快乐，寓乐于"游"，看过美景后喝个茶，这种观光后休闲一下就是"银包金"，休闲喝个茶后放下心境住下来度个假就是"金包银"，形式变化多端的扬州炒饭也是扬州休闲旅游的形式。总之，"简单"、"好搭配"、"有乐趣"，扬州的旅游策划也是要将扬州看似平凡的文化符号变为神奇的创意，这就是扬州的第一精。

扬州人住得精致。

江南的精致在园林的精巧雅致上体现得淋漓尽致。讲究精巧，讲究雅致，并且要讲究到极致。一个瘦西湖，需要修七八座桥来烘托，一座桥，需要建五座亭台来装饰；走廊尽头，需要摆上一盆盆景，屋檐一角，避雷用的针要装饰成活灵活现的凤头；同一个园林中的窗格有五六种花式，同一个窗格从不同的角度能看到不同的画面。从厅堂正室，到花间小径，从亭台走廊，到假山流水，从一张美人靠，到一个门楣，一树可成画，一窗亦是景，一丝不苟，精雕细琢，费尽功夫，极尽人工雕琢之美。对精致的追求让扬州给人一种细腻到骨子里的感觉。

在中国文化里，精湛的手艺是"精益求精"，美丽的女子是"巧笑倩兮"，绝世的高人是"雅人深致"。所以中国人认为，景不在大，妙在精巧。扬州人深谙山不在高，贵在层次，水不在宽，妙在曲折之道。有人说杭州有西湖，扬州有瘦西湖，镇江有金山，扬州有小金山。怎么不是"瘦"，就是"小"？扬州国画院的老院长李亚如撰写的一副对联说得好："借取西湖一角堪夸其瘦，移来金山半点何惜乎小。"瘦，但瘦得精；小，却小得巧。扬州园林的不落俗套追根溯源还是扬州的"精致"理念。

唐代诗人徐凝的《忆扬州》中这样赞誉扬州：天下三分明月夜，二分无赖是扬州。不是月亮偏爱扬州，实是扬州偏爱月亮。扬州爱月亮，爱得巧，爱得妙。扬州人修桥，修的不只是桥，似乎引月入桥才是他们的目的。瘦西湖上那座"最具艺术美"的桥——五亭桥，就极其精巧绝妙地将月之美引入桥景。《扬州画舫录》中有这样一段记载："每当清风月满之时，每洞各衔一月。金色荡漾，众月争辉，莫可名状。"月，从古便是文人雅士歌咏颂叹之物，其脱俗、清雅的形象正意合了扬州退隐之后所追求的一种境界。

精致的住宅是扬州人性情的极好体现，也是扬州旅游所要追求的一个较高的层次。扬州的旅游就是要做精致的旅游，要在景区建造上让旅游者时时欣赏到精美的艺术品，要在旅游服务设施的设置上处处感觉到体贴入微，要在服务上让旅游者处处感受到无微不至。

# "顺水行舟"——文化的延伸利用方法

扬州作为江南的代表城市之一，有着江南这块天然的招牌，这是扬州旅游的优势所在。扬州的旅游，要借江南的名气，走出自己的路子。江南如水，千古柔情，水是江南最重要的一个意向，因此江南的旅游要围绕水来做文章，扬州同样如此。

老子在《道德经》上说，水利万物而不争，现在我们且不说"不争"，单论"水利万物"。"水利万物"中的水，不单为水，万物因水生长繁荣。旅游业作为一个涉及食、住、行、游、购、娱等方方面面的产业，对整个城市经济的拉动作用非常明显，旅游业就像水，应该成为一种"利万物"的产业。即旅游不单为旅游，其他产业应该因旅游业而繁荣发展，这就是旅游业的"利万物"。我们在进行旅游策划时就应该有这个意识，我们明里是在做水文章，但自己要清楚，我们的目的是要做经济文章，我们要的是旅游为城市发展带来的利。从更宏观的角度上来讲，这也正是文化的延伸利用。

扬州最具代表的旅游资源就是水文化，水文化是我们在很多地方做旅游规划时都会遇上的主题，水文化可以衍生出来很多旅游产品，重要的是如何将水文化与本土文化相结合。济渎庙旅游区是以"水"为主题，以"城市公园"为定位，以济渎庙为依托，围绕水文化，开发水祭祀、水民俗、水观光、水休闲、水疗养、水居住等项目，打造内涵丰富、文化深厚、集"大气、秀气、灵气"于一身的"王者之水"，形成集文化观光、生态休闲、购物美食、度假疗养、特色居住等功能于一体的大型城市公园和城市新的生活空间。

确定一个主题，水。以王者之水为文化定位，以水文化世界为新城市公园形象定位，以水神之光，济源之源为宣传口号。贯穿明暗两条主线，以水文化为明线，以水神、水魂、水韵为支撑，重点规划水祭祀、水展示、水生态等各种水景观、水项目，处处彰显水文化；同时，以水经济为暗线，以水财、水趣、水情为支撑，按照市场需求开发水商业、水游乐、

228

水居住等特色项目，把资源优势转化为产业优势，把文化积淀转化为经济效益。

扬州的旅游资源就是中国最具有文化的风雅古城，在这里发生了很多脍炙人口的历史故事，将这些故事深入挖掘打造扬州旅游的文化品牌是我们要思考的问题，我们做过的同为古城旅游策划的荆州古城旅游区策划项目可以给我们一些启示。历史上，荆州城因三国时期"刘备借荆州"而闻名天下，这一著名历史事件，从此使荆州与三国紧密地联系了起来……三国文化在荆州最知名的体现是"借"。那么，我们能否再"借"荆州，借势将荆州旅游打造成湖北旅游的文化集核？

荆州古城旅游策划就是要以"借"为主线，依托古城（荆州古城、楚纪南故城）、楚墓葬等核心资源，以现代、时尚、魔幻、新奇的手法演绎历史文化（楚文化、三国文化），从而构筑集历史文化体验、娱乐休闲、休闲度假等为一体的国内知名、国际一流的综合性旅游目的地。

我们将主题形象确定为"再借荆州，惊艳楚都"。结构开来，"再借荆州"是以"借"重新诠释荆州的三国文化，"借荆州"历史事件，给古荆州带来了巨大的转折，再"借"荆州，以"借"为内涵，引申为今天的荆州、为旅游者带来的将是好运、健康、平安、智慧等；"惊艳楚都"是利用文化特质（精彩艳艳）、艺术风华（流光溢彩，精美绝伦）、区域特点等打造中国楚都。在这个策划里，借荆州道出了荆州最精彩的历史故事，也道出了荆州旅游发展要走的道路，一箭双雕。

# 第十七章

## 三亚——彩色天堂梦

城市旅游

南风送果

杨力民画作

有人说，如果说世界有十分美，三亚占九分。与其他城市不同，三亚的灵魂是有颜色的。蓝天碧海，椰林沙滩，几乎所有的东西都有着明亮的色调，一阵微风椰影婆娑飘过淡淡的花香，在讲述着这里的魅力，大海的眸中映出的欢快采集着随风飘忽的白云，行到天涯海角，坐看风轻云淡。

有人这样形容人生四恨：一恨海棠无香，二恨鲥鱼多刺，三恨红楼未完，四恨未长住三亚。

三亚之美首先美在它给了人们一个如天堂般的梦想，就像马尔代夫的沙滩和海洋，让人提起来就心向往之。游人一走进三亚，马上就被三亚的色彩吸引了，三亚的光彩搭配实在太有魅力，在时光中品味三亚，遇到她就爱上了她。与三亚的相遇注定是一段让人难以忘怀的经历，就像它给予你的直击心灵的视觉感受。在王菲的歌声中的南海姑娘——"眼睛星样灿烂，眉似新月弯弯"，用来形容三亚倒也恰如其分。三亚也如南海姑娘般多情、痴情。沉醉在三亚，如同沉醉在爱人怀里。三亚的爱勇敢而炽烈，爱得坦坦荡荡。都说情人眼里出西施，不过分地说，任何人眼里，三亚都是西施。三亚的美是惊若翩鸿的，即使那些不喜欢海南灼热太阳的人，在三亚柔软沙滩、清爽椰风和迷幻华灯的抚慰下也会觉得那灼热没那么难以接受了。美丽也许是每一个到过三亚的人都会冠予给它的美名。难怪有人说三亚的生活如同在品一杯色泽光鲜的醇酒，无须过多语言，杯子端在手上，慢慢品味，就会醉倒在这里。

因为这里是天涯海角，是古人想象中地理意义上的世界尽头，在这里已经无法前行，需要的是低头反思。在这一刻，我们才意识到人生旅途中，大家都在忙着认识各种人，以为这是在丰富生命，可最有价值的遇见，是在来到三亚的那一瞬间，重遇了自己。那一刻你才会懂，走遍世界，也不过是为了找到一条走回内心的路。就像冯小刚在这里拍摄的《非诚勿扰2》，用电影里的一段台词"你爱，或者不爱我，爱就在那里，不增不减"来形容三亚最为恰当，不管你到没到过三亚，三亚的魅力都是让人痴迷的。缤纷多彩的热带海滨风光，多情友好的人们，慢条斯理的休闲生活，在三亚，恍若身在桃源，恍若进入梦乡。"请到天涯海角来，这里四季春常在"三亚悠悠的歌声勾魂摄魄的，惹得人心向往之，正是"远客仗藜来往熟，却疑身世在桃源"。

三亚给人印象深刻的三大印象，一是海洋，一是慢生活，一是爱情，我们把这三个资源总结为三种颜色，那就是蓝色海洋，绿色生活，红色爱情。

# 蓝

海洋是蓝色最好的代表。处在中国最南端的三亚像是一个被大自然宠坏的孩子，大自然把最宜人的气候、最清新的空气、最和煦的阳光、最湛蓝的海水、最柔软的沙滩、最风情万种的少数民族、最美味的海鲜等都赐予了这座海南岛最南端的海滨旅游城市。海是这里最大的资源，海造就了这里广阔的一面，海孕育了无数的宝藏，海是三亚的灵魂之本。

三亚最大的资源是海洋，大东海、三亚湾、亚龙湾、海棠湾，几乎所有三亚让人耳熟能详的景区和文化故事都是和海相关的。亚龙湾是三亚最著名的景区之一，气候温和、风景如画，这里不仅有明媚温暖的阳光、连绵起伏的青山、千姿百态的岩石、原始幽静的红树林、洁白细腻的沙滩以及五彩缤纷的海底景观，而且八公里长的海岸线上椰影婆娑，生长着众多奇花异草和原始热带植被，各具特色的度假酒店错落有致地分布于此，又恰似一颗颗璀璨的明珠，把亚龙湾装扮得风情万种、光彩照人。

海洋在中国文化中其实占有很大的比重，最简单的例子就是中国人都喜欢拿龙来比喻吉祥和高贵的事物，而龙就是潜伏在海中的，比如《西游记》中有四海龙王是海里的最高领导者，世俗政权也喜欢拿腾云驾雾的龙来比喻帝王；《山海经》中精卫填海的故事告诉我们精神的力量是伟大的，即使辽阔的海洋也要输给不屈不挠的精神；八仙过海各显神通，海神娘娘妈祖保佑渔民等这类的故事中国人耳熟能详，体现了陆地文明对海洋文明的向往。中国人是善于利用海洋的民族，所以发明了航海活动的先进仪器指南针，学会了利用海水资源煮海为盐。海洋包含人的梦想，徐福东渡为的就是寻找长生不老之方，汉代海上丝绸之路开辟了新的贸易，唐代鉴真东渡将佛法东传，明代郑和七下西洋更是空前的海上活动壮举，中国的文化包括史学、哲学、文化都与海洋密切相关。海总是让人觉得充满期望的，所以《西游记》中，孙悟空在水帘洞成为猴王后，没有在天真的日子里享乐，而是突然考虑到生与死的哲学问题，看来这生死之关不仅是人，即使是猴子也会感到迷惑，所以美猴王后来才会决定独自出海，寻找答案。按照《西游记》的时间表推断，猴子取经时是唐太宗时期，往上追溯六百年，猴子出海寻仙太宗前差不多就是汉武帝时期，我们知道汉武帝是中国历史上最痴迷长生不老的皇帝之一，据说皇帝本人对海外仙山有长生不老之药的传说深信不疑，而且痴迷到可以丢掉老婆孩子遁入深山的程度，可见所谓的大海对皇帝对猴子都是具有同样的诱惑力。

海纳百川，三亚辽阔的海域也培养了这里胸怀开阔的人们。三亚的海不仅是广阔的，它还拥有最纯净、最美丽的海蓝色，海湾波平浪静，湛蓝的海水清澈如镜，柔软的沙滩洁白如银。三亚人也如海水般透明没有杂质、清澈而澄净，一点也不设防，犹如海底的珊瑚，但你不用潜入海底就可以看得清清楚楚、明明白白。

三亚是个开放的旅游城市，三亚人相信，心有多大，舞台就有多大，正是开放的心扉带动了这个城市发展的脚步越走越快。所以三亚的旅游也是一种开放的旅游：欢迎世界各地的人们，接纳各个阶层的游客。不仅欢迎，还要热情欢迎，热情是包容的表现，三亚要像大海一样开放、包容。

在三亚漫游，随性、阳光、自由。

三亚的生活是一种生活姿态，提倡的是一种生活态度，唤醒人们最初的美好浪漫情结，为那些锐意进取，又懂得享受人生的都市人群营造随性、阳光、自由的生活。远离喧嚣、回归安宁、感受优雅，享受一种物质与精神平衡的生活方式，就像与一位美丽的南海姑娘相处，不知不觉间就已经为她陶醉。

三亚是一个四季如春没有冬天的地方，拥有最多的阳光，而三亚人的性格似乎也特别阳光，那阳光般的风采，让人温暖无比。椰风海韵，艳阳高照，使得这里的人肤色也很阳光。那股黝黑古铜，那股小麦色比白皮肤更有特色，更迷人。三亚的旅游就如同三亚人阳光的笑脸具有穿透力、诱惑力和亲和力。

# 绿

三亚是一个最值得住下来的地方，这里可以说是中国负氧离子含量最高的城市，成片的热带森林洗涤了这里的空气，身处其间，让人身心都感觉通畅。三亚的旅程，是一段享受绿色生活的旅程。而在三亚，追求"绿"的方式就是"慢"。

三亚人干什么事情总是慢慢来，骨子里透着一股舒缓的气质，好像什么东西都不如享受阳光享受纯洁的空气重要，所以"慢"成为三亚人最重要的性格特征。三亚的生活恰如在拍一部人生的电影，在三亚度假，就好比在人生中度过蜜月一样，在这里让你可以爱得刻骨铭心，来三亚就是要忘记时间，放慢脚步。对三亚人来讲，时间不是金钱也不是生命，时间就是时间，是用来慢慢享受和度过的，安安静静，不用害怕太快还是太慢。在一种悠然中，看潮起潮落，日升日落，体验一种和自然同节奏的生活。"飘飘西来风，悠悠东去云"，看天之悠然使人乐而忘忧；"木欣欣以向荣，泉涓涓而始流"，感受万物之变使人明心见性。古来天地之理皆需在时间的累积中慢慢得来，而生活的真谛也需跟随时间的流淌慢慢体会。

请把脚步慢下来，把躁动的心慢下来，开始留心身边的美好。什么是三亚的"慢"？这里的"慢"不是磨蹭，更不是懒惰，而是让速度的指标"撤退"，让生活变得细致。这是相对于当前社会匆匆忙忙的快节奏生活而言的另一种生活方式，这里的"慢"是一种意境，一种回归自然、轻松和谐的意境，更是提倡一种健康、快乐的生活方式，即让自己的生活张弛有度，从而让心灵平静下来。这种"慢"的呼吁品味生活缓慢节奏的态度，在讲究精致生活的时尚圈子里，被一个关于生活的新名词和新群落总结出来，这就是"休闲"。三亚的慢，是一种休闲的态度，放慢生活节奏，让精神和身心都得到放松，"慢"并不是蜗牛化，而是追求平衡，该快则快，能慢则慢。放慢速度，关注心灵成长，动手劳动，注意环保，体会思考的乐趣，这种慢对现代都市人是一种难以抵挡的诱惑和趋势，是对休闲最完美的诠释。三亚的旅游，也是一种休闲的旅游。在这个城市，你的心灵得到关注，你的精神得到解脱，你的压力得到释放。自然万物在你眼前舒缓地展现，轻柔的海风给你最细腻的抚慰，一切从容不迫，顺其自然。

三亚的慢是慢慢品味美食，细嚼慢咽，为我们的味蕾寻找美味。记忆一座城市，食物功不可没，记忆都融进了味觉，时间地点人物平分秋色。这座中国空气质量最好的城市，负离子含量世界第二。可人们早起的动力不是为了跑步做瑜伽，也绝对不是加入免税店门口的长长队伍，他们的动力也许只是一碗热腾腾的汤粉。三亚人吃饭慢，三亚街头的早餐主打抱罗粉和各种点心，鲜汤冲调米粉条配上精制牛肉干、瘦肉丝、粉肠、花生仁、少许酸笋、酸菜骨、辣椒等配料，味道香浓，让人无法忘怀。三亚人喜欢"慢食"，深深知道"你吃什么，就成为什么"的道理，所以在三亚你看不到每天早晨很多行色匆匆的上班族一边疾步赶路，一边完成任务般地往嘴里塞着食物的情景，那种吃法营养价值不用说，光是他们睡眼蒙眬的艰难吃相就已经让人看不下去，人们忘记了，除了动嘴，还有眼睛、鼻子、脑可以一起享受食物。在三亚慢吃则是一种理性的，同时也是时尚的生活态度，"慢慢吃"代表的是一种守护，因为只有这样细细品味，才会体会到那个融合了土地的味道和妈妈的味道等多样味觉的世界。慢升华是对人们感情的一种文艺化的表达。三亚人懂得阳光、空气、水和运动，这是生命和健康的源泉。健康的核心就是亲近自然，顺应自然。陶渊明所向往的生活环境不过是"结庐在人境，而无车马喧"，无车马喧，就是远离尘世喧嚣，亲近自然。庄子钓于濮水，楚王派两个大夫去请他做官，他给他们讲了个故事，说有一只乌龟，活了三千多岁，死了，被放到庙堂中受供奉。庄子问那两个人，说这只乌龟是宁愿拖着尾巴在水中优哉游哉地爬呢，还是愿意在寺庙里受众人的膜拜呢？那两个人不假思索说地说当然是愿意优哉游哉地爬啦。庄子潇洒地说道，我也愿意拖着尾巴在泥水中优哉游哉地爬，你们走吧！这个故事不仅表现了庄子清高的品格，从中也可以看出道家对于自然的亲近之情。道家崇尚自然，讲究道法自然，讲究天人合一，这种理念放到旅游中，就是一种高端休闲度假养生游。休闲和养生都是急不来的事情，不仅需要放松精神，也需要放慢时光，慢慢感受与休养，达到身心俱养。

慢是一种从容的休闲理念。中国人对休闲内容也是很讲究的，并赋予其很浓厚的文化内涵，形成了独具一格的文化。古人的精神世界里讲究细腻，讲究深入，二者的目的是要忘记烦恼，实现方式则是多种多样，但是过程要求一定要慢。这是一种过程重于结果的哲学。圣者有言：欲速则不达。意思就是说做事情不能太快，快了反而会与自己的最初目的背道而驰，中国人智慧和中庸之道在这句话里得到了完美体现。这是一种不温不火，体贴适度的感受。

这一切，都可以成为我们要慢下来的充足理由。当从大自然中获得的野趣和闲情逸致离我们越来越远，当我们正在为生活疲于奔命的时候，生活已经离我们而去。是时候停下脚步，慢慢地享受生活了。享受亲情、爱情、友情的美好，享受树木、花朵、云霞、溪流、瀑布以及大自然的形形色色，享受艺术、旅行、读书等精神上的补给。将身心融入大自然中，是实现慢生活的一个途径。"慢"是一种不争的养生智慧。这个世界，在它慢下来的那个瞬间，就会流露出它温情的一面。

三亚的旅游讲究"慢游"，不要"到此一游"。

三亚的"慢游"是针对走马观花、"到此一游"以及当下以炫富、购物为主要目的的大众化商业旅游。"慢游"是一种深度旅游，是一个文化的浸入过程，主张扎进一个陌生地方沉淀自我，融入当地的生活，充分了解当地文化。"慢游"就像是北方城市的候鸟一族冬季来到三亚居住一段时间，像居家生活一样，亲自到市场买菜、做饭，在城市或乡村随意游逛，而没有特定的目的地，不以留念为目的，而是为了体验另一种生活。三亚的"慢游"强调的是在一个旅游点真正"生活"过，而不仅仅是停留过。换一种旅游心态，不要将旅游看作一个被动的客体，而是试图将旅游当作自己生活的一部分，在欣赏美景的同时试着别把自己看成旅客。三亚的慢旅行就是双脚踩在路上，时刻感受自然，会有一种真实的存在感，在三亚慢运动就是柔韧、平衡、松弛，而非强壮、剧烈、爆发，这才是都市人运动之目的，在三亚慢爱是一次充满着未知因素的探险，每一次心跳，每一次接触，都可成追忆。

借用一句时兴的话来说，绿色是正能量的代表，绿色的植物提供给人们充分的负氧离子，让人神清气爽，能提升人的兴奋点，这种绿色的生活也是人人都可以在三亚体会到的。

# 红

三亚的爱情如红色般炽烈、明艳、感人。

三亚的浪漫刻骨铭心，这里每个著名的景点似乎都有一个关乎爱情的传说，且不说海浪声声中，沙滩椰林下，单就"天涯海角"四字就足以让一切红尘男女为之倾倒垂恋，奉为信仰。浪漫是爱情的代名词，未到天之涯海之角，爱情始终不觉圆满。携手天涯海角，看尽海枯石烂，三亚的浪漫已经刻骨铭心。

在沧海桑田的变化中伫立了千年的"天涯"、"海角"两块巨石，一脸坚贞不移，似乎在为情立传。三亚是天之涯，海之角，这话本身听来就够浪漫的。天涯海角是一种极致，在古人的眼里这里已经是世界的尽头，能来到这里就意味着人生已经达到了某种境界，再跟心爱的人牵着手，光着脚丫踩着细软的沙滩，看海的那一端无边无涯，仿佛没有尽头的未来；触摸千百年前刻下的"海枯"、"石烂"，似乎所有的情愫都能得到见证，并且被铭记至天荒地老。这个城市，承爱情之重，不负浪漫之名。所以三亚是爱情的圣地，见证爱情的最佳地点，来三亚旅游的人中，年轻的情侣渴望未来情投意合的日子，老年的夫妇回顾过去同甘共苦的光阴。

爱情是人类永恒的话题，这个主题不仅在文学作品里出现的频率最高，在很多地方也都存在着关于爱情的故事和传说，爱情能够打动人心，因为每个人都要经历爱情，无论贫富贵贱都要面临这种无法抑制的感情，每个人都会有这样的情感体验。三亚叫鹿城，这起源于三亚著名的鹿回头景区，讲述的是一个海南黎族美丽的爱情传说：相传古时候，有一位黎族青年从五指山追赶一只美丽的坡鹿来到南海之滨，前面悬崖之下便是茫茫大海，坡鹿无路可走。青年正要张弓搭箭，忽见火光一闪，烟雾腾空，坡鹿蓦然回首，在九色光晕中变成一位美丽的黎族少女，刹那间感动了黎族青年，于是两人倾心相爱并结为恩爱夫妻定居下来，此山因而被称为"鹿回头"。这就是与云南"阿诗玛"、广西"刘三姐"并称为中国少数民族三大爱情传说的"鹿回头"的故事。

余秋雨先生在《天涯故事》中的这一段精彩描述，道出了鹿回头的文化和精神境界："鹿回头山崖的前方有'天涯海角'，再前方就是茫茫的大海。人们知道，尽管南方海域中还有一些零星的岛屿，就整块大陆地而言那儿恰恰是中华大地的南端，于是那儿也便成了民族真正的天涯海角。既然如此，那只鹿的回头也就非同小可了。中国的帝王面南而坐，中国的民居朝南而筑，中国发明的指南针永远神奇地指向南方，中国大地上无数石狮、铁牛、铜马、陶俑也都面对南方站立着或匍匐着，这种目光穿越群山、越过江湖，全都迷迷茫茫地探询着碧天南海，探询着一种宏大的社会心理走向的终点，一种绵延千年的争斗和向往的极限，而那只美丽的鹿一回头，就把这所有的目光都兜住了……"

这种炽烈的爱情就是极限，是中国最南方的极限，也是精神境界的极限。

中国人的浪漫比起西方要来得境界高。在西方，浪漫是玫瑰花，是烛光晚餐，是实实在在的东西，可拿在手上，可尝到味道，是一种现实的浪漫。在中国，浪漫是海枯石烂，是天荒地老，是执子之手，与子偕老，都是摸不着看不到的、虚幻的东西，是对未来的承诺与想象，是一种理想的浪漫。西方的浪漫来源于物质，而中国浪漫来源于精神，精神层面自然要比物质层面高，所以说中国的浪漫境界要高出一筹。这也是中西方艺术中很有意思的一个现象，有人说"东洋艺术重主观，西洋艺术重客观。东洋艺术为诗的，西洋艺术为剧的。中国画重神韵，西洋画重形似"，这话概括得很到位。

三亚滨海而生，这里的海与其他地方的海最大的不同在于，这里是代表天涯海角的尽头，这种独特的区位上升到情感层面往往很容易就让人想到爱情，代表了爱情的最高境界，所以爱情是这里旅游策划最大的主题，也是区别于其他海滨城市的地方。只有三亚，只是三亚，到了这里才能代表爱到一种极致。

# 策划中的"以点带面"

三亚是个色彩鲜明的地方，三亚有着最宜人的气候、最清新的空气、最和煦的阳光、最湛蓝的海水、最柔和的沙滩、最风情万种的少数民族、最美味的海鲜等，三亚从头到脚都充满了浪漫色彩。这是大自然赐予三亚的得天独厚的资源。三亚的色彩可以是"海上生明月，天涯共此时"的浪漫之情，也可以是"海内存知己，天涯若比邻"的知己之情，总之，三亚的旅游离不开"蓝、绿、红"多彩的主题下的浪漫。

多彩的主题不仅与三亚的城市性格相吻合，而且在具体的旅游策划中有利于我们打造从天上到陆地再到大海的三维立体式旅游度假产品，那就是无所不包无所不有，而且是动感欢乐不停变化的，颜色之间可以随意搭配再变幻出其他绚丽的颜色，同样，三亚的旅游生活也是可以随意搭配出不同的意境。多彩的不仅是三亚的城市颜色，也是三亚未来的城市生活态度，更是三亚未来城市发展的方向。

我们梳理三亚现有的旅游景区会发现一个规律，南山景区是以海上观音像为核心吸引物展开的，鹿回头景区是以一座鹿回头雕像为核心的，大小洞天是以两座鬼斧神工的洞穴展开，总之，这里的景区都遵守了一个原则，那就是以一个有力的核心吸引物为卖点，整个景区围绕这一点展开，以这一点为重点依托，其他吸引物环绕式铺展开来，这就是"以点带面"法。这种策划方法的好处显而易见，一个核心吸引物可以让人印象深刻，重点突出，将整个景区要表达的主题和文化集中精确地体现出来，只要构建了核心吸引物，其他的节点也可以众星捧月地铺展开。这种方法在三亚的旅游策划中可以继续借用。

在这里举个我们曾经做过的例子。什邡市红豆村经历汶川地震后，整个村庄变为瓦砾，只有村中央的一棵千年红豆树大难不死仍然挺立着，红豆在中国传统文化中是爱情的信物，古今中外的爱情几乎都要以信物来代表两人爱的永恒，信物是两人感情的凭证，这种契约形式有着具象化的传情功能。《诗经》中有"投我以木瓜，报之以琼琚。匪报也，永以华为好也"，看来信物可以是贵重的美玉，也可以是常见的植物，就像两个相爱的人，可以不在乎彼此的出身不需要讲究地位的对等，只要有感情就足够了；而家喻户晓的"破镜重圆"说的就是夫妻二人虽然颠沛流离不能厮守，但是都各自怀揣一半镜子，岁月催人难免会发生容颜改变而"相见不相识"的问题，然而独一无二的信物，起到了识别身份、识别爱人的重要工具，这才可以破镜重圆；白娘子游西湖偶遇细雨，与许仙借伞，伞，这浪漫的信物最初见证了两人的爱情，顺理成章地为他们牵线搭桥。凡此种种说明了信物在爱情中不可或缺的重要地位，即使是现代人办婚礼，也要结婚戒指或者传家珠宝作为信物，物虽小，爱却深。

于是我们由这棵具有传奇经历的红豆树策划出一个关于爱情主题的旅游规划，把红豆村由一个普通的川西民居聚落，转变为一个以"婚庆"为主题的特色村落。这个项目最大的特点就是以千年"红豆树"这个点，来带领整个红豆村这个"面"，使得整个景区紧紧都围绕红豆与爱情这个主题展开，千年红豆在经历大地震之后仍然屹立不倒，就像很多传奇的爱情故事一样，将红豆树与爱情旅游结合更加彰显了爱情主题的伟大，红豆树常在，爱情常在。

以红豆树为整个景区的核心，来带动周边一系列的旅游产品，确定景区规划。

规划为红豆村树立了一个核心的形象"中国婚庆第一村"，以此来为红豆制定一个具象而简单的发展方向。"红豆生南国，此物最相思"，由千年红豆衍生的概念便是相思和爱情，将爱情在延伸至婚庆，更有利于实现"资源到效益"，"产品到产业"的蜕变。

千年红豆树是红豆村乡村旅游的形象核心所在，也是整个村落的景观中心，规划要强化这一核心景观，将其寓意为对美好爱情的见证人。所以我们的项目的设置要围绕核心主题，具体就是"红豆树"这个要点，以红豆树作为爱情的信物，做到形神合一，不是漫无目的地随意设置。以红豆树为核心，包括周边的竹林和部分耕地，打造红豆相思文化展示、红豆核心景观展示、举办婚庆纪念仪式三大功能，形成红豆村的核心文化景观与活动空间。

第十八章

哈尔滨——冰雪的精彩与美

哈尔滨的冰是有热度的冰，可以点燃冬季里最动感的热情，演绎感官之外的盛宴；哈尔滨的雪是有态度的雪，洗去聚结在心头的烦忧，只留下美丽与精彩；哈尔滨的酒是有风度的酒，气势磅礴，热烈隆重，展示独特的豪爽与魅力。

北国冰雪释放出的精彩与美在这里交织出一个别样的世界。

雪岸闻香 / 杨力民画作

道。这种经过三次发酵工艺生产，加之啤酒花，以特有的椴木、柞木等硬杂烘烤出来的外皮硬且艮，内芯软松的"大列巴"细品起来，面香、酒香、盐香、果木香、乳酸香，香气沁人，不过第一次吃你可能不太习惯它酸酸的味道，但几次下来也许就真的喜欢上了那独特的酸香。它有个很好的特点就是保鲜时间特别长，一般放置二十天左右不会坏。在哈尔滨没有哪种食品像秋林的"大列巴"一样名扬中外，也没有哪种食品像"大列巴"一样能够历经百年仍旧满城飘香。

"大列巴"对于哈尔滨这个城市来讲早已超越了食品的概念，它是一种象征，一种文化，更是这个城市历史的见证和载体。"大列巴"第一眼给人的印象就是张扬，就是厚重，就是一个"大"，这就是哈尔滨要带给游客的第一印象，第一眼就要给人一种震撼的效果，就像没到过哈尔滨的人第一次看哈尔滨气势恢宏的冰灯一样，顿时感到哈尔滨的旅游张扬个性而又活力四射，让人印象深刻，第一眼就会爱上这个城市。

哈尔滨人喝酒大气豪爽，在武侠小说中我们能常常看到大碗喝酒大块吃肉的侠义风范和快意人生，这就是东北人甚至更多是哈尔滨人的生活写照。不管是出于对酒文化的忠诚，还是对酒本身的热爱，东北人大都酷爱饮酒。所以说对于做酒水的企业来说，东北绝对是销售的核心地带。东北人的酒文化是和气候、民族融合、群落迁徙、鲁人北迁闯关东等综合因素分不开的，酒文化从黑土地里扎根，伴随着经济文化的发展不断繁衍生息，演变到今天的欣欣向荣。东北人喝酒不管啤酒白酒，一般都是豪饮，尤其是有朋自远方来，或者故友重逢，更要开怀畅饮一番。而且当今哈尔滨人豪饮的名堂与理由越来越多，比如商家开业、公司成立、建筑奠基、生意合作、各种会议开幕与闭幕、各种展览开馆与闭馆，再加上业务往来、例行检查、法定节假日、婚丧嫁娶、生老病死、升学与就业、升迁与卸职、离去与归来、迎来与送往，都得痛痛快快地喝顿酒。不喝不是太失礼了吗？哈尔滨有着中国最早的啤酒品牌——哈尔滨啤酒，哈啤的制作工艺叫零点制作，这与城市的爽感激情的特征很是吻合。

大碗喝酒大块吃肉是北方城市的性格，也是来到北方旅游的游客印象最深的记忆，这种大气豪爽的性格容易使游客感到易于接近。热情中透着不拘一格，虽然远在寒冷的北方却没有感到冷意，到处充满温暖与豪迈，这才是哈尔滨的旅游特色。

冬天的哈尔滨气温可以达到零下30℃，可是在冰天雪地的城市里，却有一道叫外地人惊讶不已的景象：寒冬腊月的街头巷尾到处叫卖着"冰棍"，还有雪糕、冰糖葫芦。东北地产水果有限，绝大部分靠从关内购进，人们在水果上市的季节多多地买回来，然后冻起来保存好。冻梨、冻柿子、冻苹果等，一个个硬得如钢球铁蛋。不会吃的拿起来就咬，只咬出一道白印，还可能硌坏了牙。东北人吃冻水果是有诀窍的，把冻水果放在凉水中缓半个钟头。果子表皮结出一层冰，里面却软软的，咬上一口，酸甜清凉，让人胃口大开。哈尔滨喜欢在冬天吃冰棍，这让外人有些难以理解，这么大冷的天，烤火取暖还来不及，怎么还吃冰棍呢？哈尔滨人喜欢在冬天吃冰棍，原因有三：一是居住条件好，屋外冰天雪地，屋内温暖如春。在温暖的环境里体验一下冰冷的甜趣，很爽；二是均衡身体温度。冬天北方人食肉较多，体内热量大，吃根冰棍可以中和体内热量；三是开胃口，冰棍可加强血管收缩，促进血液循环，同时提高了御寒抗病能力，并延迟了生理机能的老化。

在冰天雪地中吃冰棍，本来追求的是一种刺激的感觉，结果却带来了各种好处。冬天的冰棍给我们的是一种不走寻常路的启示。不走寻常路，往往能收到不寻常的效果。比如臭豆腐就是一个不走寻常路的结果。安徽仙源县举人王致和在第四次会试落第后不仅心灰意冷，更兼生计艰难。为了能衣锦还乡，光宗耀祖，他必须留在京城继续参加会考。于是他便卖起了豆腐，以此维持生活。一次偶然，王致和发现了臭豆腐的鲜美可口，并且大受欢迎，他最终决定弃文从商，将臭豆腐发扬光大。臭豆腐的别具风味，开胃下饭，价格低廉，很受欢迎，销路很快就打开了。王致和专心经营，开了臭豆腐作坊，把这种"闻着臭，吃着香"的小吃卖到了全国各地，还传进了宫里，很受慈禧太后的推崇。一介文人，最终成为一代富商，真可谓科举的弃儿，商海的宠儿。

旅游可以说是一个创意产业，卖的就是与众不同，因此不走寻常路应该成为旅游策划的一个重要思路。哈尔滨选择了冰雪作为最大的旅游产品和营销卖点，使得哈尔滨旅游的季节在大部分旅游城市的淡季——冬季，这是一种旅游时间上的不走寻常路，这种时间上的错位让哈尔滨避开了激烈的竞争，赢得了更多的市场。

在外地游客眼里不可思议的事情，反映了哈尔滨人一种大气坚韧的性格。在冰天雪地的环境里，在抵抗寒冷的同时，还仍然能够充分享受冰雪带来的乐趣，这就是哈尔滨人天生的乐观的精神使然，这种独特的精神性格也正是吸引外来游客的一道美丽风景线。哈尔滨旅游的路线要像哈尔滨人冬天吃冰棍一样，表面上看起来如此不可思议，但是其实充满了道理，就像哈尔滨人喜欢在零下30℃的时候砸开松花江冰面游泳一样，这转化在旅游产品上就是要做到"意料之外，情理之中"，打造出属于符合哈尔滨本土特色的旅游度假产品，要让人感到惊讶无比，但是乐趣无穷。

哈尔滨的大气，不拘一格可以用"大象无形"来形容。这也是哈尔滨傲气的一种表现。老子在说到"道"的至高至极境界时，用了"大白若辱，大方无隅，大器晚成，大音希声，大象无形"的说法，"大象无形"可以理解为：世界上最伟大恢宏、崇高壮丽的气派和境界，往往并不拘泥于一定的事物和格局，而是表现出"气象万千"的面貌和场景，恰如哈尔滨这座城市的气度和胸怀：那么多民族的历史可以在这里沉积，那么多宗教文化可以在这里兼收并蓄，而且有声有色，那么多欧陆遗风可以在这里完好地保留到现在。这座城市崇尚古典，又总可以站在时尚的最前沿，譬如最新款式的服饰、最新潮流的音乐、最新鲜的词汇总是偏偏在这北国的边塞之城最先流行起来；这座城市的市民宽容、大气，对很多事情都无所谓，什么时候总是一副气定神闲的样子，办事情也比较闲散，节奏是一定不会很快的。这就是中西方文化融合的影响使然，没有固定约束，就像哈尔滨的街道设置不会那么讲究规矩方圆。

# 天鹅之贵

天鹅之贵如哈尔滨的冰肌玉骨，不可亵渎。冰肌玉骨最早用来形容花蕊夫人，花蕊夫人美貌无双，美名远播，惹得苏东坡未见其人，先就赋诗赞美。"冰肌玉骨，自清凉无汗，水殿风来暗香满。"这是苏东坡在听过花蕊夫人与孟昶皇帝在花园中纳凉的故事后为她所写的词中的一句。自此之后，冰肌玉骨便成为描述美人的一个标准词汇。美人们是否真的冰肌玉骨，想来大家也都清楚，这不过是文人们想象力太过充沛的产物，而冰雪城市哈尔滨，却是真正的冰肌玉骨。这里的冰雪，赋予城市的不仅是冰肌玉骨的绝色外貌，更是如花蕊夫人般高贵的王妃气质。

哈尔滨的血统是高贵的，哈尔滨曾经是在中国历史上占有重要地位的金朝首都"上京"，一个"上"字反映出的是女真人对这片土地无限的向往和推崇。这里曾经是近代中东铁路重要的枢纽，这里是解放战争时期共和国的长子，是最早解放的大城市。共产党最早选定的新中国首都既不是虎踞龙盘的金陵南京，也不是古都北京，更不是西北黄土高原的西都长安，而是具有"东方的莫斯科"之称的哈尔滨。毛泽东非常喜欢欣赏中国地图，在他心目中，中国如同一只雄鸡，而黑龙江犹如一只展翅翱翔的天鹅，哈尔滨市就是这"天鹅项下的珍珠"。毛泽东和中共中央特地批准其为"特别市"，曾准备在这里宣布建立新中国。哈尔滨的气质是高贵的，整个城市汇集了 16 世纪的文艺复兴建筑、17 世纪的巴洛克建筑、18 世纪的折中主义建筑、19 世纪的新艺术运动建筑风格，有一种积淀着旧时光的奢华高贵的派头。中央大街的早晨静谧，行走在光滑的一块块石头拼起来的道上，你会感叹这一方方石头的精巧光亮，1924 年 5 月，俄国工程师科姆特拉肖克设计监工，为这条大街铺上了方石块。方石块为花岗岩打造，长 18 厘米、宽 10 厘米。其形状大小如俄式小面包，据说当时一块方石的价格就值一个银元，几百米的中央大街可谓金子铺成的路。

这种高贵的文化体验运用到旅游策划就是要给人一种经典的产品，高贵意味着精神和物质的双重享受，这是与众不同、独一无二地脱离了平淡低俗的境界，打造哈尔滨旅游的高端之旅，其实就是在做哈尔滨的经典文化之旅，把城市的人文的侵袭、集体记忆、名人符号融入旅游中。

哈尔滨有着目前中国最大、最完整的中华巴洛克，因为建筑的奢华高贵，哈尔滨曾被赞誉为"东方小巴黎"。那些古老而优雅的欧式建筑，那些老砖、老瓦，都在无声无息地散发着一种高贵而又热烈的气息，似怀旧或期盼。"巴洛克"一词的原意是不圆的珍珠，转意为非常规的美、奇异古怪，古典主义者用来称呼那种被认为是离经叛道的建筑风格。建筑师们以自由奔放的格调来表达世俗情趣，一反僵化的古典形式，于是形成巴洛克建筑风格。这一风格对城市广场、园林艺术以至文学艺术领域都产生影响，一度风靡欧洲，而"中华巴洛克"即在中国形成的有巴洛克风格的建筑。19 世纪末，中东铁路的修建和松花江的通航，吸引大批外国人和外国资本涌入哈尔滨，使这里迅速发展成为远东大都市。当时，哈尔滨的南岗区和中东铁路西侧的道里区为沙俄附属地，由"洋人"操刀的大规模城市建设开始兴起新艺术运动，巴洛克、古典主义、文艺复兴和折中主义等艺术风格的建筑纷纷出现。中东铁路东侧是道外区，一批山东、河北两省"闯关东"，兼具商业头脑和过人胆识的移民，率先在旧名为"傅家甸"的道外区，以南二道街为起点兴办商业店铺。20 世纪 20年代，成长起来的民族资本家在道外腹地置地，而巴洛克建筑的热烈与繁华，刚好迎合了他们的"炫富"心理，照搬起对面华丽的西式建筑，并用中国传统特色的饰物对建筑改造。于是一系列"巴洛克"式的立面造型上，出现了蝙蝠、石榴、金蟾、牡丹等有吉祥意义的中式图案，最终形成了"中华巴洛克"。

　　"中华巴洛克"的建筑风格体现出来的外形自由、色彩强烈、追求动态、喜好富丽，表现在旅游策划上，就是要做到华丽而富有激情，具有浓郁的浪漫主义色彩，冰城哈尔滨在很多人的眼中就是一个童话般的世界，到童话中的王国旅行就是要做到高贵浪漫，热情奔放。

　　锅包肉是在哈尔滨诞生的东北名菜，称得上是东北菜里的贵族。锅包肉做法是将猪里脊肉切片腌入味，裹上炸浆下锅炸至金黄色捞起，再下锅拌炒勾芡即成。成菜色泽金黄，外酥里嫩，酸甜可口，一般菜肴都讲究色、香、味、形，唯此菜还要加个"声"，即咀嚼时，应发出类似吃爆米花时的那种声音，这是酥脆的标志，加上吃多不油腻的特点，很适合夏天食用以达到开胃增食欲的目的，锅包肉的香气与甜味具有特别的魅力，让食客食欲不由自主地燃起，那种味道简直是难以形容的奥妙。锅包肉在东北菜里是比较特别的，甜酸之于鲜咸，就像是一群粗犷大汉里娇羞可人的大小姐。看似简单的一道东北菜，用料不多，其实却要花很多心思。众所周知，精美菜品特点都是，摆上桌的时候都很美，而背后厨房里做菜的过程往往烦琐复杂，让人身心疲惫，需要极大的耐心和热情。品一道菜，唇齿间咀嚼的是一个人甚至一群人的用心和热心，这就是锅包肉这道菜的"贵"气所在。

　　哈尔滨的旅游策划"贵"在五味调和，掌握好各种旅游元素的搭配，就像名菜锅包肉的"贵"气就在于对火候的把握。火候太过，肉质就老，不容易嚼，火候不到，肉的味道就不能及时散发出来，影响口感，所以只有把握好火候，同时将醋、糖、咸盐的比例调配得当，勾芡均匀才会得到一盘完美的锅包肉，同样，在做城市旅游策划时，一定要用心努力深入地把握好城市的性格脉络，细致入微地分析，考虑到各个层面的元素来做好旅游这道菜。

　　旅行是为了追求一种不同于日常生活的精神与物质的享受，现代人讲究经典怀旧，因为怀旧，游客追求的就是高贵的，神圣古典的。这种自然、单纯、质朴的追求，在都市新贵们快速的生活节奏中，何尝不是一份生活的真意，无一不表现出主人在奢华背后对格调生活的向往。在哈尔滨城市中所呈现的高贵，更像是一种生活态度，它经得起推敲，又带有一点点的不经意，虽被富丽堂皇所包容，但还能让人感到安逸、稳定、舒适，在这里做旅游策划要做到基调效果丰富，又不失雅致和谐的感觉。莎士比亚曾说过：一夜可以造就一个暴发户，三代才能培养一个贵族。在物质与诱惑无处不在的今天，生活在大都市中的新贵们已不只是纯粹地去追求物质高贵和奢华，内心丰富的积淀也许更能说明"贵"的含义。哈尔滨旅游策划的"贵"是一种生活习惯、生存状态，是空间、时间的某种积累。这种性格不是张扬出来的，而是通过细节弥漫式地、渗透式地表达出来的，意味着的是一种平和恬淡的心境。同时高贵的哈尔滨人在冰天雪地中开辟的旅游产品，是有耐性，有耐力，能持久的品牌，而且不该挣的钱不挣，是阳光的，自然和谐的。天鹅是纯洁的，纯洁是哈尔滨冰雪文化的表现，旅游产品也要纯洁，带给游客的感觉是纯洁的，是心灵的洗涤。哈尔滨的旅游策划理念也要从这个角度出发，将自然天地赋予哈尔滨的资源发挥到极致，使得来到这里的游客在白山黑水间与天地交融。

# 天鹅之灵

《周易·渐》有一关于天鹅的卦象："六二：鸿渐于磐，饮食衎衎，吉。"意思是："六二居中得位，天鹅走上涯岸，丰衣足食，自得其乐。吉利至极。"说的是天鹅是吉祥的预兆，是有灵性的动物。从哈尔滨周边出土的金代文物来看，很多达官显贵都把随身佩戴的玉佩做成天鹅形状，天鹅在古人看来就是一种吉祥如意的象征。每个来到哈尔滨的游客都可以从天鹅这吉祥如意的名称上沾一些喜气，这也是天鹅之城带给人的心理感受。

天鹅之灵正如哈尔滨的冰壶秋月之心。冰壶是盛水的玉壶，寓晶莹，秋月是秋天的月亮，寓皎洁。晶莹而皎洁，比喻品格的高尚和心地的纯洁。哈尔滨这个冰雪之城，正是晶莹而又洁白，恰恰是冰壶秋月的形象代表。冰壶秋月的高尚与纯洁，给哈尔滨带来的是一种吉祥的灵气和气氛。

哈尔滨是充满灵性的城市，哈尔滨的冰雪艺术是充满灵气的。对于大自然赋予的最美的礼物——冰雪，哈尔滨人显示出了充分的天赋。这里的冰雪文化奇幻、宏大，令人目不暇接，惊叹感慨。冰雕、雪雕都是一项化无奇为有奇的艺术，比如雪雕。看着眼前这些或活灵活现，或奇幻美丽的雪雕作品，简直很难想象它们曾是漫天飞舞的雪花。雪雕以雪为材料，经过揉捏、组合、修整、雕刻等多个程序，将散乱的雪花组合成一件美丽的艺术品。雪雕与其他雕塑相比，有着许多不可替代的优点。由于压缩的雪坯有硬度，又有黏度，所以它既可雕刻，又可堆塑，使雪塑既有石雕的粗犷敦厚风格，又兼具牙雕的细腻圆润。再加上它的银白圣洁，富有光泽，使得雪雕成为独树一帜的哈尔滨艺术。雪雕的美不可方物，但又让人感叹于它的不可长久。冬季一过，再美的雕塑都会随着天气的晴暖渐渐消融，直至消失。短暂的存在使得雪雕给了人们一个不远千里奔赴的理由，冬季到哈尔滨看雪雕、冰雕已经成为中国旅游市场的一个热门。

冰雕与雪雕常常容易被搞混。原因是雪雕的"雕"字其实是塑形的意思，而冰雕的"雕"字是雕刻的意思，像是堆雪人，就可以算是一种最简单的雪雕。所以冰雕有晶莹剔透之美，雪雕则是不透明的白色，有朴实造型之美。雪雕可以表现多种形式的内容，小到美丽可爱的走兽，生动活泼的飞禽，人物塑像，大到神话故事、历史传说等都可以通过对雪的雕琢创作出来。这纯洁的雪经过加工可以将世间万物，人间百态都展现出来，更难能可贵的是由于雪本身的洁白高雅，使得雪雕塑造出来的世界看起来不仅逼真动人，而且更让人觉得奢华浪漫，充满动感灵性。

雪雕的灵性也可以拿来做策划哈尔滨旅游的思路，旅游产品将普通的旅游元素重新整合，努力发掘文化内涵和自然优势，提炼每个景区的核心价值，明确主题定位，使它们既充满质感，又富有想象力，简单的东西只要赋予文化的内涵就可以做到这点，同时旅游要不只注重外在，更要注重表现内涵的细节，就像哈尔滨姑娘不仅外表美丽，更重要的是灵魂也无比丰满。

哈尔滨的市花丁香花拥有"天国之花"的美名，也许是因为它高贵的香味，自古就备受珍视。因此丁香花的花语，也是配得上天国之花的光辉。受到这种花祝福而生的人，受天神所祝福，有光辉的人生，由此可见哈尔滨本身就与吉祥与美好有着不可分割的联系。丁香花能吸收空气中二氧化硫等有害气体，有改善环境、调节空气的作用，且因"丁"有家口、人口、成年男子之意，以丁香寓意家中人丁皆有好名声，如花之香，所以冰城历来就有种植丁香的传统。从 20 世纪七八十年代开始，丁香、榆树、太阳岛、松花江是广为外地客和本地人所津津乐道的冰城四大当家"名旦"。哈尔滨的春天比较短，丁香花恰在春夏交接的时节绽放，令春困的冰城人嗅到馥郁的花香，看到烂漫如祥云般的花团，顿时神清气爽。1988 年 4 月 12 日，哈市把丁香花确定为市花，自此"丁香城"的美誉就和"东方莫斯科"、"东方小巴黎"一样广为四海朋友所认知。"丁香公主"穿着"市花"的羽衣，博得了哈尔滨人的偏爱。哈尔滨有紫丁香、白丁香、红丁香、什锦丁香、法国丁香、朝鲜丁香、关东丁香、辽东丁香，还有从小兴安岭、完达山森林里移栽来的野生暴马子丁香等 13 个品种。丁香花不易遭受病虫害的侵袭，生命力极强，具有北方人质朴、豪爽、真诚的特点。

丁香花朵小，但喜欢成簇开放，开花时节满树绚烂，带着一股浓郁的春天气息，非常喜人。丁香美，美就美在它的成簇。因为它的成簇开放，又被称为"百结花"。一朵单独的丁香，极小极不起眼，但是一簇丁香，一树丁香，却灿烂无比。这就是集聚的效应。从旅游策划的角度来讲，就是旅游资源的整合。优质的旅游资源有时可独木成林，但是当旅游资源不具备良好条件的时候，资源的整合就显得尤为重要了。一枝独秀不成春，百花争艳春满园。没有经过整合的旅游资源，犹如一盘散沙，资源整合得当，就是一簇美丽的丁香。资源整合，就好比一簇丁香的开放，首先需要一个明确的主题，这个主题就像是丁香的花梗，由花梗将众多的小花串联起来。其次需要一个统一的形象，就像每一树丁香都有自己的颜色。形象要统一，但结构要互补，才能形成一个完整的资源系统。

哈尔滨的春天来得迟、去得快，而丁香花恰在这个时节绽放，弥补了哈尔滨春光短暂的缺憾，因而备受哈尔滨人的喜爱。不选择在百花争艳的时候绽放，而单独选在早春绽放，这就是一种灵气，哈尔滨的旅游开发也要走这种差异化的道路，那就是在全国众多的旅游城市中像丁香花选择绽开时机一样找好自己的定位，弥补游客在冬季对冰雪旅游的需求。

# 利用"引爆点"创造最大经济价值

冰雪是哈尔滨城市旅游的核心，做哈尔滨的旅游就是做冰雪的旅游，而单纯的冰雪观光旅游远远不能满足旅游者的需求，也无法为当地创造更多的经济价值，因此围绕冰雪主题延长产品线是冰雪景区的发展方向。亚布力位于黑龙江省内，是典型的以冰雪景观为特色的城市，亚布力围绕滑雪场做了一系列文章，开发出了一大批与冰雪相关的旅游产品，将之打造成一个集滑雪、避暑、酒店、地产、商业于一体的度假区，不仅如此，还带动了春夏秋三季的旅游人群，最大化地实现了经济价值。哈尔滨可以从中得到一些利用冰雪发展旅游的启发。

在亚布力的度假区策划中，我们运用了以点带面的方法，以滑雪为引爆点，带动了亚布力避暑、酒店、地产、商业等产业的全面发展，并且带动了当地的四季旅游。

首先我们为亚布力给出的功能定位是"冬季滑雪度假"和"四季度假"，明确我们要做一个全面的、四时的景区。在做形象定位时，我们利用了亚布力的核心吸引力，即冰雪作为引爆点，所以亚布力的形象是"亚布力中央度假区——中国滑雪的编年史"、"感受滑雪，感受历史"、"中国滑雪人心中的圣地"。在亚布力的发展策略中，以冬季旅游为主，带动四季旅游，以滑雪运动为主，带动度假产业的发展。我们打造亚布力的主要着力点放在冰雪旅游项目上，这是整个景区的核心点，也是引爆点。为此，我们精心打造了以冰雪为主题的多个精彩纷呈的旅游项目，其中最具代表性的项目就是中国滑雪博览中心，我们将其定位为滑雪文化的活态博览馆，以活态方式演绎亚布力所承载的滑雪历史，赛事、表演、展览……无处不在的滑雪乐趣，以雪为魂，将滑雪元素渗透于每一处细节。

有了一个强有力的引爆点，随着景区的知名度和人气高涨，我们随即发展了相关的四季旅游项目，包括四季景致、四季运动、四季养生、四季活动，均取得了良好的效果，整个景区迎来了全面的发展。

# 参考文献

司马迁．史记．中华书局，1982

陈秋平（注译），尚荣（注译）．金刚经心经坛经．中华书局，2007

楼宇烈（注释解说词）．老子道德经注．中华书局，2011

杨伯峻等．论语译注．中华书局，2009

吕思勉．吕思勉讲国学．华文出版社，2009

辜鸿铭，黄兴涛（译者），宋小庆（译者）．中国人的精神（译著）．人民出版社，2010

南怀瑾．易经杂说．复旦大学出版社，2002

牛晓彦．中国城市性格．中国物资出版社，2005

余秋雨．文化苦旅．东方出版中心，2001

易中天．读城记．上海文艺出版社，2006

李明望，金开诚（编者）．关东文化．吉林文史出版社，2010

李权时，李明华（编者），韩强（编者）．岭南文化．广东人民出版社，2010

刘德增．解读山东人．中国文联出版社，2006

梅新林，王嘉良（作者）．江南文化研究．学苑出版社，2009

刘士林，姜晓云（作者），洪亮（作者）．江南文化读本．辽宁人民出版社，2008

林枫，范正义（作者）．闽南文化述论．中国社会科学出版社，2008

袁庭栋．巴蜀文化志．巴蜀书社，2009

王开林．敢为天下先：湖南人凭什么纵横中国．经济日报出版社，2007

王蓬．中国秘境之旅：陕西汉中．中国旅游出版社，2007

谢本书．昆明史话．云南人民出版社，2001

方彭．中国历史文化名城：徐州．中国铁道出版社，2008

庞思纯．贵阳人文读本．贵州民族出版社，2007

葛兆光．古代中国文化讲义．复旦大学出版社，2006

# 后 记

　　本书选取了十八个具有代表性的城市，用散文描写和理论论述、案例分析相结合的手法讲述了这些城市的性格特征，从历史、文化、风俗、人等方面来剖析，希望能最大限度地探析城市的个性和魅力点，并从中得出对旅游策划有帮助的启发。

　　我在三十多年从事旅游工作的过程中，每一个我走过的城市，都像是我的一个朋友，在我的脑海中有着清晰的面孔，这些个性鲜明的城市，不深入其间，真是难以窥视到它们的真实面貌，它们的独特魅力也无法向世人展示。这也常常让我感觉到遗憾和惋惜。作为旅游工作者，如何让一个城市的魅力向世人最闪耀地绽放，可以说是我们旅游策划者的使命。要完成这个使命，一定要抓住这个魅力的核心，也就是它最具辨识性的地方，因此摸清摸透一个城市的性格就首当其冲成为重点要解决的问题。我著书的过程也是一次重新认识城市的过程。用感性的心去感悟，用理性的头脑去分析，从旅游策划的专业角度来进行思考，这是此书得以成书的原因，也希望能对旅游从业人员起到抛砖引玉的作用。

　　写作一本书，的确是一项复杂而辛苦的工作。庆幸的是这不是一个人的战斗，而是团队协作的成果，策划师谢天、倪小芳为本书的写作付出了诸多努力，其他同仁杨尚霖、张芳、杨津、许文龙、黄璐、王屹、黄赛婵等也对本书提供了大力支持和帮助，此外，许多业界同仁也为我提了很多宝贵的意见，很多领导和朋友也在本书的写作和出版上给予了诸多帮助，对此，我谨表示诚挚的感谢。书中还引用了一些国内外公开的文献资料，也谨在此一并致谢。限于篇幅，不能一一列举对本书写作有过帮助和影响的人，你们的鼓励和支持是我继续前行的不竭动力。

　　学识有限，难免有疏漏之处，欢迎读者诸君能够给予批评匡正。

杨力民

2013 年 8 月 20 日

策划编辑：高　瑞
责任编辑：董　昱　龚威健
责任印制：闫立中

---

**图书在版编目（CIP）数据**

城市旅游：解读城市性格与旅游 / 杨力民著. --
北京：中国旅游出版社, 2013.11
　ISBN 978-7-5032-4822-1

　Ⅰ.①城…　Ⅱ.①杨…　Ⅲ.①城市 – 旅游　Ⅳ.
①F590.7

中国版本图书馆CIP数据核字（2013）第245835号

---

书　　名：城市旅游——解读城市性格与旅游
作　　者：杨力民
出版发行：中国旅游出版社
　　　　　（北京建国门内大街甲9号　邮编：100005）
　　　　　http://www.cttp.net.cn　E-mail:cttp@cnta.gov.cn
　　　　　发行部电话：010-85166503
排　　版：北京中文天地文化艺术有限公司
经　　销：全国各地新华书店
印　　刷：三河市灵山红旗印刷厂
版　　次：2013年11月第1版　2013年11月第1次印刷
开　　本：787毫米×1092毫米　1/16
印　　张：16.75
字　　数：220千
定　　价：35.00元
ＩＳＢＮ　978-7-5032-4822-1

---